十三五 高等职业教育"十三五"规划教材

● 物流管理专业系列

三维互动仓储仿真教程

刘常宝 ◎ 主编

SANWEI HUDONG CANGCHU

FANGZHEN JIAOCHENG

北京师范大学出版集团
BEIJING NORMAL UNIVERSITY PUBLISHING GROUP
北京师范大学出版社

图书在版编目（CIP）数据

三维互动仓储仿真教程 ／ 刘常宝主编． —北京：北京师范大学
出版社，2016.8

（高等职业教育"十三五"规划教材物流管理专业系列）

ISBN 978-7-303-20250-8

Ⅰ．①三… Ⅱ．①刘… Ⅲ．①仓库管理–系统仿真–高等职业学校–
教材 Ⅳ．①F253.4-39

中国版本图书馆 CIP 数据核字(2016)第 059143 号

营 销 中 心 电 话	010-62978190 62979006
北师大出版社科技与经管分社	http://jsws.bnupg.com
电 子 信 箱	kjjg@bnupg.com

出版发行：北京师范大学出版社 www.bnup.com
　　　　　北京市海淀区新街口外大街 19 号
　　　　　邮政编码：100875

印　　刷：北京京师印务有限公司
经　　销：全国新华书店
开　　本：787 mm×1092 mm　1/16
印　　张：13.75
字　　数：315 千字
版　　次：2016 年 8 月第 1 版
印　　次：2016 年 8 月第 1 次印刷
定　　价：39.50 元

策划编辑：林　子	责任编辑：王　宁　王　强
美术编辑：高　霞	装帧设计：高　霞
责任校对：陈　民	责任印制：赵非非

前 言

　　教育部《教育信息化十年发展规划（2011—2020年）》对学校在教学中如何有效利用现代信息技术做出明确要求。其中，"信息技术与教育融合发展的水平显著提升"作为发展目标之一，被明确提出来，即"充分发挥现代信息技术独特优势，信息化环境下学生自主学习能力明显增强，教学方式与教育模式创新不断深入，信息化对教育变革的作用充分显现"。未来网络信息技术必定成为第二课堂开展新型教学的工具和手段，网络信息技术必定成为大学生掌握专业知识和专业能力的重要平台，同时在线学习能让学生复习并巩固教学内容，使学校教学真正实现因材施教。

　　物流管理专业无论在专科设置还是在本科设置上，都是一门实践性很强的跨业融合性专业，教师在教学过程中要凸显专业特点，倡导"工学结合，学做结合"的教学理念，使学生在学习过程中能联系物流企业的经营实际，做到学以致用。学校应当将课堂教学与信息技术对接，构建与实际企业运作相一致的实训实习的虚拟环境，在虚拟化的"企业现场"，帮助学生理解和掌握复杂抽象的理论知识；掌握多种常见物流设备的操作与使用方法；熟悉物流企业的仓储配送与运输等运作流程；掌握物流成本的管理方法等多方面的内容。

　　本教程包括了IWMS三维互动仓储仿真系统操作流程及要求，以及相关知识模块和教师点评。三维互动体验式教学平台（SimLab）本身就是一种通过模拟现实企业，实现在"学中做，做中学"的全新教学平台，它把真实物流企业环境虚拟化，让学生以角色扮演的方式参与物流企业的运营管理。本教材以三维虚拟仿真系统为核心，配合相应的演示多媒体，帮助学生在虚拟现实（Virtual Reality，VR）技术、人工智能（Artificial Intelligence，AI）技术与多媒体技术共同构建出的一个逼真的三维环境中，熟练掌握相应的物流设备及设施的认知与使用。针对该系统涵盖的知识面广、实验内容丰富、实验模式多样、表现形式生动，具有很强的实验性等特点，教程在每个任务模块中都补充了专业知识，帮助学生更加全面理解和掌握仓储配送活动的规律和特点。

　　目前，仓储管理的课堂教学和实训课普遍受到各校的重视，特别是实训环节，各校都结合自身教学的需要投入一定的资金，建设了物流实训室，逐渐引进和消化配套的物流实训软件。未来，软件沙盘实训教学将成为培养未来应用型人才的主要手段。基于此，软件

　　沙盘与实训教程应该同步推出，以使学校教学能够跟专业教学课程大纲的要求对接，为实训教学提供文字范本和学习参考。本教程正是适应这种客观要求的产物，希望本系列教材的推出，能够促进 IWMS 三维互动仓储仿真课程教学质量的提升，推动专业与课程建设。

教程简介

  仓储实验教学管理平台与仓储虚拟仿真系统和信息管理系统是无缝链接的，所以本教程对接仿真系统具体流程。不但有具体流程操作指导，而且可对课程开展、打分评价、上课下课进行统一管理，使学生尽快熟悉仓储作业环境，体验岗位操作环节，验证设计方案，完成运营过程，仿真策略执行结果。本教程内容包括配送中心选址、设备设施的认知和操作指导、入库环节操作、理货环节操作、出库环节操作等主要实训内容。本教程既可以作为本、专科物流管理与物流工程专业学生仓储仿真实训的教材，也可以作为相关企业培训的教程。

课时安排

仓储实验课时分配表

实验名称	课 时	实验类型	实验难度
模块一　配送中心设施设备与布局（第二章实训）			
实验1：配送中心设施设备认知	3	3	3
实验2：设施布局与物流效率	3	3	3
实验3：货物编码与储位编码	3	3	3
模块二　入库作业管理（第三章实训）			
实验1：入库验收与上架作业	3	3	3
实验2：储位分配与存储策略	3	3	3
模块三　出库作业管理（第四章实训）			
实验1：货物出库作业	3	3	3
实验2：出库复核作业	3	3	3
模块四　分拣作业管理（第五章实训）			
实验1：手持拣货作业	3	3	3
实验2：电子标签拣货作业	3	3	3
实验3：阁楼货物件拣货	3	3	3
实验4：播种式电子标签拣货	3	3	3
模块五　库内管理（第六章实训）			
实验1：补货作业认知	3	3	3
实验2：盘点作业活动认知	3	3	3
实验3：移库作业活动认知	3	3	3

续表

实验名称	课　时	实验类型	实验难度
模块六　库内管理信息化（第七章实训）			
实验1：货物编码作业	3	3	3
实验2：编码管理策略	3	3	3
实验3：条码技术认知	3	3	3
实验4：EIQ分析方法运用	3	3	3
模块七　库存品类与成本管理（第八章实训）			
实验1：ABC分类法认知与运用	3	3	3
实验2：仓储成本认知	3	3	3

目 录

第一章
仓储仿真系统概述

教学目标

认识目标：了解仓储仿真系统的技术构架和系统构成，熟悉仓储仿真系统所涉及的相关物流管理的专业知识，明确仓储仿真系统的虚拟设备特点与操作要求。

能力目标：掌握仓储仿真系统操作平台学生端登录流程和课程模块。

学习任务

通过本章的学习，主要掌握和理解：仓储仿真系统的运作原理与技术要求；仓储仿真系统的教学价值与应用价值；仓储仿真系统的相关配套系统的功能架构，以及相关操作技术要求；了解仿真技术的应用领域及其发展趋势。

导入案例

DHL 北京 DC 配送中心位于北京市东南四环外的大郊亭桥附近，主要为 Mars 集团、西门子和西安杨森制药的系列产品提供仓储、运输、配送等服务。随着合作伙伴的增多，日出货量呈上升趋势，老式的仓储模式已不能满足现代配送的发展需要，为适应现代化物流发展的趋势，必须对现有配送中心重新进行整体规划，以期达到理想的优化效果。

DHL 北京 DC 配送中心北京市内的配送点主要有两大类：一是批发商——朝批和光彩批发；二是销售商（KA 店）——沃尔玛、家乐福、易初莲花和美廉美。其中约95%的货物配送集中在城八区，剩余的约5%分散在昌平、密云、怀柔、平谷和房山等远郊区县。

（一）存在问题

1. 未来配送中心的需求

根据 DHL 北京 DC 配送中心的业务要求，结合将来的业务需要，物流配送中心必须满足以下作业要求：①进货。包括：车辆进货、进货卸货、边货点货、理货等。②储存保管。包括：入库、调拨、补充、出理货等。③分拣。包括：订单分拣、拣货分类、集货等。④出货。包括：流通加工、品检、出货点收、出货装卸等。⑤运输。包括：车辆调度、路线安排、车辆运输、交递货物等。⑥仓储管理。包括：盘点（定期、不定期）、到期物品处理、移仓与储位调整。⑦逆向物流。包括：退货、退货卸载、退货点收、退货责任确认、退货处理、退货补货等。⑧物流后勤。包括：车辆货物出入管理、装卸车辆停车管理、包装中转容器回收、暂存、废弃物回收处理等。

2. 原配送中心存在的问题

该配送中心拥有 A、B 两个大库，A 库面积为120平方米，有11个通道，每个通道有2列5层货架；B 库面积为800平方米，有16个通道，每个通道也是2列5层货架。A、B 库每层货架高1.5米，宽1米，巷道间距约4米。该配送中心共有叉车12台，其中高叉5台，普叉7台。由于该配送中心仓库采用的是传统式通道仓储模式，仓库面积没有得到合理利用，配送效率不高，在旺季通常需要靠增加人力、延长工作时间来满足实际需求。现以 A 库为例，对该配送中心进行优化。

（二）解决方案

1. 实施自动化仓储

①仓库的合理规划。合理化的仓库布局不但能使库房空间得到最有效的利用，而且能实现作业路径最短化，提高出入库的作业效率。

②储存系统分析规划。配送中心仓库储存的货品一般多达数百上千种，每种货品因出货量的多寡，其储存方式、拣取单位及包装形态也各有差异。首先必须进行系统分析，将货品以储存单位及拣取单位加以区分，且依入库量的大小以 ABC 分类，以便于选用适当的储存设备，提升作业效率。

③储存设备选择。一般储存设备的选用是从经济及效率的观点，综合考虑各项因素，以决定最适用的设备形式。其中激光导引 AGV 是集光、机、电、计算机于一体的高新技术，是柔性化、智能化程度极高的输送系统，价格也极其昂贵，因此在购置 AGV 前，需对规划设计进行详尽分析，以确定最佳方案。

④确定该配送中心的各项系统配置。

2. 仿真模型建立

该配送中心包含了两个核心子系统，AS/RS 系统和 AGV 搬运系统，利用物流专业仿真软件 Flexs 实现三维仿真模型。

（三）效果分析

针对 DHL 北京 DC 配送中心配送系统，设定仿真时间为16个小时，考虑到系统开始运行时段，仿真系统初始化运行2个小时，也就是仿真系统共运行18个小时，2个小时后开始统计各项数据。每个方案运行5次，统计数据取平均值。

从仿真的结果看出，综合考虑堆垛机的利用率和 AGV 的响应时间，在这个仓库中配备3台堆垛机和5台 AGV，能使得在考虑成本和时间的平衡关系中该仓库的运行效率最高。

（资料来源：http://www.gzhd56.com/wuliuzhishi/730.html）

1.1　仓储仿真系统概述

仓储仿真系统设计的基础在于课程教学与岗位培训的现实需要，同时也是物流企业管理者进行战略决策的依据和手段。仓储与配送课程是为适应物流企业仓储配送管理岗位要求而开设的核心课程，是研究物资流通领域物资储运保管及配送规律的一门课程，其特点是应用性与综合性都很强。作为物流管理专业主要专业课程之一，受到各级教学培训单位的高度重视，也是物流实验实训室投入的重点。

仓储管理就是指对仓库及仓库内储存的货品所进行的管理，是仓储机构对仓储服务所进行的计划、组织、控制等活动的总和。仓储管理通常在《仓储作业》《库存管理》等课程中进行讲解，而这些课程的授课方式单一，尽管随着科技的进步，多媒体授课已成为主要的授课方式，但效果仍然不够理想，学生对知识的了解只是停留在书本层面。

1.1.1　仓储管理模拟系统技术构架

仓储配送实验室一般都有一个较大的实验场所，投入从几十万到上千万元不等的物流设备，再辅以配套的软件。投入大的，可能设备的性能高一些，但建设的结果大致相仿，使用率很低，只进行如码盘、上架、打包等基础操作性实验项目。这类实验室的优点是直观，整体效果好。缺点是投入大，场地要求高，能操作的岗位数少且层次偏低；设备维护难，实验组织管理难等。

IWMS 三维互动仓储仿真系统采用虚拟现实（Virtual Reality，VR）技术、人工智能（Artificial Intelligence，AI）技术、多媒体技术共同构建出一个逼真的三维仓储配送企业环境，学生通过计算机输入输出设备、VR 仿真模拟器等与虚拟世界中的实体进行信息交换，产生仿真的结果。IWMS 三维互动仓储仿真系统可以让学生熟悉作业环境、体验岗位操作、验证设计方案、执行管理活动、仿真策略执行结果，同时避免误操作引起的人身安全隐患。系统涵盖的知识面广、实验内容丰富、实验模式多样、表现形式生动，具有很强的实验性。

1.1.2　仓储管理模拟系统课程价值

仓储管理的课堂教学和实训普遍受到各学校的重视，特别是实训环节，然而投入巨资所建设的物流实训场所效果却不明显，同时实验室的构建与教材脱节。虚拟现实技术的引进能够很好地解决与实际物流企业的衔接问题，同时又不失柔性，能很好地兼容理论与企业实际，真正培养学生的综合能力。

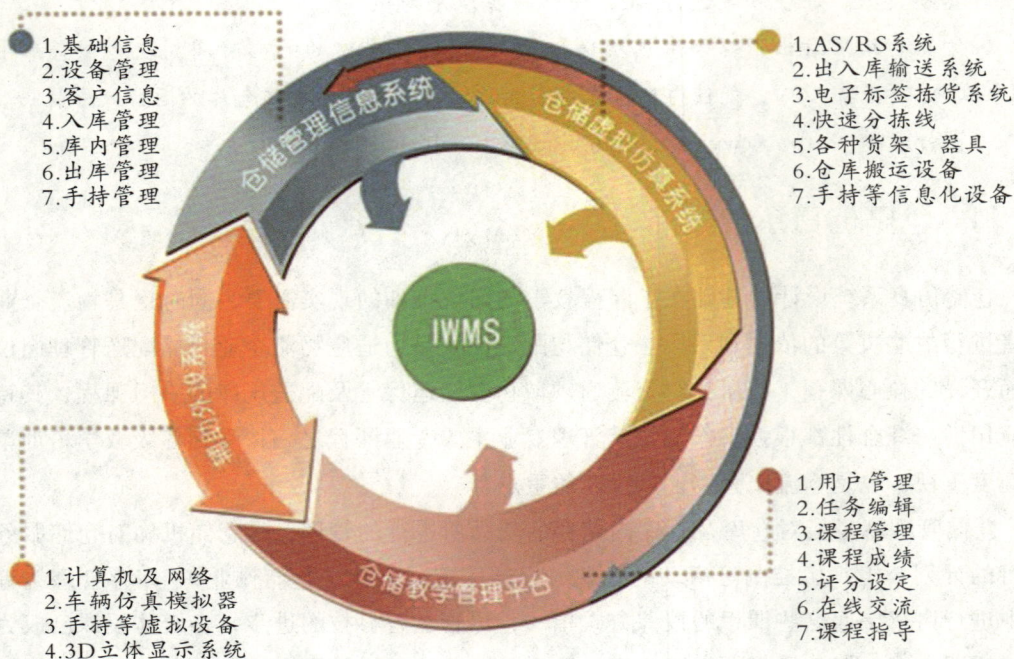

1.基础信息
2.设备管理
3.客户信息
4.入库管理
5.库内管理
6.出库管理
7.手持管理

1.AS/RS系统
2.出入库输送系统
3.电子标签拣货系统
4.快速分拣线
5.各种货架、器具
6.仓库搬运设备
7.手持等信息化设备

仓储管理信息系统
仓储虚拟仿真系统

IWMS

仓储教学管理平台

1.计算机及网络
2.车辆仿真模拟器
3.手持等虚拟设备
4.3D立体显示系统

1.用户管理
2.任务编辑
3.课程管理
4.课程成绩
5.评分设定
6.在线交流
7.课程指导

图1-1　IWMS三维互动仓储仿真系统架构图

随着教育信息化发展的推动，教育未来发展趋势已经形成：混合学习（即课堂学习与网络教育相结合）将成为主要学习模式，微课、MOOC等"反转式教学"模式将更加有利于激发学生的学习兴趣；"在学中做，从做中学"成为主要的学习形式；教育需要游戏化、卡通化、自主化，让学生不由自主地投入学习；教学设计越来越注重新的评估理念和方法，提高学生知识掌握的有效性和高效性。

物流管理专业作为新型交叉渗透型学科，虽然在国内起步晚，但学习革命的到来又给了物流管理专业一个平等的竞争机会，为此作为国内教育技术研究领先的高科技公司，上海白蝶计算机信息有限公司提出全新的"三维互动体验式教学平台"这一解决方案，该方案就包括了IWMS三维互动仓储仿真系统。

1.2　仓储仿真模拟实验教学管理平台

仓储实验教学管理平台是三维互动体验式教学平台的一部分，与仓储虚拟仿真系统和信息管理系统无缝链接，是IWMS系统用户、任务数据、课程成绩等功能的支撑平台，可对课程开展、打分评价、上课下课进行统一管理。

1.2.1　平台登录与主界面

（1）平台登录。

安装并设置好后，在桌面上找到 图标，双击打开程序，如图1-2所示。输入用户名和密码，然后单击登录。

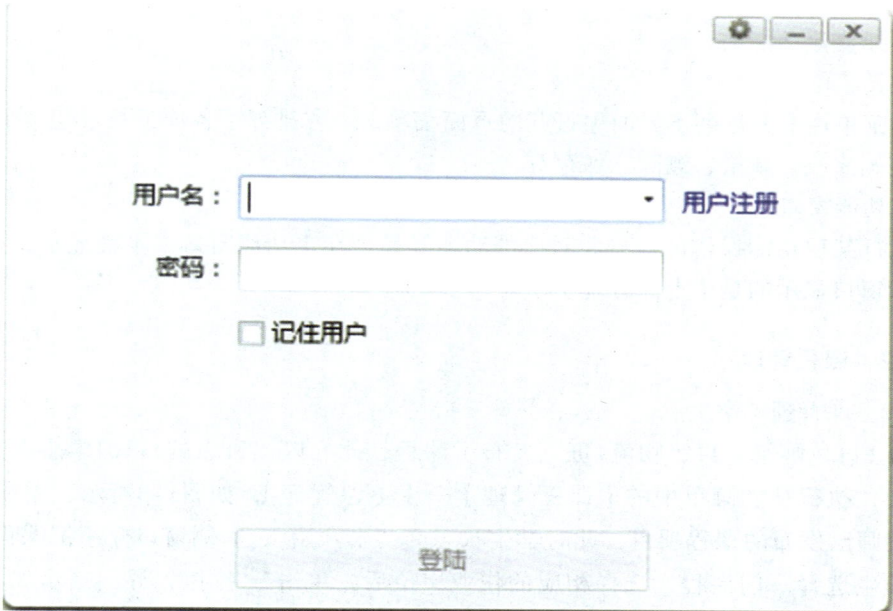

图1-2　登录界面

（2）教学管理平台主界面。

以 T11 教师账号为例，进入教学管理平台，界面如图1-3所示。

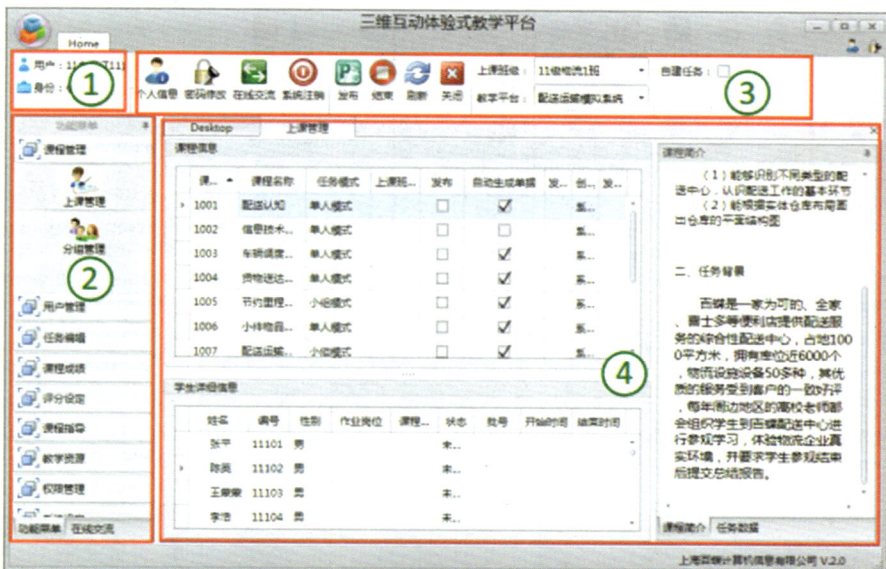

图1-3　教学管理平台主界面

①个人信息

个人信息栏显示了用户名、用户身份两项基本信息。

②功能菜单

功能菜单栏是管理平台的核心部分，实验的组织过程都是通过该模块来进行的，其中包括了上课管理、用户管理、实验编辑、实验成绩、评分设定等8项功能，该窗口还可以切换到在线交流功能上。

③工具菜单

工具菜单栏上方排列了界面中打开的页面菜单，下方排列了各项工具按钮，个人信息查看、密码修改、新增、删除、保存等。

④主功能窗口

在执行某项功能操作的时候，对应的功能界面会在主功能窗口中平铺显示，如图1-4中主功能窗口显示的是【上课管理】。

1.2.2 课程管理

（1）上课管理（学生）。

前面T11教师给"11级物流1班"发布了课程，此处以该班级的11101学生账号为例。登录平台，执行功能菜单中的【课程管理】→【上课管理】，如图1-4所示，主窗口显示了几条教师已发布的课程项目，此时学生状态为"未开始"，右侧窗口介绍了课程的相关信息。学生选择一门课程，选择相应的作业岗位后，单击 按钮，界面提示如图1-5所示，选择"Yes"，学生状态切换为"已准备"。单击 按钮，界面提示如图1-6所示，选择"Yes"，课程开始，学生进入3D模拟环境。

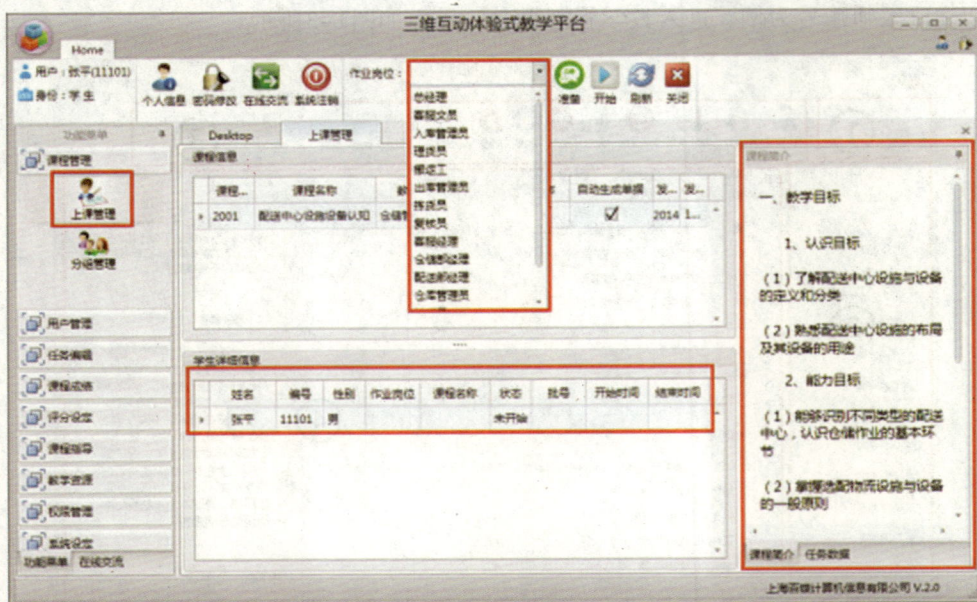

图1-4   学生开始上课

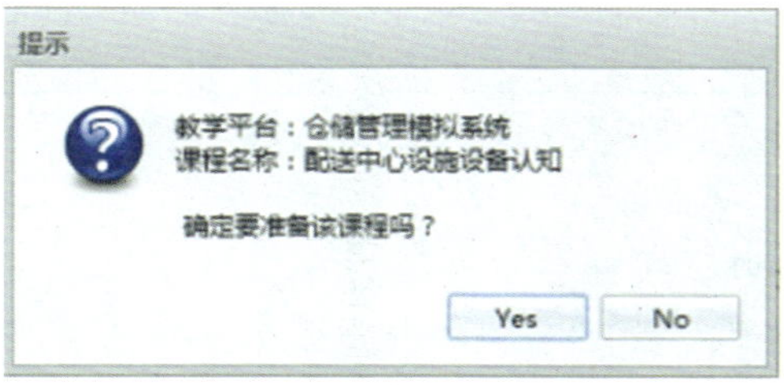

图1-5　学生确认准备该课程对话框 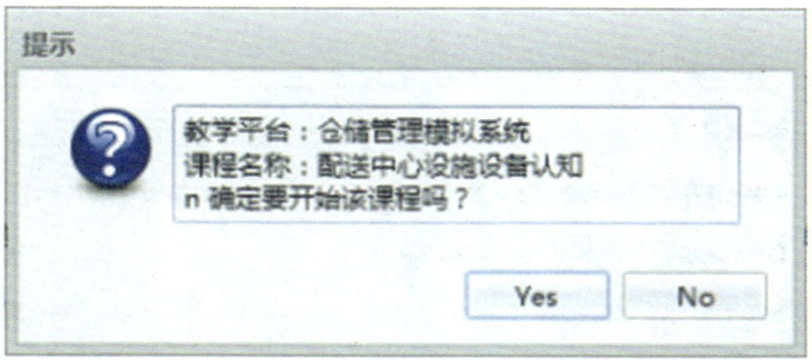　　　图1-6　学生确认开始该课程对话框

（2）课程笔记（学生）。

学生执行功能菜单中的【课程管理】→【课程笔记】，如图1-7所示，"课程名称"一栏只能选择正在发布的课程，主窗口左边显示了该学生已做的课程笔记，右侧为编辑窗口。

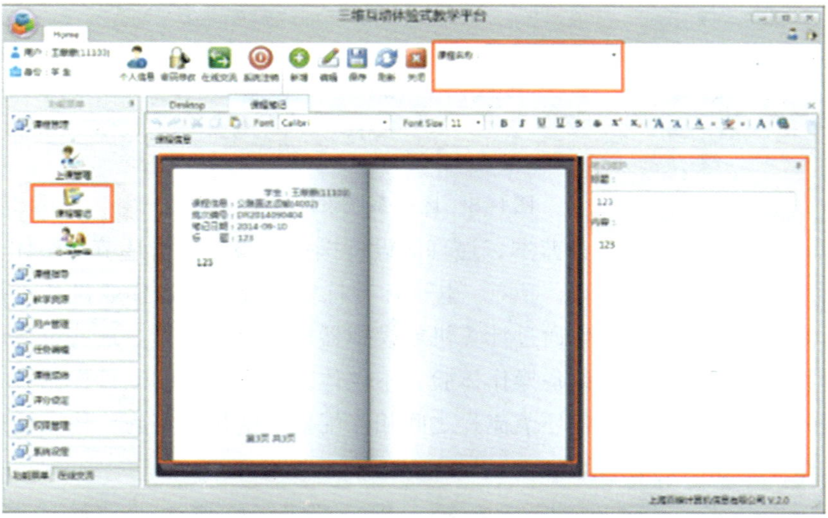

图1-7　课程笔记编辑

1.2.3　系统设定

学生执行功能菜单中的【系统设定】→【虚拟系统设定】，主界面如图1-8所示，设置后保存（可不做修改直接保存）。

1.3　仓储虚拟仿真系统应用特点

仓储虚拟仿真系统是一种虚实结合的教学模式，实训效果直观，一方面，虚拟仿真画面能够对学生的感官进行多路刺激，易于开展情境教学，从而创造出一种喜闻乐见、生动活泼的教学氛围；另一方面，实体设备非常适合进行强化教育，有利于知识持久性的保持以及个体化学习的实现，同时还可以激发学生的学习兴趣，使学生产生强烈的学习欲望，从而形成学习动机，主动参与实验，使课堂信息量加大，学生易于接受，使得他们在这种轻松愉快的环境中掌握教学内容。

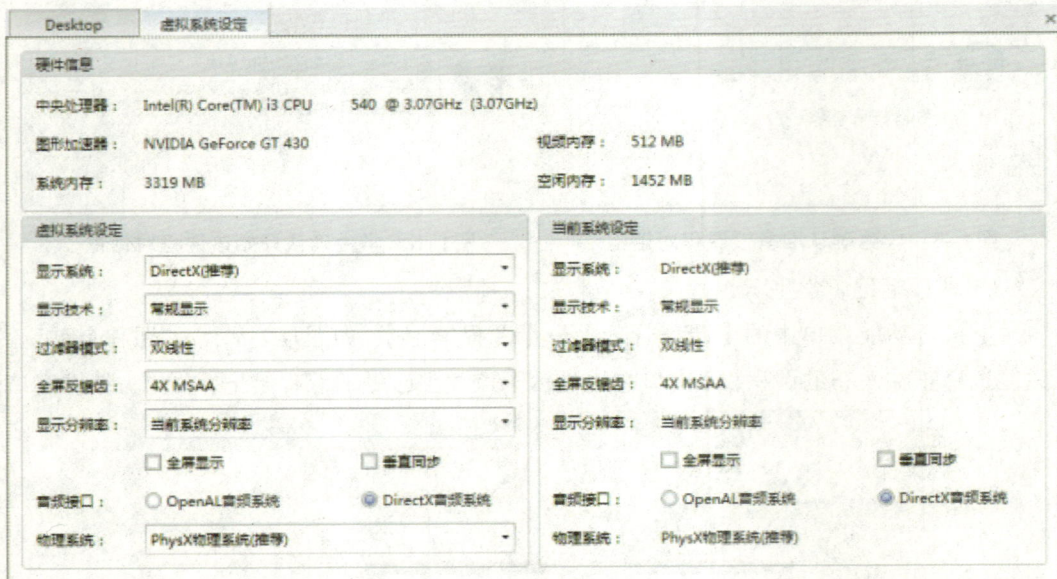

图1-8　虚拟系统设定

（1）以现代新型物流企业为蓝本，逼真的设备操作体验，仿真环节与整体流程实施。

IWMS系统中所模拟的叉车，手持、电子标签拣货装置等配送作业设备不是模型展示或仿真动画演示，而是需要学生通过计算机或模拟器进行交互操作。这些设备的操作过程具有逼真的物理特性、真实的设备操作体验，不仅体现实际设备的运行控制方式，而且体现设备流程的应用。同时通过各环节流程之间相互配置、链接、实施，构成配送中心的整体流程实施作业。如图1-9所示。

图1-9　逼真的设备操作体验

（2）模拟真实仓储企业工作岗位，仿真仓储企业经营。

在仓储作业虚拟物流场景中，多个用户同时扮演相同或不同的角色，通过设备管理、人员组织、作业计划、运营决策等，使得仓储作业得以按秩序顺利开展，同时很好地培养了学生的团队合作意识，并加深了对物流管理的理解。模拟的岗位包括：总经理、仓库管理员、客服经理、拣货员、理货员、出库复核员、搬运工等。如图1-10所示。

图1-10　模拟真实的仓储工作岗位

（3）丰富的仓储企业案例背景，任务驱动，企业实战对抗训练。

仓储虚拟仿真系统提供了真实的企业环境，可轻松导入企业案例数据，且无须投入大量精力准备课程任务。在教学管理平台中设置目标任务后，虚拟仿真环境中即可生成相应的人物、设备等场景，同时对同一课程任务，学生可分组以对抗模式完成。虚拟环境中的所有作业环节都将被系统记录下来形成作业日志，且完成结果可评价，这种上课模式大大提高了学生参与的热情。如图1-11、图1-12所示。

图1-11　模拟仓储企业案例背景之一

图1-12 模拟仓储企业案例背景之二

1.4 仓储信息管理系统

本系统作为仓储作业的信息管理系统，对虚拟仓储企业的入库管理、库内管理、出库管理、手持管理等业务进行管理。系统嵌入 webkit 内核，直接可在虚拟电脑中打开仓储信息管理软件，与虚拟电脑融为一体，具有逼真的使用感。如图1-13所示。

图1-13 模拟仓储信息管理系统

1.5　辅助外设系统

辅助外设系统包括计算机与网络，同时 IWMS 也具有三维立体显示输出的功能，可支持主动式或被动式3D 显示方式使用，达到立体显示效果。另外，IWMS 还具有外接交互仿真模拟器的功能，可支持汽车驾驶模拟设备，如操控虚拟汽车。而且 IWMS 的虚拟结合仿真功能，可支持手持终端、单据打印机等信息设备虚实操作。虚拟环境中的单据打印还可以通过教室中的实体打印机进行输出打印，并且 PDA 可以扫描到单据中的信息。如图 1-14 所示。

图1-14　辅助外设系统

1.5.1　更贴近企业实际的运作环境

（1）真实再现物流企业的运作环境与业务流程。

（2）在三维场景中可以构建出传统硬件实践教学无法创建的作业环境。

（3）任务数据更加真实，不受实验室空间限制，教学结果可控有效。

1.5.2　参与度高、教学便利（图1-15）

图1-15　模拟画面

（1）参与的广度，做到"人人有参与，人人有收获"。

（2）参与的深度，犯错零成本，反复"试错"，使学生学以致用。

（3）备课方便，过程管理，系统会自动生成任务所需的作业环境，并自动评价结果。

1.5.3 聚焦"物流管理"

（1）引入成本概念，培养学生成本意识，成本预算与管理。

（2）引入方案设计、执行、结果反馈过程，充分体现管理决策的制定和执行。

知识链接

所谓系统仿真（systemsimulation），就是根据系统分析的目的，在分析系统各要素性质及其相互关系的基础上，建立能描述系统结构或行为过程的、具有一定逻辑关系或数量关系的仿真模型，据此进行试验或定量分析，以获得正确决策所需的各种信息。

仿真是一种人为的实验手段。它和现实系统实验的差别在于，仿真实验不是依据实际环境，而是作为实际系统映象的系统模型以及在相应的"人造"环境下进行的。这是仿真的主要功能。仿真可以比较真实地描述系统的运行、演变及其发展过程。系统仿真就是在计算机上或（和）实体上建立系统的有效模型（数字的、物理效应的或数字物理效应混合的模型），并在模型上进行系统实验。

仿真技术得以发展的主要原因，是它所带来的巨大社会经济效益。20世纪50年代和60年代仿真主要应用于航空、航天、电力、化工以及其他工业过程控制等工程技术领域。在航空工业方面，采用仿真技术使大型客机的设计和研制周期缩短20%。利用飞行仿真器在地面训练飞行员，不仅节省大量燃料和经费（其经费仅为空中飞行训练的十分之一），而且不受气象条件和场地的限制。此外，在飞行仿真器上可以设置一些在空中训练时无法设置的故障，培养飞行员应对故障的能力。训练仿真器所特有的安全性也是仿真技术的一个重要优点。在航天工业方面，采用仿真实验代替实弹试验可使实弹实验的次数减少80%。在电力工业方面，采用仿真系统对核电站进行调试、维护和排除故障，一年即可收回建造仿真系统的成本。现代仿真技术不仅应用于传统的工程领域，而且日益广泛地应用于社会、经济、生物等领域，如交通控制、城市规划、资源利用、环境污染防治、生产管理、市场预测、世界经济的分析和预测、人口控制等。对于社会经济等系统，很难在真实的系统上进行实验。因此，利用仿真技术来研究这些系统就具有更为重要的意义。随着军事和科学技术的迅猛发展，仿真已成为各种复杂系统研制工作的一种必不可少的手段，尤其是在航空航天领域，仿真技术已是飞行器和卫星运载工具研制必不可少的手段，可以取得很高的经济效益。

研制、鉴定和定型全过程都必须全面地应用先进的仿真技术。否则，任何新型的、先进的飞行器和运载工具的研制都将是不可能的。

仿真模拟的参与也体现在现代军事上。现代战略弹道导弹的进攻威力很大，射程很远，更要命的是常常装有多个真真假假的弹头，用来迷惑敌方，以便顺利突破敌方强大的防空网。一般说来，最先进的反导系统的雷达预警时间只有短短的几分钟。为了不让敌方的攻击得逞，己方必须在这短短的几分钟里迅速而正确地作出反应，识别真假弹头，算出飞行轨道，动员力量进行拦截，以确保敌弹在到达目标之前就被摧毁掉。要做到这一切，不得不发挥超大规模科学计算的能力，否则己方只能处于被动挨打的地位。在海湾战争期间，"爱国者"导弹智斗"飞毛腿"导弹，形成战争史上的奇观。

小　结

仓储实验教学管理平台是三维互动体验式教学平台的一部分，与仓储虚拟仿真系统和信息管理系统无缝链接，是 IWMS 系统用户、任务数据、课程成绩等功能的支撑平台，可对课程开展、打分评价、上课下课进行统一管理。

仓储虚拟仿真系统包括仓储信息管理系统和辅助外设系统。

◇复习题

一、选择题

1. 以一定的较大批量集中于一个场所之中的仓储活动，被称为（　　　）。

A. 分散仓储　　　　B. 集中仓储　　　　C. 零库存　　　　D. 租赁仓储

2. 在仓储过程中对产品进行保护、管理，防止损坏而丧失价值，体现了仓储的（　　　）功能。

A. 保管　　　　B. 整合　　　　C. 加工　　　　D. 储存

3. （　　　）就是委托营业型仓库进行仓储管理。

A. 第三方仓储　　B. 外包仓储　　C. 自建仓库仓储　D. 租赁仓库仓储

4. （　　　）是指企业将仓储管理等物流活动转包给外部公司，由外部公司为企业提供综合物流服务。

A.租赁仓库仓储　　B.供应商管理库存　C.第三方仓储　　D.寄售

5.仓储管理活动可以表述为：仓储管理人员和作业人员借助仓储设施和设备，对（　　）进行收发保管。

A.库存物　　　　　　　B.仓库　　　　　C.仓库管理系统　　　D.重要物资

参考答案：1.B　2.A　3.D　4.C　5.A

二、判断题

1.在周转量较低时，选择自有仓储较好；随着周转量的增加，选择租赁仓储更经济。（　　）

2.仓储既有积极的一面也有消极的一面。只有考虑到仓储作用的两面性，尽量使仓储合理化才能有利于物流业务活动的顺利开展。（　　）

3.仓储劳动的质量通过在库物品的数量和质量的完好程度、保证供应的及时程度来体现。（　　）

4.中国仓储业的一个主要不足就是仓库的拥有量大，但管理水平较低。（　　）

5.仓单就是仓储合同，存货人和保管人应按照仓单的记载承担合同责任。（　　）

参考答案：1.×　2.√　3.√　4.√　5.×

三、简答题

1.什么是仓储管理？仓储管理虚拟系统的主要原理体现在哪里？

2.什么是 IWMS 基本原理，如何在实训操作中体会？

◇案例分析

案例背景

仓储管理为核心惠尔100万元实现"脱胎换骨"

如今，信息化管理已成为客户选择第三方物流服务时最基本的要求。上海惠尔物流有限公司借助信息化成功地由一家传统的运输公司转型为第三方物流公司，完成了"脱胎换骨"的转变。

一、需求：仓储管理为核心改造企业的物流系统

2003年4月，惠尔决定转型。此前，惠尔是一家传统的运输公司，他们的目标是转型为第三方物流公司，开展以储、运一体化为主要内容的物流服务。与此同时，惠尔制定了"通过物流分发网络的快速扩张、大幅缩短客户响应时间，以及电子商务来拓展市场"的战略。

要实现这些美好的"蓝图"，惠尔的领导寄希望于物流信息管理系统。因为物流公司不是拼有多少车，而是拼服务，也就是看物流公司能否提供准确的报表反馈，以保证单据处理的及时和准确。

惠尔公司认为："对于物流管理，仓库是核心，尽管利润点可能不在仓库。拿到仓库，运输就基本拿到了；拿到运输，但拿不到仓库的话，估计客户也很快会丢掉。所以，物流管理的核心是仓储管理，然后可上升到供应链管理。"基于这种认识，惠尔的整体物流系统建设把仓储管理系统摆在了首位，同时兼顾运输管理系统、客户关系管理系统、电子商务系统等。

针对系统的设计目标，惠尔公司提出："要创建一个基于网络的集成的物流管理信息系统，实现企业、客户以及相关环节的信息资源的数据共享和数据交换。系统应该具有良好的稳定性和可扩展性，能够同外部系统集成，并且安全可靠。"

二、以适合才是最好的理念进行设备选型

惠尔物流信息管理系统的投资情况为，"整个系统的投资总计100多万元，其中软件占60%"。据了解，与同行业相比，惠尔建这样一套物流信息管理系统，投资额度还达不到中等水平。即"没有最贵的，只有最合适的"。基于这种考虑，惠尔最终选择了招商迪辰软件系统有限公司来开发这套系统。之所以选择迪辰，是因为迪辰的物流信息管理系统拥有较好的DAP平台。DAP平台是采用纯Java开发的BS三层架构，能满足惠尔目前的需求及客户在线随时查询的需求。据悉，DAP是迪辰开发的应用于物流及供应链管理领域的标准化的信息技术平台。DAP平台具有行业针对性，可进行图形化操作及管理。基于DAP平台，迪辰为惠尔要做的就是个性化的开发工作。就惠尔物流信息管理系统的定位，惠尔公司提出："我们没有太复杂的工作，就是进出、库内管理、增值服务，所以系统不会选太复杂的功能化软件，而是需要流程化软件。"

就在建设物流信息管理系统之际，惠尔已开始在全国设立分发中心。目前，惠尔在全国14个城市设立了分发中心，仓库总面积达8万平方米，其中设在上海的中央分发中心仓库面积达4万平方米。

根据第三方物流服务网点化和核心仓储管理的特点，迪辰首先使系统做到集中化，即集中中央数据库、集中统一接单、集中统一动态管理，这些集中式管理不是记账式管理，而是由系统控制的主动管理。同时，在仓库管理系统和运输管理系统之间，增加了一个订单处理模块，将两大系统协同起来，避免了重复劳动。此外，迪辰还使整个系统实现流程化，按照严格的流程图，一步一步操作，完全贯彻了集中化、协同化、流程化的思路。目前，惠尔各地的分发中心借助互联网，随时可与客户系统进行连接和数据交换。

三、关注细微处，不断完善仓储管理系统

在项目实施过程中，尤其是个性化设计方面，迪辰项目组遇到了一些细枝末节的问题，比如，有关报表的处理。由于第三方物流服务具有跨行业、跨客户、跨地区的特点，客户

的个性化要求很多，他们对报表的需求也各种各样。最初，系统对报表的处理相对封闭，但业务要求系统报表一定要做成开放式的、可维护性的。双方经过研究，决定在系统中增加一个报表设计器，设计好业务报表后，用户可以随时维护，以不变应万变，这样就满足了不同客户的需求。大的框架确定后，系统的实施需要解决一些细节的问题。

惠尔公司认为："CS 架构较之 BS 架构，最大优势就在于其查询速度快、操作简便，但我们基于 BS 架构的系统经过技术处理，目前在这些方面也达到了 CS 架构的水平。"由于这些方面的成功处理，最终达到了"用最少的钱做最多的事"的初衷。

至于系统中需要改进的地方，惠尔公司认为"系统还存在一些细节性的地方需要改进，比如拣货、补货机制等。当然，我们在使用过程中将不断优化系统"。

问题讨论：一个合格的仓储管理系统应具备哪些功能？

案例点评：我国的物流企业大都是在传统的运输、仓储企业的基础上经过转型发展起来的。因此这些企业既有运营经验的优势，但同时在转型中也会面临诸多问题。惠尔在转型中注重了以某项业务为核心业务的要求，同时开展多项服务。并按照现代物流管理注重了信息化、集中化、协同化的原则。

案例解析

一个合格的仓储管理系统应该可以和企业的 ERP 系统提供完美的数据接口，同时可以提供硬件接口，诸如手持式条码扫描终端、条码打印机等，具体包含以下几点。

第一，要具备库房设置管理功能。

包括库房设置管理、库位设置管理、库区设置管理、库房资源分类管理、库房查询方式设置管理。

第二，任务作业管理功能（这是最基本的功能）。

包括物品入库作业管理、物品出库作业管理、物品移库作业管理、库存盘点管理功能、配货作业管理、配送作业管理。

以上作业流程必须要包含接收单据、预作业处理、实物作业处理。

例如，入库作业：接收入库单，预处理库房、库区、库位等信息，物品收货上架。

第三，查询功能管理。

包括任务综合查询：可查询执行的出入库任务及任务详情；单据综合查询：可查询执行的出入库单据、单据详情和导出单据；库位状态：可查询相应货架类别、相应库区下货架的状态及库位统计；日志查询：可查询系统中的基本日志（如创建物料的基本信息、创建供应商的基本信息）。

第四，综合信息管理。

包括报表信息管理（可自定义各种数据信息，以报表形式打印出来）、日志信息管理

（可追溯各种操作日志，以便日后追随信息用）。

第五，系统信息管理。

包括供应商管理（提供统一的供应商管理平台）、部门管理（提供统一的部门管理平台）、用户信息管理（用户管理、用户组管理、用户身份管理）、权限管理（权限组管理、权限分配管理）。

以上是一个基本的仓储管理系统（WMS）的功能，目前的比较先进的 WMS 一般都会采用条形码技术和无线射频技术结合 GPS，实现仓储管理的自动化和智能化。

第二章
配送中心设施设备与布局

教学目标

认识目标：了解配送中心设施与设备的定义和分类；熟悉配送中心设施的布局及其设备的用途；掌握货物编码、单据条码等运用到条码与物流信息技术的应用点。

能力目标：能够识别不同类型的配送中心，认识仓储作业的基本环节；掌握选配物流设施与设备的一般原则，熟悉仓储仿真系统所涉及的相关物流管理的专业知识，明确仓储仿真系统的虚拟设备特点与操作要求，掌握仓储仿真系统操作平台学生端登录流程和课程模块。

学习任务

通过本章的学习，通过走进物流中心，参观和尝试使用物流中心的设施设备，在近距离的观察和使用中掌握物流作业中最新设备的原理和使用方法，并对配送中心的设施布局有直观的认识。学习在虚拟仿真的物流中心寻找现代仓库中信息化管理的关键技术点，在仿真的场景中发现和搜集货位编码，掌握货物编码、单据条码等运用到条码与物流信息技术的应用点。

导入案例

海尔"中国物流示范基地"工程，即黄岛国际化物流配送中心，是海尔现代物流体系的一个示范节点，海尔现代物流先后经历了物流重组、供应链管理和物流产业化三个阶段。其间，海尔整合了集团内分散在23个产品事业部的采购、原材料仓储配送、成品仓储配送的职能，并率先提出了三个JIT的管理，即JIT采购、JIT原材料配送、JIT成品分拨物流。海尔物流建立了两个国际化物流中心，革了传统仓库的命，减少了20万平方米的平面仓库。

2014年，海尔集团每个月平均接到60000多个销售订单，这些订单的定制产品品种达7000多个，需要采购的物料品种达26万余种。在这种复杂的情况下，海尔物流自整合以来，呆滞物资降低90%，仓库面积减少88%，库存资金减少63%。海尔建立两个国际化物流中心，改存储物资的仓库为过站式（X-DOCKING）物流配送中心，从最基本的物流容器单元化、标准化、集装化、通用化到物料搬运机械化，逐步深入到工位的五定送料管理、日清管理系统的全面改革，看板拉动式管理实现了柔性生产，每条生产线每天可以生产几十个国家上百种规格的产品，实现了JIT物流。

海尔物流目前已逐步从原先的企业物流迈向社会化物流，随着海尔社会化物流业务的不断拓展，海尔物流将真正成为企业的第三利润源泉。

系统配置：托盘式自动化仓库（ASRS）、平面仓库设施、自动化输送及分拣系统、自动导引车系统、物流信息管理系统（WMS & WCS）、机器人码垛系统、ERP（SAP）系统接口等，系统工程还包括货架、叉车、托盘、周转箱、工位器具、各种形式的搬运车等物流设备应用。

（资料来源：http：//www.510560.com/News/News.aspx？ PKID=13003）

2.1　配送中心设施设备与布局

单击![icon]打开登录界面，学生均采用各自的账号登录"三维互动体验式教学平台"，如图2-1所示。系统默认用户名为11101，密码为空。

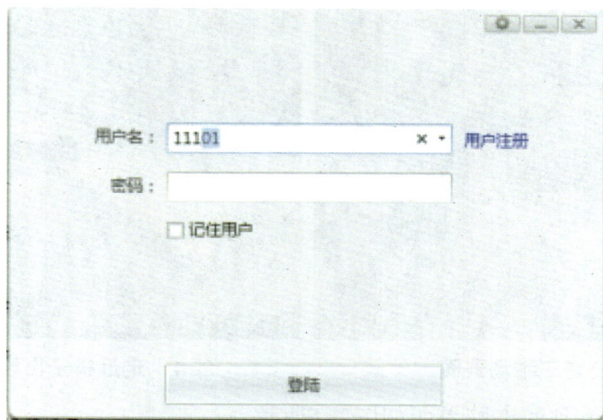

图2-1　系统登录界面

登录后进入【课程管理】→【上课管理】，查看教师发布的课程项目，选择2001课程项目，如图2-2所示，选择作业岗位为理货员，然后单击![准备]"准备"![开始]"开始"，系统进入三维环境。单击进入虚拟系统。

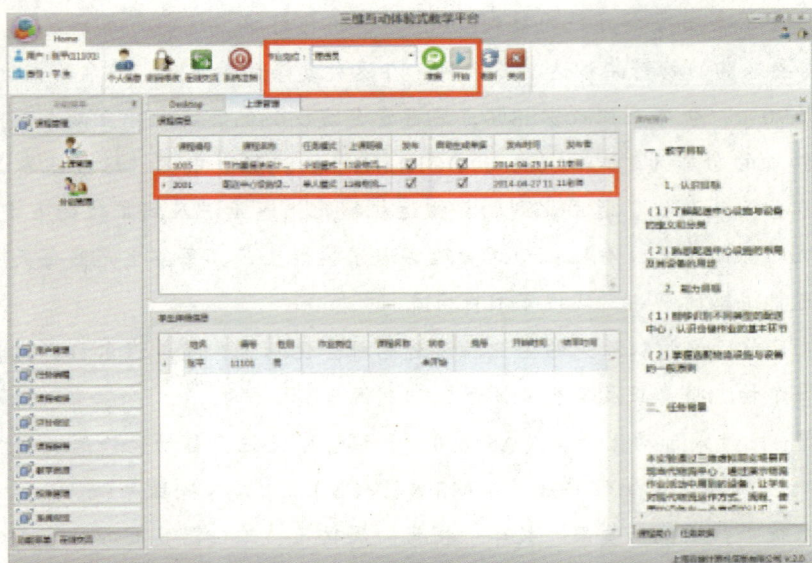

图2-2　学生进入教学平台

进入三维环境后，使用 W、A、S、D 键控制人物向前、左、后、右移动，移动的同时按住 Shift 键可加速，滚动鼠标滚轮可调节视野的远近，按住鼠标右键划动鼠标可以转换视野方向。长按鼠标右键可以任意转动视线方向。找到仓储办公室，如图2-3所示。走到电脑跟前，走近后会自动出现 按 [F] 键操作电脑 ，按 F 键即可坐下。如图2-4所示。

图2-3　办公室三维场景图

2-4　走近椅子出现按 F 键提示

按 F 键坐下后，看到的电脑界面如图2-5所示。

双击办公电脑程序快捷键 ![icon] 进入管理系统，如图2-6所示，查看管理系统的各模块功能，查看后按 F 键站起来。

查看完仓储管理系统后，使用 W、A、S、D 键控制人物移动，沿着人行通道行走一圈，熟悉物流中心的设备与布局，在熟悉了整体的结构之后，学生可切换为 F1第一人称视角、F2第三人称视角与 F3飞行视角，如图2-7所示，即为飞行视角下看到的仓库全景，接下来可对配送中心内的设施设备进行近距离的观察与操作。

图2-5 虚拟电脑界面

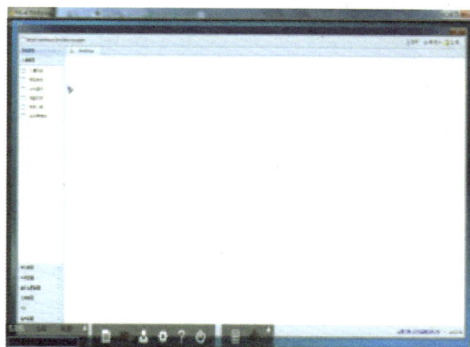

图2-6 仓储管理软件界面图

图2-7 飞行视角

知识链接1

1.软件界面（software interface）。狭义上说，软件界面就是指软件中面向操作者而专门设计的用于操作使用及反馈信息的指令部分。优秀的软件界面有简便易用、突出重点、容错高等特点。而广义上讲，软件界面就是某样事物面向外界而展示其特点及功用的组成部分。通常我们说的软件界面就是狭义的。软件界面主要包括软件启动封面、软件整体框架、软件面板、菜单界面，按钮界面，标签、图标、滚动条、菜单栏及状态栏属性的界面等。

2.视角是视线与显示器等的垂直方向所成的角度，观察物体时，从物体两端（上、下或左、右）引出的光线在人眼光心处所成的夹角。物体的尺寸越小，离观察者越远，则视角越小。正常眼能区分物体上的两个点的最小视角约为1分。

学生可走近叉车，如图2-8所示，靠近后叉车会出现黄色框，按 F 键驾驶，使用 W、A、S、D 键控制叉车向前、左、后、右移动，按键盘的↑↓键可控制货叉的升降。按 F2键可切换第三人称视角。驾驶叉车靠近托盘区，如图2-9所示。

图2-8　叉车存放区

图2-9　托盘存放区

调整货叉的高度，叉取托盘区右侧最上端带有条码的托盘，如图2-10所示。

此处需注意，如果在操作过程中有撞击致使托盘位置不对而无法搬运，可按 R 键复位，请小心驾驶，慎用此功能。托盘存放区的托盘只有带标签的才有用。

按 F 键下车，学生可来到左侧的地牛与手推车存放区，如图2-11所示，操作地牛与手推车，操作方法与叉车相似。依次进行操作试用。

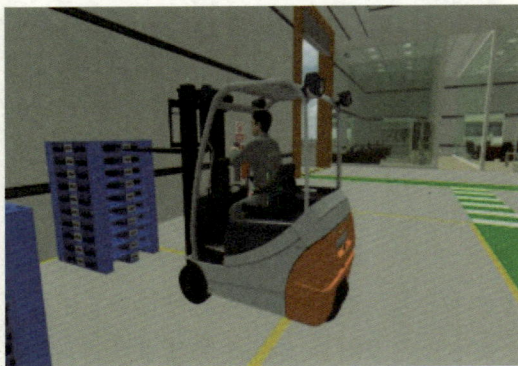

图2-10　叉取托盘

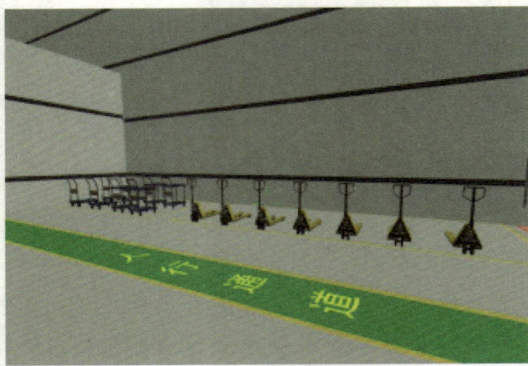

图2-11　地牛与手推车

按 Q 键打开手持终端，单击 打开管理系统，依次单击查看手持终端功能，如图2-12所示。

图2-12　手持终端界面

知识链接2

1.叉车是对成件托盘货物进行装卸、堆垛和短距离运输作业的各种轮式搬运车辆。国际标准化组织 ISO/TC110称为工业车辆。常用于仓储大型物件的运输，通常使用燃油机或者电池驱动。

叉车在企业的物流系统中扮演着非常重要的角色，是物料搬运设备中的主力军。广泛应用于车站、港口、机场、工厂、仓库等国民经济中的各个部门。第二次世界大战期间，叉车得到发展。中国从20世纪50年代初开始制造叉车。特别是随着中国经济的快速发展，大部分企业的物料搬运已经脱离了原始的人工搬运，取而代之的是以叉车为主的机械化搬运。因此，在过去的几年中，中国叉车市场的需求量每年都以两位数的速度增长。

市场上可供选择的叉车品牌众多，车型复杂，加之产品本身技术强并且非常专业，因此车型的选择、供应商的选择等是很多选购的企业经常面临的问题。

2.托盘。中国国家标准《物流术语》对托盘的定义是：用于集装、堆放、搬运和运输的，放置作为单元负荷的货物和制品的水平平台装置。作为与集装箱类似的一种集装设备，托盘现已广泛应用于生产、运输、仓储和流通等领域，被认为是20世纪物流产业中两大关键性创新之一。托盘作为物流运作过程中重要的装卸、储存和运输设备，与叉车配套使用，在现代物流中发挥着巨大的作用。托盘给现代物流业带来的效益主要体现在：可以实现物品包装的单元化、规范化和标准化，保护物品，方便物流和商流。托盘又名栈板、夹板。

按材质、用途、台面、叉车的叉入方式和结构区分，托盘有多种类型，如木托盘、胶合板免熏蒸托盘、四向托盘、双面托盘、欧标托盘等。另外还有各种专用托盘，如平板玻璃集装托盘、轮胎专用托盘、长尺寸物托盘和油桶专用托盘等。

知识链接3

手持终端是指具有以下几种特性的、便于携带的数据处理终端：有操作系统，如 Windows、Linux 等；内存，CPU，显卡等；屏幕和键盘。

一般而言，手持终端分为工业级手持终端和消费级手持终端。工业级手持终端在性能、稳定性、电池的耐用性上都比消费级的要好。

1.条码扫描：条码扫描功能目前有两种技术，激光和 CCD，激光扫描只能识读一维条码，CCD 技术可以识别一维条码和二维条码，比较流行的观点是识读一维条码时，激光扫描技术比 CCD 技术更快更方便。具有条码扫描功能的手持终端通常被称为条码数据采集器。

2.IC 卡读写：集成 IC 卡读写功能的手持终端通常称为 IC 卡手持数据终端，主要用于 IC 卡证卡管理。

3.非接触式 IC 卡读写：集成非接触式 IC 卡读写功能的手持终端通常称为非接触式 IC 卡手持数据终端，主要用于非接触式 IC 卡管理。

4.内置信息钮：所谓信息钮就是内置的非接触式 IC 卡芯片，主要用于巡更。

5.指纹采集、比对：集成指纹采集模块的手持终端主要用于公安、社会保险等。

6.GPS：行业应用主要用于公安，更大量的用于民用市场，为驾车人提供电子地图及定位服务。

7.GSM/GPRS/CDMA 无线数据通信：主要功能为可以通过无线数据通信的方式与数据库进行实时数据交换。主要在两种情况下需要使用此功能，一是对数据的实时性要求很高的应用；二是应用中因各种原因无法将所需要的数据存储在手持终端的时候，可能是所需要的数据过大，也可能需要保密等。

8.GSM/GPRS/CDMA 短信通信：几乎所有支持无线数据通信的手持终端都支持短信通信，之所以将该功能列出，是因为有些手持终端产品只支持短信通信，该功能的实时性较 GSM/GPRS/CDMA 无线数据通信的实时性稍低，并且有时因为短信服务器的原因可能会丧失实时性，除非租用专用短信服务器，并且通信过程中整体数据带宽很小。

9.GSM/GPRS/CDMA 无线语音通信：该功能主要用于语音通话，经过二次开发后，在一定程度上可替代对讲机。

10.红外数据通信（IrDA）：作为最早的短距离无线数据通信技术，目前该功能在各种手持终端中几乎是标准配置。不过要注意的是，并不是号称支持IrDA的手持终端都是真正支持IrDA，很多手持终端只实现了IrDA协会给出的物理层规范，并没有实现IrDA协议栈，在IrDA的官方标准中是不承认的。

11.红外数据通信（电力红外）：电力红外规约是中国电力部颁布的标准，是用于电力设备之间的数据通信标准，之所以在这里提到这个功能是因为国产的大量抄表机都有该功能。

12.蓝牙通信：蓝牙通信功能是新一代短距离无线通信技术，目前主要是PDA和手机中采用得比较多。其他的数据终端中也逐渐开始使用该技术，短距离蓝牙通信可达10m，长距离蓝牙通信可达100m，在通信数据量不是很大的情况下，蓝牙技术也可以替代802.11B组网。

13.RS232串行通信：作为最基本的数据通信方式，基本上所有的手持数据终端都带该功能。

14.RS485串行通信：RS485是用于长距离的串行通信技术，只有很少的专用手持终端带该功能。

15.USB通信：USB通信技术因其通信速率快，所以目前很多手持终端都开始采用，特别是PDA，其用途主要是与PC机进行大量的数据交换。但USB通信不是对等的，USB设备分为主设备与从设备，主设备只能与从设备通信，无法与主设备通信，所以很少有手持终端既可以作为USB主设备、又可以作为USB从设备。选购者在这方面容易产生误区，认为只要两个设备都支持USB就可以。

16.802.11B：作为无线局域网的主流技术，目前的发展速度非常快，很多手持终端已经配置了该功能，具有该功能的手持终端可以在一个比较大的范围内组网并与PC、服务器等进行数据交换，可在大的封闭空间（如厂房、仓库）进行无线数据交换。如果空间超过了无线信号可以覆盖的范围的话，可以增加多个节点的来解决。

17.打印：有些手持终端集成了打印功能，可以直接打印单据。

18.手写识别:手持终端的输入功能与PC、工控机等设备相比，一直是非常弱的，手写识别可以缓解这个问题，如果用户需要大量的文字输入，那么必须要有此功能。

19.汉字输入：对于一些没有手写识别功能的手持终端，如果要进行汉字输入的话，那么该功能是必不可少的，并且输入法也要考虑，全拼已经落伍，T9相对来说更能接受。

20.其他功能，还有些手持终端带有一些其他的功能，比如拍照、可插CF卡、可插SD卡等，需要根据用户的需要选择。

　　了解了仓库的设备操作后，可四处走走看看以了解仓库设施布局，如图2-13至图2-20所示。

图2-13   自动化立体库区

图2-14   普通托盘货架区

图2-15　阁楼货架拣货区

图2-16　电子标签拣货区

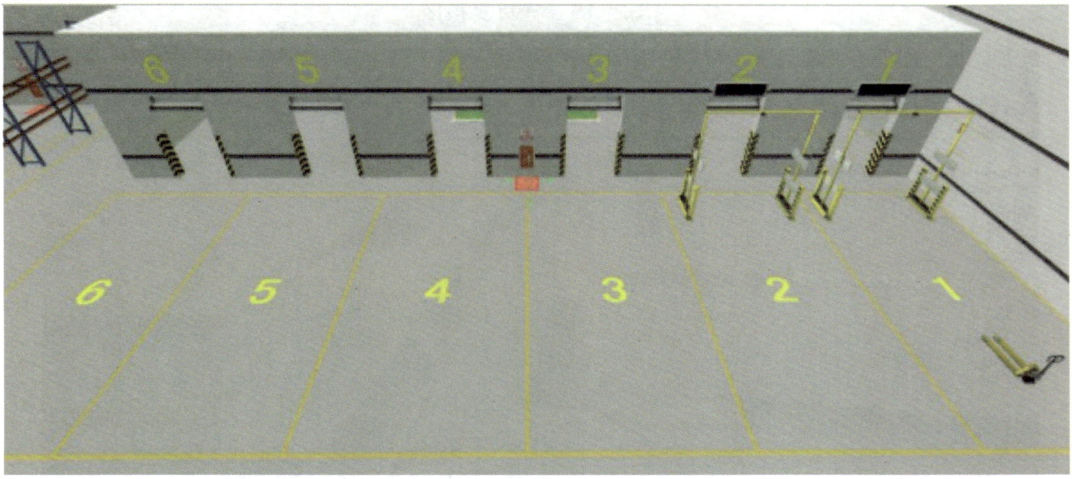

图2-17　入库理货区

图2-18 出库理货区

图2-19 拣货复核区

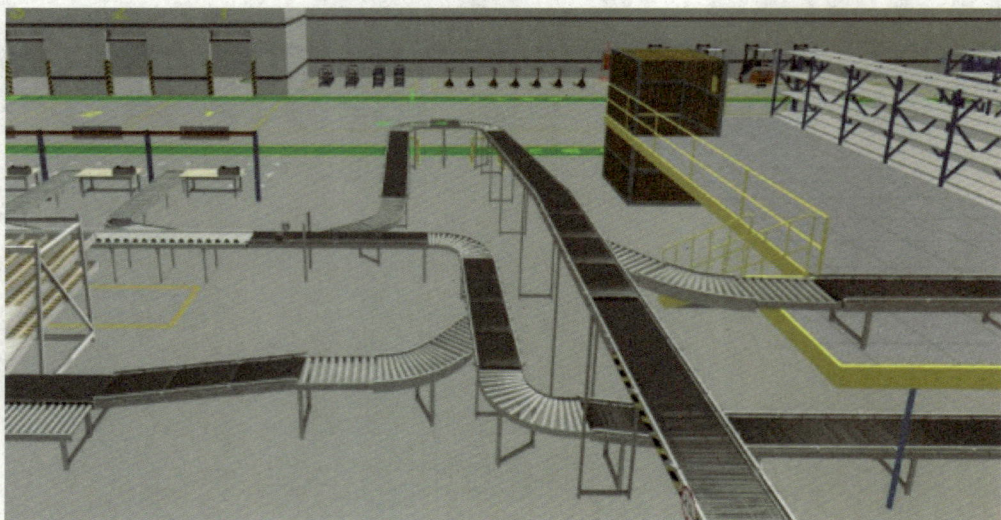

图2-20 输送带区

知识链接4

1.自动化立体仓库，是物流仓储中出现的新概念。利用立体仓库设备可实现仓库高层合理化，存取自动化，操作简便化；自动化立体仓库，是当前技术水平较高的形式。自动化立体仓库的主体由货架、巷道式堆垛起重机、入（出）库工作台和自动运进（出）及操作控制系统组成。货架是钢结构或钢筋混凝土结构的建筑物或结构体，货架内是标准尺寸的货位空间，巷道堆垛起重机穿行于货架之间的巷道中，完成存、取货的工作。管理上采用计算机及条形码技术。

2.托盘货架以储存单元化托盘货物，配以巷道式堆垛机及其他储运机械进行作业。高层货架多采用整体式结构，一般是由型钢焊接的货架片（带托盘），通过水平、垂直拉杆以及横梁等构件连接起来。其侧面间隙考虑在原始位置货物的停放精度，堆垛机的停位精度，堆垛机及货架的安装精度等；货物支承的宽度必须大于侧面间隙，免得货物一侧处于无支承状态。

3.阁楼式货架系统是在已有的工作场地或货架上建一个中间阁楼，以增加存储空间，可做二、三层阁楼，宜存取一些轻泡及中小件货物，适于多品种大批量或多品种小批量货物，人工存取货物。货物通常由叉车、液压升降台或货梯送至二楼、三楼，再由轻型小车或液压托盘车送至某一位置。

近几年多使用冷轧型钢楼板，它具有承载能力强、整体性好、承载均匀性好、精度高、表面平整、易锁定等优势。有多种类型可选，并且易匹配照明系统，存取、管理均较为方便。单元货架每层载重量通常在500 kg以内，楼层间距通常为2.2～2.7 m，顶层货架高度一般为2 m左右，充分考虑工作人员操作的便利性。

4.电子标签拣货系统是一组安装在货架储位上的电子设备，透过计算机与软件的控制，借由灯号与数字显示作为辅助工具，引导拣货工人正确、快速、轻松地完成拣货工作。AblePick电子标签辅助拣货系统（Picktolight system）是采用先进电子技术和通信技术开发而成的物流辅助作业系统，通常使用在现代物流中心货物分拣环节中，具有拣货速度快、效率高、差错率低、无纸化、标准化的作业特点。电子标签辅助拣货系统作为一种先进的作业手段，与仓储管理系统（WMS）或其他物流管理系统配合使用，效率更高。

5.理货区（Operation Area）为客户货物提供装卸、储存、包装、重整、流通加工等加值服务的作业区域，亦可装设料架储存货物。

6.输送带（conveying belt），又称运输带，是用于皮带输送带中起承载和运送物料作用的橡胶与纤维、金属复合制品，或者是塑料和织物复合制品。输送带广泛应用于水泥、焦化、冶金、化工、钢铁等行业中输送距离较短、输送量较小的场合。

2.2   掌握条码与物流信息技术

（1）学生打开"3DITP"系统，使用自己的用户密码登录。选择课程管理、选择上课管理。进入主界面后选择2002实验任务，选择理货员角色，单击准备、开始进入到三维仓储仿真环境。

（2）进入仿真环境后，学生走到各个库区，使用鼠标右键转动方向，让中心点对准货架上所贴条码，会显示货架编码。如图2-21至图2-23所示，并总结出库位的编码规则。

图2-21   普通货架编码

图2-22   阁楼货架编码

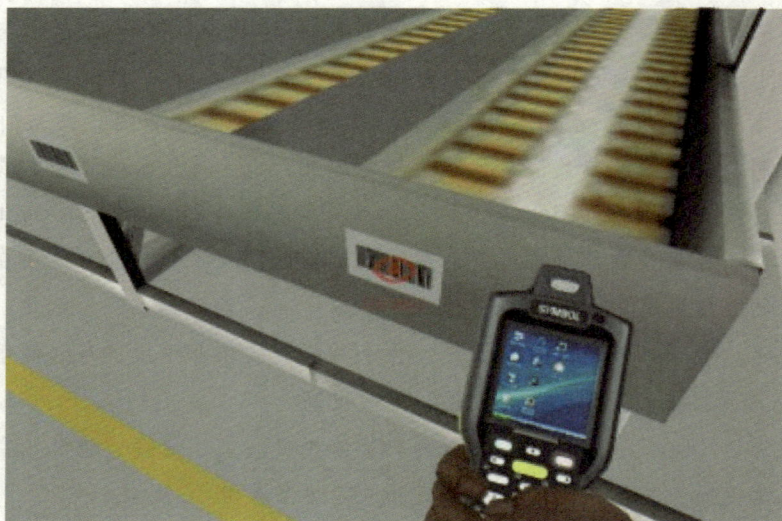

图2-23   电子标签货架编码

小　结

仓库是保管和储存物品的建筑物和场所的总称。可以有多种形式，根据分类方法的不同，又可分为很多类，仓库有保管、降低生产和采购成本、协调供需、辅助生产、辅助销售、战略储备等作用。

仓库选址是指在一个具有若干供应点及若干需求点的经济区域内，选一个地址建立仓库的规划过程。仓库的选址对于物流企业非常重要，一个好的选址方案会为企业带来良好的经济效益，选址时要充分考虑选址的原则及其影响因素，采用恰当的选址方法。

仓库规划分为总体规划和内部规划，仓库总体规划在规定的范围内进行统筹规划、合理安排，最大限度地提高仓库的储存和作业能力，并降低各项费用；仓库内部规划主要目的是提高仓库作业的灵活性和有效利用库房内部空间，而内部布局主要就是储位管理。

◇复习题

一、选择题

1.（　　）是专门用于存放堆码在托盘上的货物的传统货架。

A. 移动式货架　　　　　B. 悬臂式货架　　　　　C. 托盘货架　　　　　D. 旋转式货架

2.（　　）平时可以密集相连排列，存取货物时货架沿轨道滑出，这样可以将仓库面积利用率提高到80%，主要用在档案管理等重要或贵重物品的保管中。

A. 旋转式货架　　　　　B. 驶入/驶出式货架　　C. 移动式货架　　　　　D. 重力式货架

3. 尤其适用多品种的小件货物的存储保管的货架种类是（　　）。

A. 自动货架　　　　　　B. 旋转式货架　　　　　C. 移动式货架　　　　　D. 托盘货架

4. 电子秤的核心部件是（　　）。

A. 加法、调零电路　　　B. 承重和传力机构　　　C. 测量显示仪　　　　　D. 称重传感器

5. 在相同的工作条件下，传感器由零负荷逐渐加载到额定负荷，然后再逐级卸载到零时，传感器输出特性曲线并不重合的特性被称为（　　）。

A. 滞后　　　　　　　　B. 非线性误差　　　　　C. 不重复性　　　　　　D. 输出灵敏度

6. 自动分拣机的主体是（　　）。

A. 喂料输送机　　　　　B. 分拣传送机构及分拣机构

C. 计算机控制器　　　　D. 分拣卸货道口

7. 自动分拣系统的核心是（　　）。

A. 供件系统　　　　　　B. 分拣系统　　　　　　C. 下件系统　　　　　　D. 控制系统

8. EAN 条码是国际通用符号体系，是一种定长、无含义的条码，主要用于（　　）。

A. 商品标识

B. 工业、医药和政府部门

C. 包装、运输以及国际航空系统的机票顺序编码

D. 血库、图书馆、包裹等的跟踪管理

9. 和 EAN—13 码相比，EAN—8 码没有（　　　　）。

A. 前缀码　　　　　　B. 商品项目代码　　　　　C. 制造厂商代码　　　　　D. 校验码

10. （　　　　）是指位于条码中间位置用来分隔数据段的若干条与空。

A. 条码字符　　　　B. 条码数据符　　　　　C. 条码校验符　　　　　D. 中间分隔符

参考答案：1. C　2. C　3. B　4. D　5. A　6. B　7. B　8. A　9. C　10. D

二、判断题

1. 悬臂式货架广泛应用在储存长形货物的仓库中。（　　　）

2. 重力式货架主要用于储存整批纸箱包装商品和托盘货物。（　　　）

3. 旋转式货架特别适用于大批量少品种的配送中心。（　　　）

4. 驶入 / 驶出式货架主要在档案管理等重要或是贵重物品的保管中使用。（　　　）

5. 侧面式叉车目前应用最广泛，占叉车总量的 80% 左右。（　　　）

6. 按宽度调节法方式编码时，是以窄元素（条纹或间隔）表示逻辑值 "0"，宽元素（条纹或间隔）表示逻辑值 "1"。（　　　）

7. 条形码的 PCS 值越大，则表明条形码的光学特性越差，识读率也越低。（　　　）

8. EAN—13 码是国际物品编码协会在全球推广使用的一种商品条码，它是一种定长、无含义的条码，没有自校验功能，使用 1～9 共 9 个字符。（　　　）

9. 储运单元条码是专门表示储运单元编码的条码，储运单元是指为便于搬运、仓储、订货、运输等，由消费单元（即通过零售渠道直接销售给最终用户的商品包装单元）组成的商品包装单元。（　　　）

10. 仓库管理中条码技术的应用主要是条码的编码和识别技术。（　　　）

参考答案：1. √　2. √　3. ×　4. ×　5. ×　6. √　7. ×　8. ×　9. √　10. √

三、简答题

1. 与普通托盘货架相比，自动化立体仓库有哪些优点？

2. 配送中心总平面布置一般划分为哪几个区域？

3. 请问百蝶物流配送中心的设施布局属于哪一类动线？该动线具有哪些特点？

四、综合实验题

1. 调查百蝶物流中心的货物编码，判断其属于哪类编码方式，并说明其优缺点。

2. 储位编码有哪几种方式？

3. 什么是条码与条码技术？

4. 你认为条码技术能给传统物流领域带来什么影响？

5. 在场景中找到列表中储位编码，截出查看界面并进行描述。

序号	储位编码	截图描述
1	P010501	
2	P020302	
3	F010401	
4	F060103	
5	L010201	
6	L010902	

◇ **案例分析**

案例背景

配送中心改善美国通用汽车的零部件供应

美国通用汽车公司在美国的14个州中，大约有400个供应商负责把各自的产品送到30个装配工厂进行组装。由于卡车满载率很低，使得库存和配送成本急剧上升。为降低成本，改进内部物流管理，提高信息处理能力，通用汽车公司委托 Penske 为其提供第三方物流服务。

Penske 物流公司调查了半成品的配送路线后，建议通用汽车公司在 Cleverland 使用一家有战略意义的配送中心实施零部件配送。配送中心负责接收、处理、组配半成品，实施配送，并由 Penske 派人管理。Penske 公司通过 EOI 系统帮助通用汽车调度供应商车辆，同时 Penske 提供60辆卡车和72辆拖车以便实现准时制（JIT）送货。通过优化送货线路，来增加供应商送货频率，减少库存水平，改善外部物流活动。运用全球卫星定位技术，使供应商随时了解行驶中送货车辆的方位。配送中心组配半成品后对装配工厂实施共同配送，从而降低卡车空载率，减少通用汽车公司的车辆保有量，降低企业物流成本。

问题讨论：

1. 画出供应商、装配工厂、配送中心分布的模拟草图，粗略模拟表示建立配送中心强化的送货线路。

2. 比较建立配送中心前后物流成本中哪些项目发生了变化？是如何实现的？

3. 简述配送中心的功能。

案例解析

1.

```
                              ┌──────────────┐
                              │    供应商     │◀────────┐
                              └──────┬───────┘         │
                                     │ 第三方物流公司    │
                                     ▼                 │
                              ┌──────────────┐         │
          ┌──────────────────│    配送中心    │        │
          │                   └──────┬───────┘         │
          │                          │                 │
          ▼                          ▼                 │
  ┌──────────┐   ┌──────────┐  ┌──────────────┐       │
  │  接收产品  │──▶│  商品处理  │─▶│   装配工厂    │       │
  └──────────┘   └──────────┘  └──────┬───────┘       │
                                     │ 组配半成品        │
                                     ▼                 │
                              ┌──────────────┐         │
                              │     配送      │         │
                              └──────┬───────┘         │
                                     ▼                 │
                              ┌──────────────┐         │
                              │ Penske公司的  │         │
                              │  EOI系统      │         │
                              └──────┬───────┘         │
                                     │ Penske派人管理    │
                                     ▼                 │
                              ┌──────────────┐         │
                              │ 汽车公司调度   │         │
                              │ 供应车辆      │         │
                              └──────┬───────┘         │
                                     │ Penske提供60辆卡车和72辆拖车
                                     ▼                 │
                              ┌──────────────┐         │
                              │    JIT送货    │─────────┘
                              └──────────────┘
```

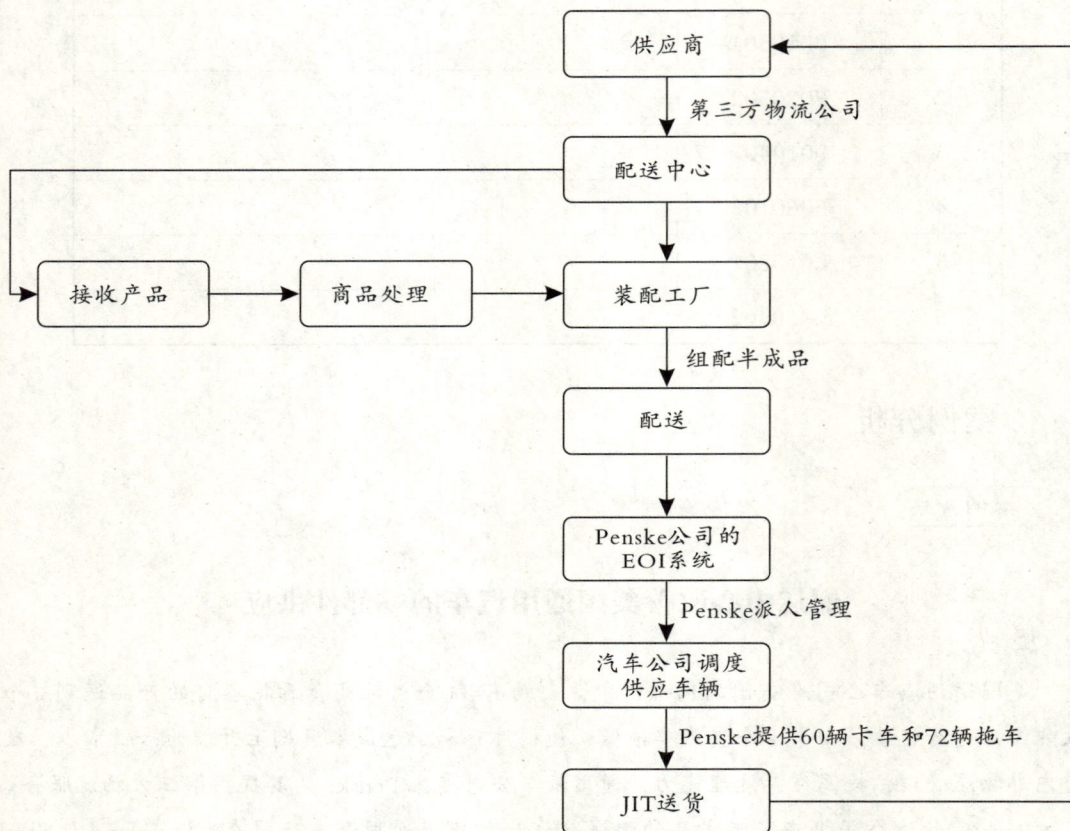

供应商、装配工厂、配送中心的模拟草图

2.要点。原来有2类（零部件供应商、装配工厂），后来增加了配送中心变成3类；运输线路，原来为：零部件供应商（400个）→装配工厂（30个），线路非常多，返程多为空车。增加配送中心后改为：零部件供应商（400个）→配送中心（1个，零件配套组装）→装配工厂（30个）；不仅线路总数大大减少，每次运输批量增加，容易实现整车运输，同时两种线路相结合大大减少返程空车现象。

因此，运输费用（运输总里程减少、空车减少）大大减少，零部件配套后存储费用可能减少，固定资产费用减少等。

3.配送中心的功能。采购功能，存储保管功能，分拣、配组功能，流通加工功能，信息处理功能，送货功能，集散及衔接功能。

第三章
入库作业管理

教学目标

认识目标：熟悉货物入库基本流程；熟悉物流作业活动中用到的设备，掌握电动叉车、手动液压托盘车、PDA 的操作；熟悉储位分配基本流程；能够掌握入库的各作业环节。

能力目标：能应用常见的几种存储策略；掌握储位分配各作业环节。

学习任务

通过本章的学习，在货物入库基本流程中熟悉物流作业活动中用到的各种设备，在电动叉车、手动液压托盘车、PDA 的操作中，熟悉储位分配基本流程。了解常见的几种存储策略，掌握储位分配各作业环节。

导入案例

正泰集团公司是中国目前低压电器行业的最大销售企业。在全国低压工业电器行业中，正泰首先在国内建立了3级分销网络体系，经销商达1000多家。同时，建立了原材料、零部件供应网络体系，协作厂家达1200多家。

自动化立体仓库是公司物流系统中的一个重要部分。

立体仓库可实现高度指挥下，高效、合理地贮存各种型号的低压电器成品，准确、实时、灵活地向各销售部门提供所需产成品。

立体仓库的工作流程：

1. 入库流程。入库流仓库二、三、四层两端六个入库区各设一台入库终端，每个巷道口各设两个成品入库台。需入库的成品经入库终端操作员键入产品名称、收入库数据，按照均匀分配、先下后上、下重上轻、就近入库、计算器自动分配一个货位，小电瓶车送至该巷道的入库台上。监控机指令堆垛将货盘存放于指定货位。库存数据入库处理分两种类型：名称（或代码）界面而输入；另一种是托盘入库。

2. 出库流程。底层两端为成品出库区，中央控制室和终端各设一台出库终端，在每一个巷道口设有 LED 显示屏幕，用于提示本盘货物要送至装配平台的出门号。需出库的成品，经操作人员键入产品名称、查出满足出库条件且数量相当或略多的货盘，品货盘送至各个巷道口的出库台上，成出库作业后，在客户机上形成出库单。

3. 回库空盘处理。流程底层出库后的部分空托盘经人工叠盘后，用电瓶车送至底层某个巷道口，再由各车间将空托盘拉走，形成一定的周转量。

立体库主要设施：

1. 托盘。所有货物均采用统一规格的钢制托盘，既可适用机、叉车等设备装卸，又可满足在输送机上上下运行。

2. 高层货架采用特制的组合式货架，横梁结构。该货架结构美观大方，省料实用，易安装施工，属一种优化的设计结构。生产调度、计划制订、提高物流效率、降低储运损耗、减少流动资金积压。

3. 巷道式堆垛机。根据本仓库的特点，堆垛机采用下部支承、上部驱动、双方柱形式的结构。该机在高层货架的巷道内按 X、Y、Z 三个坐标方向运行，将位于各巷道口入库台的产品存入指定的货格，或将货格内产品运出送到巷道口出库台。该堆垛机设计与制造严格按照国家标准进行，并对结构强度和刚性进行精密计算，以保证机构运行平稳、灵活、安全。堆垛机配备有安全运行机构，以杜绝偶发事故。其运行速度为 $4\sim80\text{mm/min}$（变频调速），升降速度为 $3\sim16\text{mm/min}$（双速电机），货叉速度为 $2\sim15\text{mm/min}$（变频调速），通信方位为红外线，供电方式为滑触导线方式。

（资料来源：http://3y.uu456.com/bp_3lhg631jyf207lq1bacx_1.html）

3.1 入库验收与上架作业

3.1.1 实验任务

百蝶物流中心接到一个客户发来的货物入库请求，本次任务需要学生扮演不同岗位角色完成整个货物的入库作业，了解入库作业的基本流程，进入系统后开始进行卸货、理货验收、搬运上架到指定库位等作业环节，完成货物的入库作业。

完成单一客户单一品种的货物入库作业，数据如下表所示。

客户	货物名称	货物编码	计划数量
农工商超市	利乐包装冰红茶	03020013	240 个

3.1.2　任务开展

（1）学生打开"3DITP"系统，使用自己的用户密码登录。选择课程管理、选择上课管理。进入主界面后选择2003实验任务，选择【入库管理员】角色，单击准备、开始进入三维仓储仿真环境。

（2）【入库管理员】走进仓储部办公室，在电脑前按 F 键操作电脑，如图3-1所示。

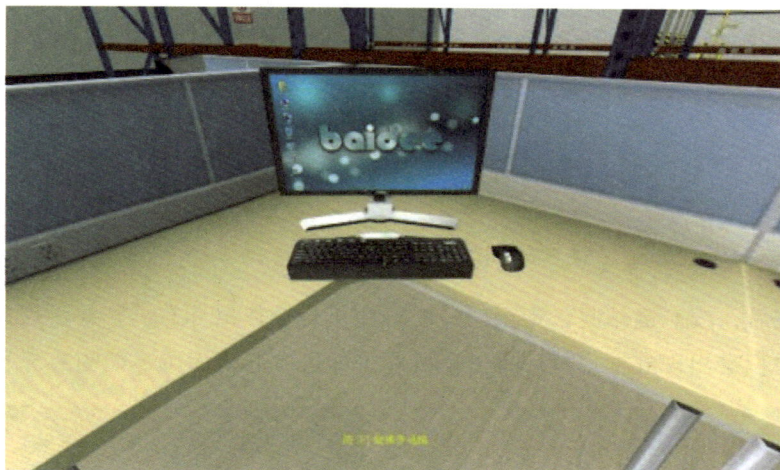

图3-1　操作电脑

坐下后打开虚拟电脑桌面上的 ![icon] 图标，执行【入库管理】→【入库预报】，如图3-2所示，若教师在教学平台设置的是订单完成，那么此处已存在订单列表，勾选订单后，单击 ![发送审核] 按钮，发送审核。若"自动生成单据"没有打钩，则需要自己新增订单，步骤如下：单击 ![按钮] 按钮，单击键盘上的 Tab 键，虚拟电脑界面显示【任务提示】，如图3-3所示。

图3-2　入库预报

将【任务提示】中的信息填入后，单击 ![发送审核] 按钮（若有多种物料，单击继续添加），添加完毕后，单击 ![提交] 返回主界面，界面生成一条订单列表，按照前面的操作勾选订单即可。

（3）执行【入库管理】→【预报审核】，勾选订单后单击 ![审核] 按钮。

（4）执行【入库管理】→【ASN 操作】，勾选订单后单击 ![计划] 按钮（可自行决定放在哪个月台），如图3-4所示，选择收货区并保存，依次单击 ![提交] 、 ![入库单打印] 按钮。

图3-3   任务提示

打印完成后，按 F 键站起，走至门口的打印机，按住鼠标右键，移动视角，使中心点对准单据，单据会出现红框，然后单击鼠标左键即可拿起入库单，如图3-5所示。

图3-4   选择计划收货区

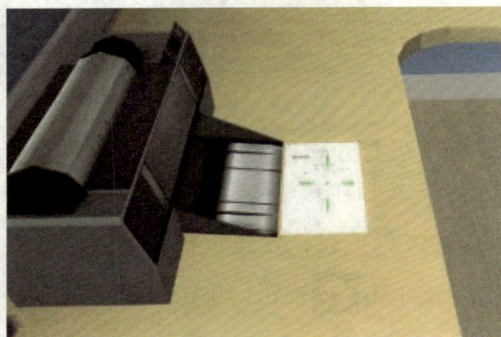

图3-5   拿起入库单

单击工具栏中的 ◆ 查看单据，如图3-6所示，双击入库单打开单据，如图3-7所示，按 ESC 键收起单据。

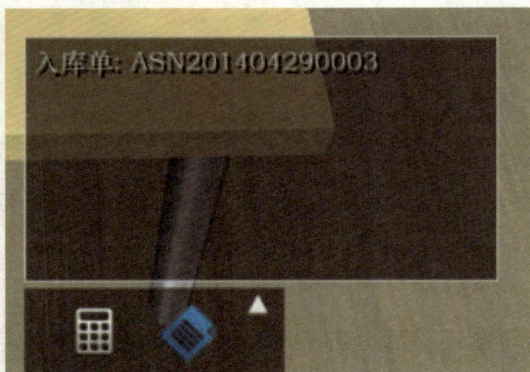

图3-6   打开单据

图3-7   入库验收单

（5）单击下方功能键 切换角色为【理货员】或在多人互动时理货员角色，如图3-8递交单据提示，双击即可递交给对方，如图3-9所示。

图3-8　递交单据提示

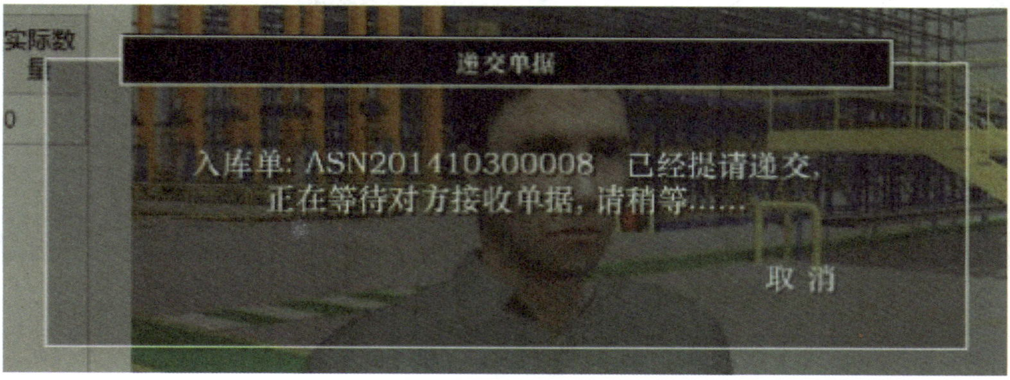

图3-9　递交单据信息确认

【搬运工】走至设备堆放区按 F 键驾驶一辆电动叉车，叉取一个带标签的塑料托盘，用键盘上的 ↑、↓ 控制叉车升降，如图3-10所示。

将托盘放置在计划的理货区，托盘放到地面后叉车退出托盘区域等待，如图3-11所示。按 F 键下车，控制人员走至入库月台，走近交接人员后双击，拿到交接单据，如图3-12所示，然后车门自动打开。

车门打开后，走近理货区附近的一辆液压托盘叉车（即地牛），靠近出现黄框，有提示后按 F 键，推着液压叉车走进车厢，货叉对准托盘孔，然后往前推进去，叉整齐后按 ↑，液压抬升起来后，即可拉动托盘。将货物拉至指定入库理货区，建议紧靠塑料托盘，如有叉不整齐的情况可按 R 键进行复位。

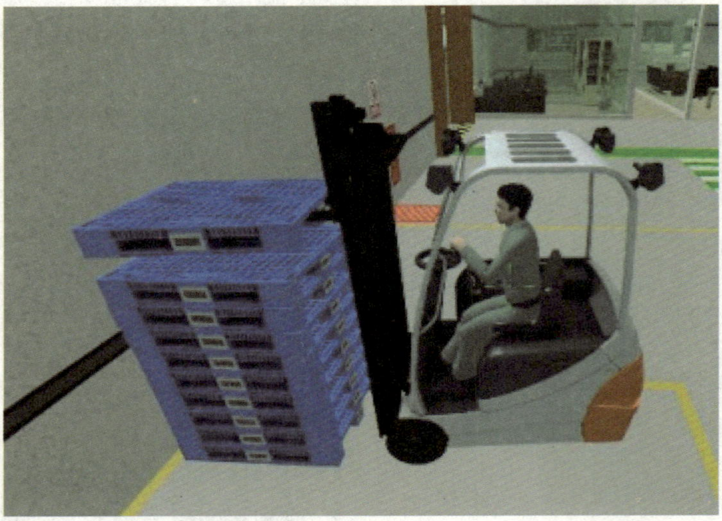

图3-10   叉取托盘

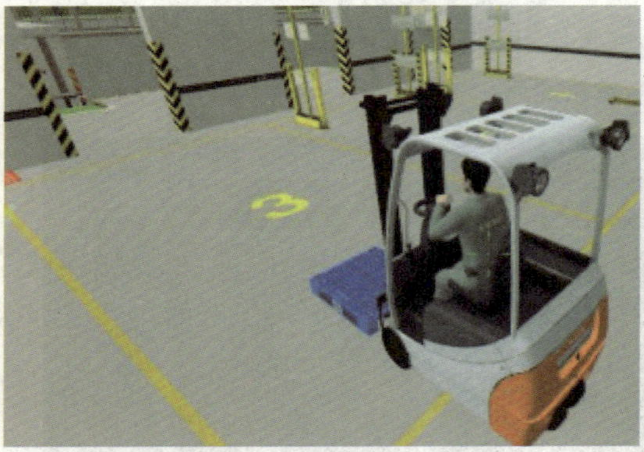

图3-11   放置托盘

图3-12   签收送货单

（6）切换角色为【理货员】，进行理货作业，理货员靠近塑料托盘后，界面提示"按F键进行托盘码放作业"（走近后没有出现提示时，可围绕托盘走动至出现提示），如图3-13所示。按F键后开始作业，移动鼠标，直至十字光标对准货物，对准的箱子变成红色，光标变为手形，如图3-14所示，单击鼠标左键箱子拿起，移动鼠标箱子随之移动。

将拿起的箱子拖曳至塑料托盘上，箱子变为绿色说明位置正确，单击鼠标左键箱子放下，按照上述步骤完成码盘作业，在码放过程中按A、D键可转换包装箱的方向。码盘顺序建议从远至近，从右到左，由下至上的顺序进行。码盘完成后，按F键结束码盘状态。按Q键取出PDA，进入管理系统，进行收货作业操作，如图3-15所示，界面提示扫描送货单。

取出入库验收单，扫描下方的条码，扫描方法是：把鼠标移到条码上方，出来一个扫描状态，单击鼠标左键即可扫描，如图3-16所示。

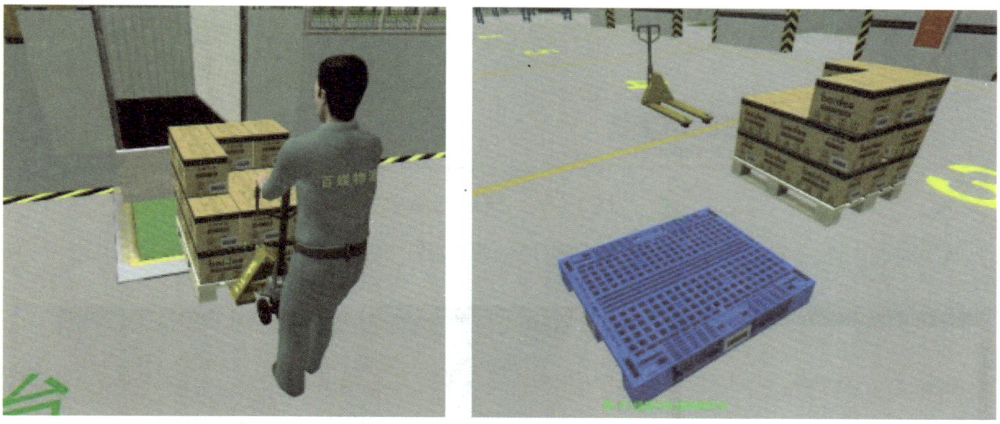

图3-13 准备码盘

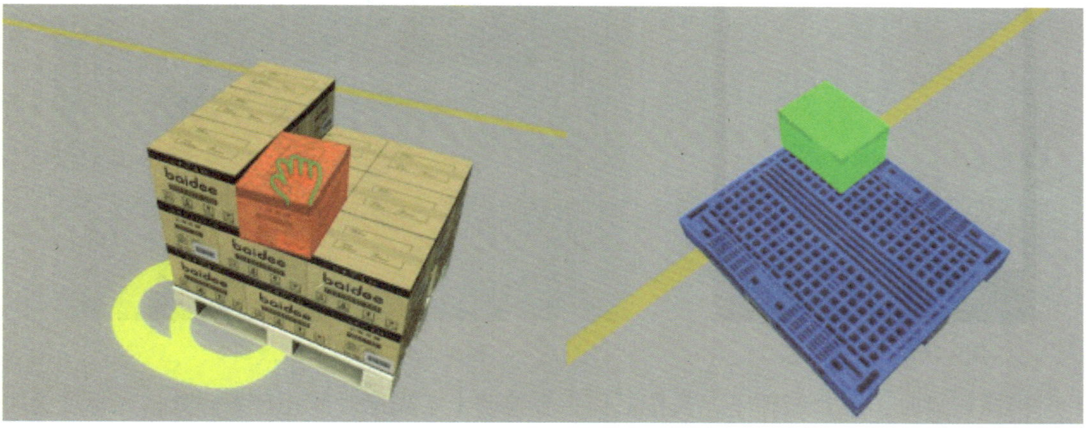

图3-14 码盘作业

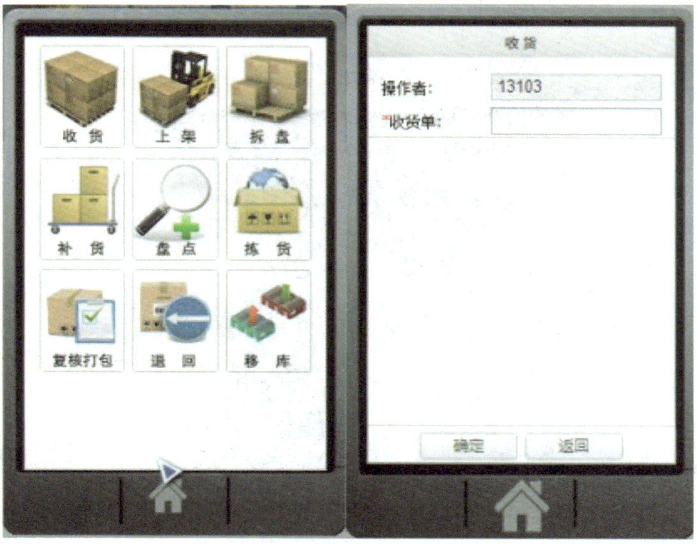

图3-15 收货作业

图3-16　扫描入库单

入库单扫描后，PDA界面自动跳转到下一步操作，提示扫描托盘条码，如图3-17所示。

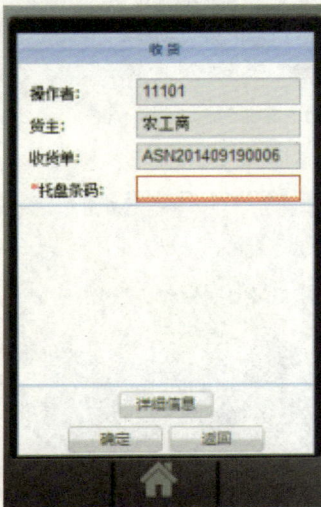

图3-17　提示信息

图3-18　扫描托盘条码1

扫描托盘时，按C键蹲下，长按鼠标右键控制十字光标对准托盘条码处，光标变为眼睛形状，并显示托盘编号，如图3-18所示。按住Shift键，眼睛变为扫描状态，如图3-19所示，单击鼠标左键，扫描托盘条码。

图3-19　扫描托盘条码2

托盘条码扫描后，PDA界面跳转至包装条码扫描界面，控制光标对准包装箱条码，扫描后读取到物料信息，如图3-20所示。然后计算实收箱数，倍数（箱）一栏中直接填写箱数，填写后单击【确定】按钮。

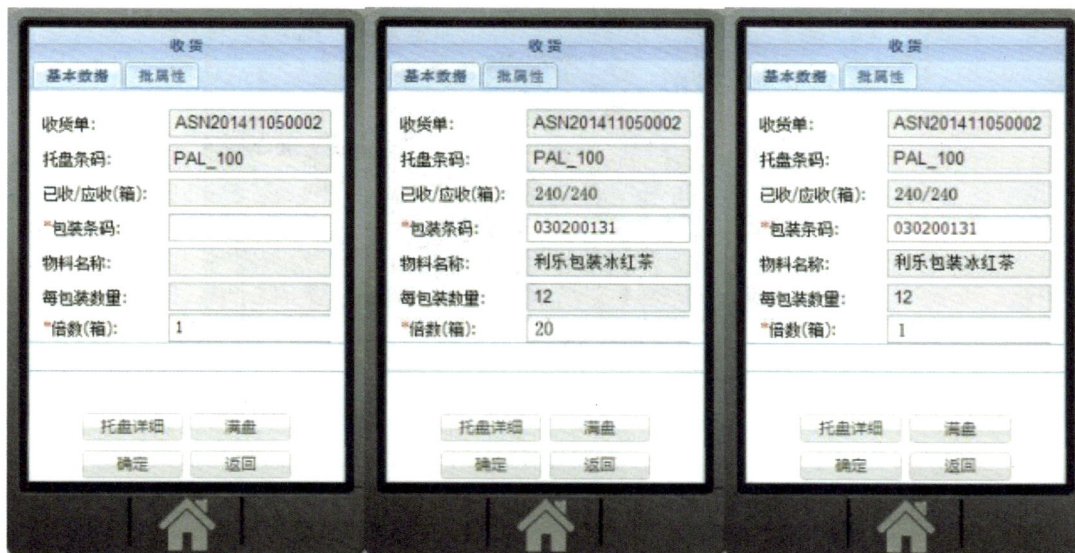

图3-20　物料信息

确定后进行【满盘】操作，码盘完成，单击【详细信息】可查看托盘信息，如图3-21所示。码盘完成后，走向送货员，打开送货单，按照提示将签好的送货单递交给送货员。

（7）切换角色为【入库管理员】，走到立库控制柜旁的控制电脑前，走近后按 F 键，单击 打开控制系统，如图3-22所示。

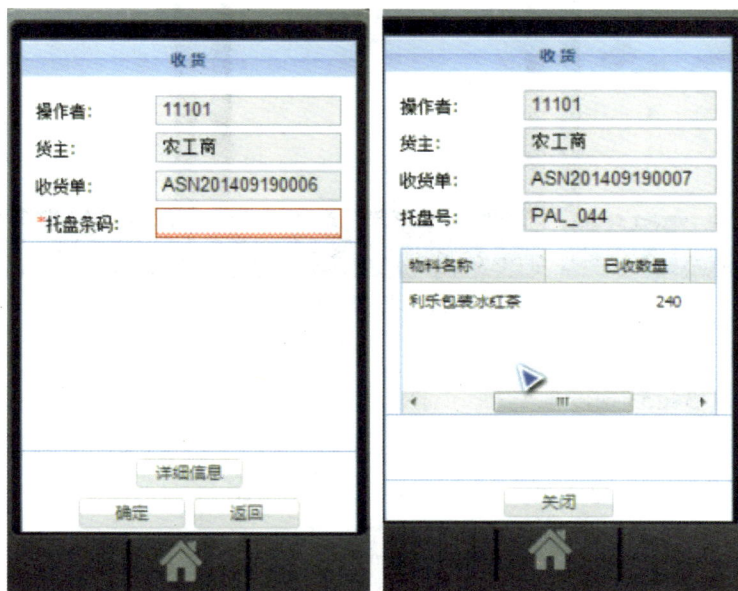

图3-21　详细信息

图3-22　控制电脑

进入系统后单击右下方 ┌──开始作业──┐ 键，堆垛机即可按命令执行。

（8）切换角色为【搬运工】，进行上架操作，如图3-23所示，扫描托盘条码。

托盘条码扫描后PDA界面跳转至库位条码输入界面，库区为立体仓库区，系统分配了一个A010106的库位，搬运托盘至立体仓库入库口。

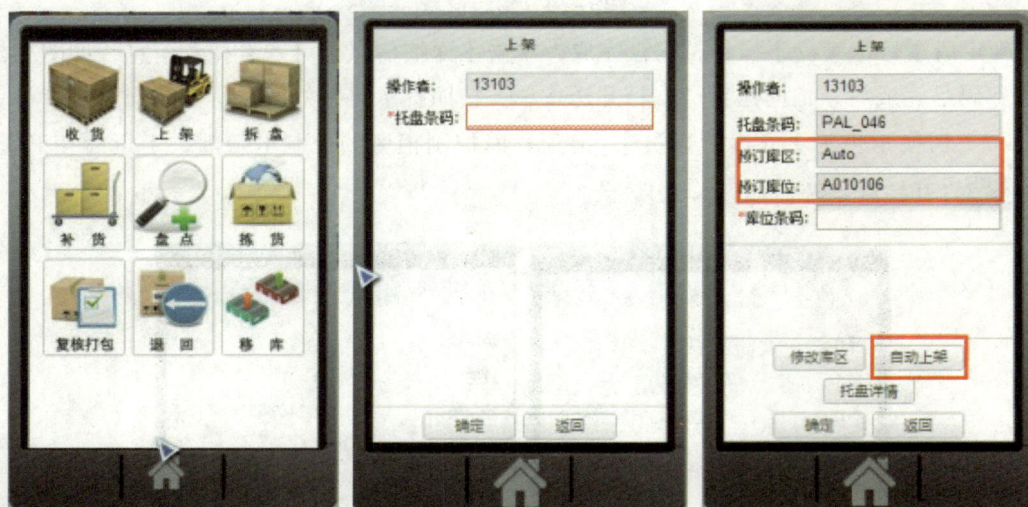

图3-23　扫描托盘条码

如图3-24所示，托盘放置后，单击图3-23中的【自动上架】，后面立体仓库将自动完成上架作业，如图3-25所示，

入库验收作业结束。（托盘要放置在链式输送机的中间，如果偏离太过会导致无法入库，遇到此情况，重新叉起调整，调整到位后会自动入库）

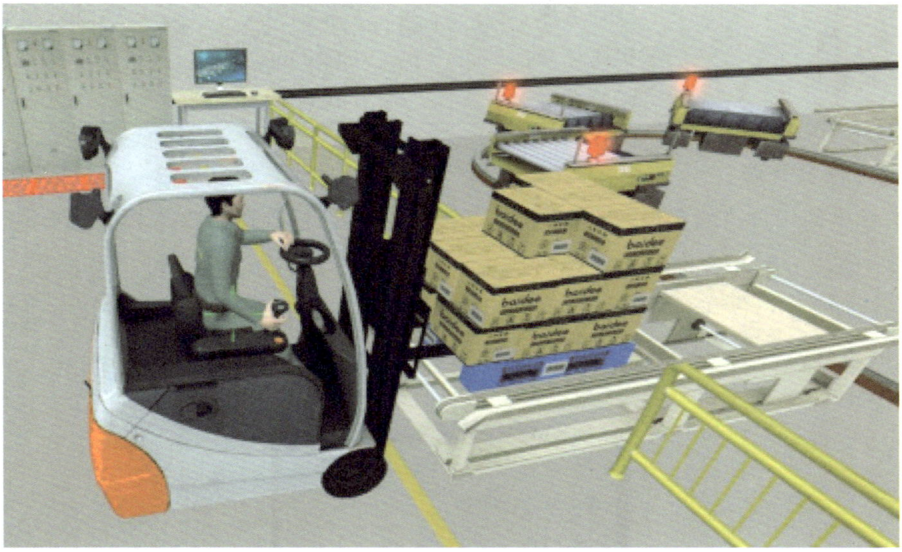

图3-24 搬运托盘

图3-25 上架完成

3.2 储位分配与存储策略

3.2.1 实验任务

百蝶物流中心接到一个客户的订单，有两种不同的货物需要入库，学生通过扮演角色完成储存分配作业，从而明确储位分配的工作要领。首先以仓库管理员角色查看储位使用情况，根据查看结果，制订储位调整计划，然后实施储位分配并完成入库作业。

完成单一客户多品种的货物入库作业，数据如下表所示。

客户	货物名称	货物编码	计划数量
华联超市	黑人牙膏	03020065	250 盒
	娃哈哈矿泉水	03020002	120 瓶

3.2.2　任务开展

（1）学生使用自己的用户名、密码进入系统，选择课程管理、选择上课管理。选择课程2004：储位分配与存储策略，然后以【入库管理员】身份进入三维环境。

（2）与课程2003相同，进行入库作业操作，学生根据货物性质在上架环节进行储位分配，如图3-26所示。

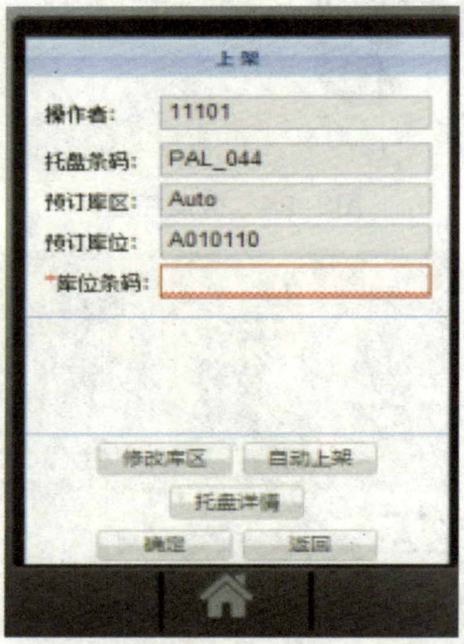

图3-26　储位分配

若选择上架到立体库位，在【库位条码】一栏中输入自己选定的库位（注意：库位必须是存在的），上架过程与课程2003相同。

若选择上架到普通货架区，"搬运工"驾驶叉车到上架目标库区，然后按F键下车，走近货架条码，单击鼠标右键控制中心点光标对准，确认库位信息后按住Shift键，单击左键即可完成扫描操作。（因存储策略由同学们自己决定，因此指派原则不同，载图库位只作示意用）如图3-27所示。

库位扫描后，相应库位显示蓝色提示框，如图3-28所示，用叉车将托盘搬运至该库位。

货物摆放正确后，蓝色提示框变为绿色，如图3-29所示，在PDA界面进行确认操作，提示框消失，上架完成。

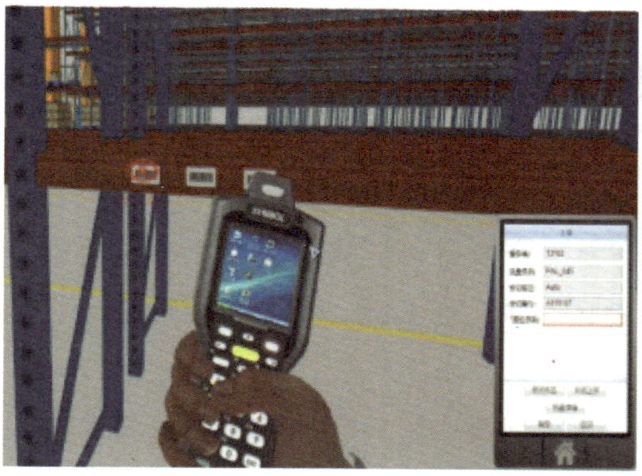

图3-27 条码信息

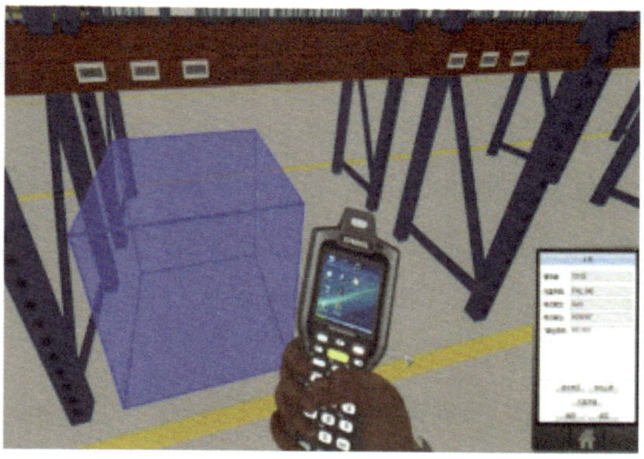

图3-28 库位扫描

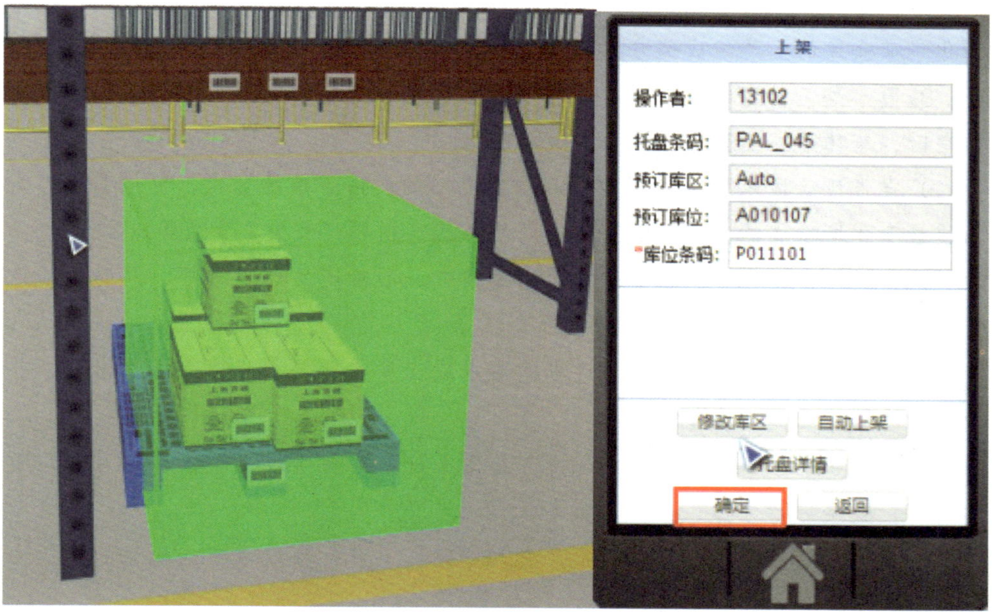

图3-29 上架完成

知识链接

1.货架。是为了节省货品存放时间，增加库房利用效率，用支架、隔板或托架组成的立体储存货物的设施。

2.载荷中心距。是指在货叉上放置标准重量的货物、确保叉车纵向稳定时，其重心至货叉垂直段前壁间的水平距离值。

3.货位调整。指的是当所分配的货位实际已有货时，系统会指出新的可用货位，通过手持终端指挥操作完成。

4. 容错处理。当操作者通过取货位置扫描图确认货物时，如果发现货物错误或实际上无货，只要将信息反馈给系统，系统就会自动生成下一个取货位置，指挥完成操作。

5. 空间组织。仓储作业过程的空间组织就是正确计划、安排仓库中各种功能区的位置，正确安排收货区、存货区、拣货区、临时存放区、货品检验区等功能区的布置。

6. 门架倾角。是指无载叉车在平坦、坚实的地面上，门架相对其垂直位置向前和向后倾斜的最大角度。

7. 托盘单货架。是以托盘单元货物的方式来保管货物的货架，是机械化、自动化货架仓库的主要组成部分。

8. 最小外侧转弯半径。一般是指叉车在无载低速转弯行驶，转向轮处于最大转角时，车体最外侧至转向中心的最小距离。

9. 存货风险成本。是发生在货品持有期间的，由于市场变化，价格变化，货品质量变化所造成的企业无法控制的商品贬值、损坏、丢失、变质等成本。

10. 仓库环保化。是指在仓库管理过程中，不对产品产生损坏，同时，不产生对环境和人造成伤害的有害物质。

11. 拣货作业。是按照客户订单的要求或出库单的要求将商品挑选出来，并放在指定的位置的物流作业活动。

12. 直接转运。是指到达的商品在仓库不进入存货阶段，不停留或只做短暂的停留，直接进行分拣、分货、装车。

13. 驶入式货架。是指叉车可以驶入货架列中进行存取作业，托盘的存放由上到下、由里到外逐一进行。

14. 商品的入库作业计划。是根据仓储保管合同和商品供货合同来编制商品入库数量和入库时间进度的计划。

小　结

入库作业的基本流程包括卸货、理货验收、搬运上架到指定库位等作业环节。储位分配与存储策略的形成要求仓库管理员查看储位使用情况，根据查看结果制订储位调整计划，然后实施储位分配并完成入库作业。

◇复习题

一、选择题

1.（　　）是订单处理过程中的第二道工序，涉及订货请求从发出地点到订单录入地点的传输过程。

A.订单准备　　　　B.订单传输　　　　C.订单录入　　　　D.订单履行

2.仓库作业过程实际上包含了实物流过程和（　　）两个方面。

A.信息流过程　　　B.作业流过程　　　C.订单流过程　　　D.数据流过程

3.WMS 表示（　　）。

A.仓库管理系统　　B.仓库信息系统　　C.仓库控制系统　　D.仓库联系网络

4.（　　）是指仓库在物品正式入库前，按照一定的程序和手续，对到库物品进行数量和外观质量的检查，以验证它是否符合订货合同规定的一项工作。

A.核查　　　　　　B.接管　　　　　　C.校对　　　　　　D.验收

5.所谓实物检验，就是根据（　　）和有关技术资料对实物进行数量和质量检验。

A.发货明细表　　　　　　　　　　B.供货单位提供的材质证明书

C.入库单　　　　　　　　　　　　D.订货合同

6.物品入库或上架后，将物品名称、规格、数量或出入状态等内容填在料卡上，称为（　　）。

A.登账　　　　　　B.记录　　　　　　C.立卡　　　　　　D.建档

7.由收货人或其代理持取货凭证直接到库取货，仓库凭单发货的出库方式属于（　　）。

A.送货　　　　　　B.收货人自提　　　C.过户　　　　　　D.转仓

8.所谓（　　），主要是指发货人员由于对物品种类规格很不熟悉，或者由于工作中的疏漏，把错误规格、数量的物品发出库的情况。

A.串发和错发货　　B.漏记账　　　　　C.错记账　　　　　D.重复发货

9.在发货过程中，如果物品包装破漏，发货时都应经过整理或更换包装，方可出库，否则造成的损失应由（　　）承担。

A.收货人　　　　　B.仓储部门　　　　C.验收人员　　　　D.运输单位

10.出库程序包括核单备货、复核、（　　）、点交、登账、清理等过程。

A.检验　　　　　　B.计价　　　　　　C.包装　　　　　　D.清理现场

参考答案：1.B　2.A　3.A　4.D　5.C　6.C　7.B　8.A　9.B　10.C

二、判断题

1.从物流管理的角度来看，在订单录入阶段需要注意订单规模的问题，对订单规模进行限制，甚至可以拒绝接受低于最小订货量的订单。   （   ）

2.在仓库作业过程中，实物是信息流的前提，控制着物流的数量、方向、速度和目标。
                                                            （   ）

3.仓库的作业过程，从入库到出库不是连续进行的，而是间断进行的。   （   ）

4.仓库管理系统的基本功能是要完成库存物品的自动存储与检索。   （   ）

5.接运可在车站、码头、仓库或专用线进行，因而可以简单分为到货和提货两种方式。提货形式下，仓库不需要组织库外运输，到货形式下，仓库要组织库外运输。   （   ）

6.验收记录是货主退货、换货和索赔的依据。   （   ）

7.物品的数量、外观质量应在入库时进行检验；物品的内在质量，应在合同约定的时间之内进行检验，或者按照仓储惯例在入库一个月之内，国外到货两个月之内进行。（   ）

8.在物品验收过程中，如果入库凭证不齐或不符，仓库有权拒收或暂时存放，待凭证到齐再验收入库。   （   ）

9.仓库必须建立严格的出库和发运程序，严格遵循"先进后出"的原则。   （   ）

10.漏记账是指在商品出库后核销明细账时没有按实际发货出库的商品名称、数量等登记，从而造成账实不相符的情况。   （   ）

参考答案：1. √   2. ×   3. √   4. √   5. ×   6. √   7. ×   8. √   9. ×   10. ×

三、简答题

1.托盘的主要优缺点有哪些？

（1）托盘的主要优点

①装盘容易。不需像集装箱那样深入箱体内部，装盘后可采用捆扎、紧包等技术处理，使用简便。

②装载量较大。托盘的装载量虽较集装箱小，但也能集中一定数量，比一般包装的组合量要大得多。

③返空容易。返空时占用运力很少。

④自重量小。用于装卸、运输的托盘本身所消耗的劳动较小，无效运输及装卸比集装箱小。

（2）托盘的主要缺点

①需要购置费用，对于非企业内部运作，一般需要返回。

②占用一定空间，特别是长途运输，会损失一定物品装载空间。

保护性比集装箱差，露天存放困难，需要有仓库等配套设施。

2.选择叉车需要考虑的技术参数主要有哪些？

（1）额定起升重量；（2）载荷中心距；（3）门架倾角；（4）最大起升高度；（5）最大起升

速度;(6)最大运行速度;(7)满载最大爬坡度;(8)最小外侧转弯半径;(9)最小离地间隙。

3. 货架系统的优点主要体现在哪些方面?

使用货架为仓库运作所带来的好处体现在:(1)可充分利用仓库空间,提高库容利用率和存储能力。(2)物品存取方便,便于清点及计量,可做到先进先出。(3)存放物品互不挤压、损耗小,确保物品的完整性,减少破损。(4)高货架库房采取防潮、防尘、防盗等措施,提高存储质量。(5)有利于实现仓库的机械化及自动化管理。

四、综合实验题

1. 描述入库作业流程。

2. 简述入库检验的内容。

3. 储位分配的基本原则有哪些?

4. 列举几种常见的存储策略。

◇ 案例分析

案例背景

昌吉回族自治州烟草公司有一个由原始仓库改建的配送中心,由于长期以来主要以仓储为主,因此配送中心的其他作业效率都不高。尤其是分拣作业,效率非常低,往往出现找不着货、分拣商品出错等情况。根据题意,请你回答以下问题:

1. 配送中心分拣优化的基本思路是什么?

2. 通常有哪些做法可以提高配送中心分拣效率?

3. 以下是昌吉回族自治州烟草公司配货业务流程的有关资料,请你根据提示资料结合现场教学见习认知,绘制出该公司烟草配货业务流程图。

昌吉回族自治州烟草公司配货业务流程:

(1)启动分拣机,同时验收移库卷烟,归类码垛放至暂存区。

(2)准备当日分拣所需的周转箱、烟箱和塑料袋。

(3)检查并清洗喷码机喷头。

(4)按当日预计分拣数量在分拣机货柜内预放整件卷烟。

(5)将电访生成订单数据与电话订货员核对无误后,导入卷烟分拣系统。

(6)分拣员按照电脑显示屏显示的单一牌号量备齐所需分拣的卷烟零条,分柜核对无误后,按照配货工作规范开始分拣。

(7)写号员按照电脑显示屏显示的每户应配卷烟总量,准确备箱,编写分拣序号,交装箱员。

(8)收烟员核对分拣卷烟数量,归集分拣卷烟,交装箱员。

（9）装箱员复核分拣卷烟数量，准确无误后装箱。

（10）装盘员将装箱卷烟按照分拣线路归盘，移至暂存区并标明片区号，排序待送。

（11）每条线路配货完毕后，装箱员与写号员共同清点周转箱数量，并进行记录。

（12）当日配货工作结束后，依次关闭喷码机、分拣机，清理现场，进行卷烟盘点。

（13）写号员与送货员办理周转箱出入库交接手续。

案例解析

1. 分拣优化的基本思路在于尽可能地减少作业时间，具体而言应尽量减少以下四项时间。

（1）订单或送货单经过信息处理，形成拣货指示的时间；

（2）行走或搬运货物的时间；

（3）准确找到货物的储位并确认所拣货物及数量的时间；

（4）拣取完毕，将货物分类集中的时间。

2. 实现分拣优化的方法有：

（1）分拣配货单上输入储位编号；

（2）台架上保管的商品采用单一分拣；

（3）用重力式货价提高分拣效率；

（4）采用数字化分拣（自动分拣）；

（5）重视分拣信息的利用。

3.

烟草公司配货业务流程图

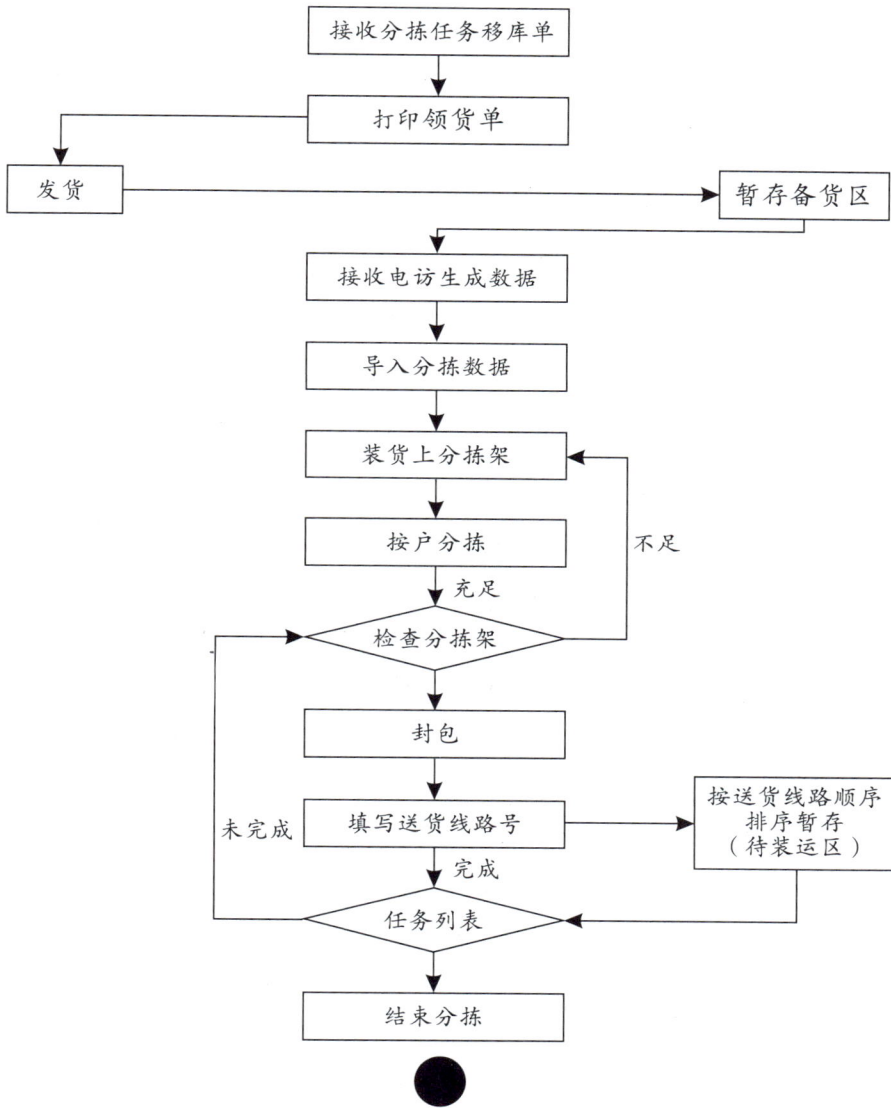

第四章
出库作业管理

教学目标

认识目标：熟悉货物出库基本流程；理解仓储企业各岗位的相互关系；熟悉出库复核作业的工作流程；了解电子标签辅助分拣装置的基本组成；了解 RF 手持拣货装置的基本组成；熟悉 RF 手持拣货装置的操作形态；熟悉电子标签辅助分拣装置的操作形态。

能力目标：掌握出库的各作业环节；掌握电子标签拣货作业的基本流程；熟练运用 RF 手持装置完成各项拣货作业；掌握出库的各作业环节。

学习任务

通过本章的学习，掌握出库的各作业环节；掌握电子标签拣货作业的基本流程；运用 RF 手持装置完成各项拣货作业；掌握条码扫描枪的操作方法；掌握立体仓库区拆盘、阁楼货架拣货的综合出库作业操作；了解复核作业的意义。

导入案例

九州通北京物流中心分为立体仓库和楼库两部分。其中，楼库共有五层，一层为入库和出库区；二层为整箱和拆零商品的存放、拣选、发货作业区；三、四层为整箱出库区和补货用的地打存储区；五层为北京公司办公区。

配送中心的运作流程主要分为三个部分：入库、出库和补货。

1. 入库

仓库一层有25扇库门，1～20号是出库门，21～25号是入库门。卡车卸货后，配送中心收货人员根据入库清单，核对药品的品种、数量，然后将整箱药品码放在贴有条码的托盘上，再扫描条码，WMS 系统会自动为货物分配一个库位。操作人员使用叉车把托盘放在入库输送线上，按照系统指示自动完成入库作业。

2. 出库

出库作业分为整箱出库和拆零出库。出库作业依托于长约千余米、贯穿于整个流程的箱式输送系统。值得一提的是，输送设备是感应式的，有出库作业时自动运行，没有出库需求时则自动停止，非常节约能源。在与主输送线平行的上端，设计了一条悬挂式输送线，用于空纸箱回收。纸箱可以直接被送到装箱工作区，作为出库打包用箱，节约了资源。

整箱出库时，拣选人员在药品包装箱外贴上带有条码的出库标签，然后将其放到出库输送线上，传送至一楼分拣区，再经自动分拣出库。

作为物流中心最为复杂的拆零出库作业集中在物流中心的二层。随着用户需求趋于小批量、多批次，北京物流中心拆零拣选的工作量越来越大，目前每天拆零药品多达2万～3万条订单行。拆零拣选作业在12个工作区内接力进行，输送线连接了所有工作区，药品存放在带有电子标签的货架上。工作区和主输送线结合处安装有条码扫描器，周转箱在主输送线上移动，每到一个工作区，条码扫描器自动扫描周转箱上的条码，可以检测周转箱在这个工作区有没有拣选任务。如果没有拣选任务，周转箱通过该工作区不停留；如果有拣选任务，系统就把周转箱自动输送到该工作区，同时相应货位的电子标签亮灯，提示工作人员按照显示屏指示的数量拣选出货品，先暂时存放在出库货位上，等周转箱移动过来后，工作人员将拣选出的药品放入周转箱，并扫描周转箱确认，等于完成一次复核。

等到一个周转箱的拆零拣选任务全部完成后，周转箱沿输送线自动进入复核分拣系统，实现拆零周转箱的自动合流，以确保同一订单的周转箱合流后及时复核。在复核环节，拆零药品被装入纸箱、封装好并贴上出库标签，再进入出库分拣机，与整箱货物一起按照配送路径被分到不同滑道后，先集中存放在笼车里，等待装车发运。

三层和四层是传统的楼层库，采用普通货架存放出库频率不是很高的药品。这些商品在整箱出库时被直接贴上出库标签，通过输送线送至出库区。此外，这里也是为二层补货的货品存放区。

此外，九州通还设置了绿色通道，专门用于服务上门自提商品的客户。当客户在客户服务台确认要自提的商品后，工作人员把客户需要的商品信息输入系统中，系统自动将为自提客户服务的工作单设置为最优先位置，也就是系统启动为自提客户优先拣选货物。这样，在客户确认自提的商品清单后，在3～5分钟后，就可以在自提柜台取到自己需要的商品。这样的服务，大大缩短了自提客户等待的时间。

3. 补货

当二层需要补货时，操作人员将存放在三、四层的货物通过垂直升降机送到二层，完成补货。此外，九州通北京物流中心有一个三层半楼层，与立体库连接，主要有两个功能。其一是出库，即整箱出库的药品在这里进行在线拣选。工作人员从托盘上取出货物，并在包装箱上贴上标签，直接放在输送线上，余下的托盘货物自动回到立体库中。第二个功能是从这里直接给二层补货。WMS 系统设有自动监控功能，如果发现某个货位的存货低于系统设置的最低额度，就会把货物从立库中调出来，放入二层平库货架中，这样就能释放出立库的空间，存放新的商品，提高了立库的货位使用率。

（资料来源：http：//3y.uu456.com/bp-b6bc5130ee06eff9aef80784-3.html）

4.1　出库作业管理

4.1.1　实验任务

百蝶物流中心接到家得利超市发来的货物需求信息，学生通过扮演不同角色共同完成出库作业。完成单一客户单一品种中批量货物的出库作业，数据如下表所示。

客户	货物名称	货物编码	计划数量	库位
家得利超市	飘柔洗发水	03060232	72 个	P020103

4.1.2　任务开展

（1）学生使用自己的用户名、密码进入系统，课程管理、上课管理。后选择2005：货物出库作业课程项目，然后以【出库管理员】身份进入三维环境。按 W、S、A、D 键进行控制模拟岗位人员行走，进入办公室仓储部，走近办公椅前，显示提示 [按 [F] 键操作电脑] 按 F 键。

（2）坐下后打开虚拟电脑桌面上的图标，执行【出库管理】→【出库预报】，如图4-1所示，若教师在教学平台设置的是 [自动生成单据 ✓]，那么此处已存在订单列表，勾选订单后，单击 [发送审核] 按钮。

图4-1　发送审核

若"自动生成单据"没有打钩，则需要自己新增订单，步骤如下：单击 [新增] 按钮，按键盘上的 Tab 键，虚拟电脑界面显示【任务提示】，如图4-2所示。将【任务提示】中的信息填入后，单击 [按钮]（若有多种物料，单击继续添加），添加完毕后单击返回主界面，界面生成一条订单列表，按照前面的操作勾选订单即可。

图4-2 任务提示

（3）执行【出库管理】→【出库审核】，勾选订单后单击 💾 保存 按钮。

（4）执行【出库管理】→【出库分配】，勾选订单后单击 🗐 新增明细 按钮，预分配通过后，单击 🏠 列表 。

（5）执行【出库管理】→【拣货】，勾选拣货单，（若某一货物占有多个库位可进行操作，若有多个拣货单且需要调整拣货顺序，单击 🗐 发送审核 进行操作，以拖曳方式进行顺序调整），提交并且打印拣货单，如图4-3所示。

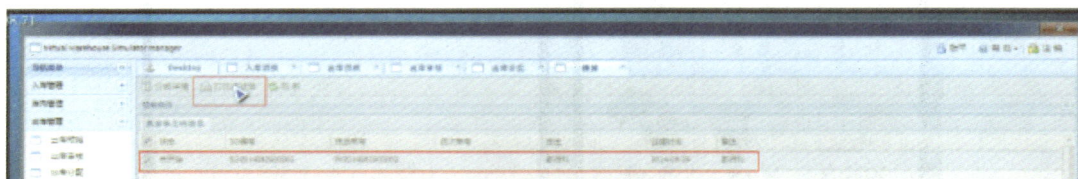

图4-3 打印单据界面

打印完成后，按 F 键站起，走至门口的打印机，按住右键移动鼠标，使中心点对准单据，单据会出现红框，然后单击鼠标左键即可拿起入库单，如图4-4所示。

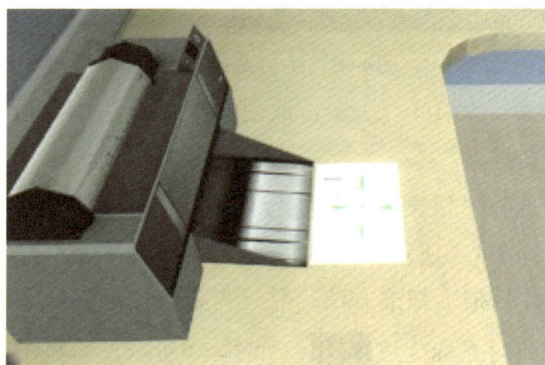

图4-4 拿起入库单

单击工具栏中 ◈ 的查看单据，双击入库单打开单据，按 Esc 键收起单据。

（6）单击下方功能键 切换角色为【拣货员】，角色转换后按 Q 键取出 PDA，如图4-5所示。

图4-5　手持 PDA

双击 进入管理系统，选择拣货作业，如图4-6所示。

图4-6　手持终端界面

PDA 提示扫描拣货单，如图4-7所示，取出拣货单并扫描。扫描方法：移动鼠标到左下角条码处，单击即可扫描。

界面跳至拣货类型选择，根据"预计拣货库位"判断拣货库区，选择"箱拣货"，界面跳至库位扫描界面，如图4-8所示。

找到预计拣货库位并扫描，扫描方法，靠近需要扫描的库位条码，按住右键移动鼠标使十字光标对准条码，此时光标变成 ，如图4-9所示，当显示的条码是"预计拣货库位"后按住 Shift 键，光标变成 ，单击左键扫描库位。扫描后对应库位出现绿色提示框，如图4-10所示。

图4-7　单据与手持界面

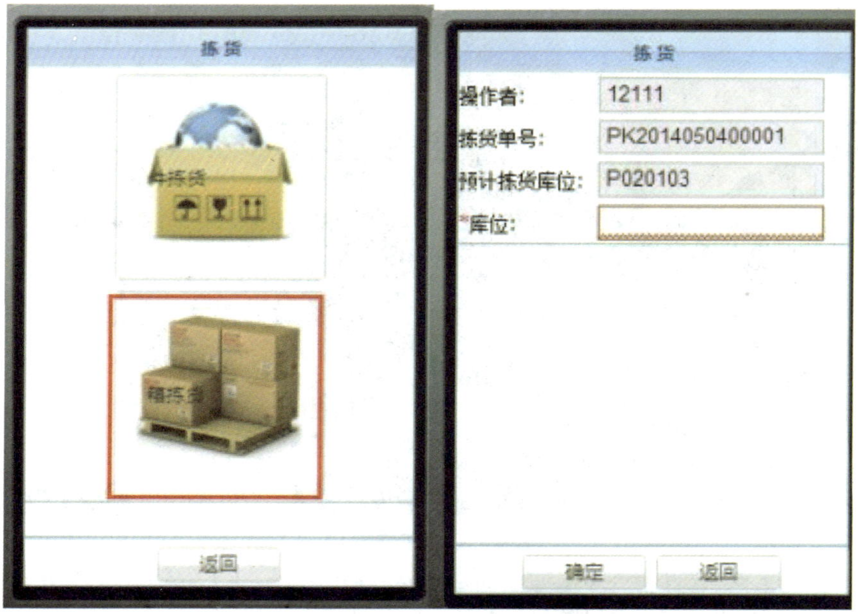

图4-8　库位扫描界面

（7）切换角色为【搬运工】，取叉车把预定库位的托盘PAL-029取下来，扫描货物。

（8）扫描包装箱条码，如图4-11所示。

库位扫描后PDA提示，输入倍数为6倍，然后单击【确定】按钮，如图4-12所示。根据选择的倍数，走到托盘前，会出现搬取货物的提示，如图4-13所示。从托盘上面搬取6箱货物放到输送链上，如图4-14至图4-16所示。

图4-9 查看库位

图4-10 库位提示

图4-11 扫描包装箱条码

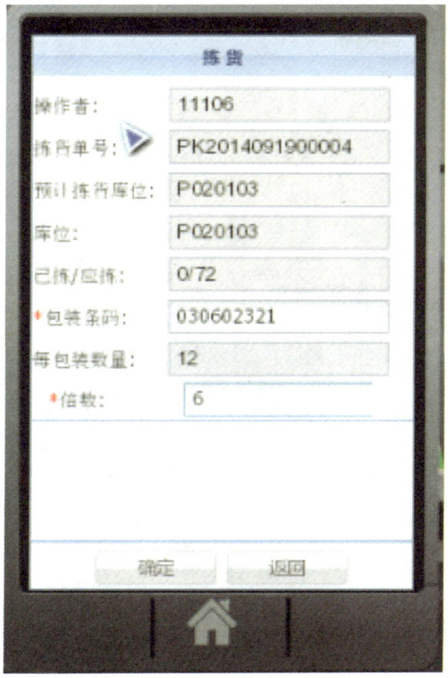

图4-12 输入倍数

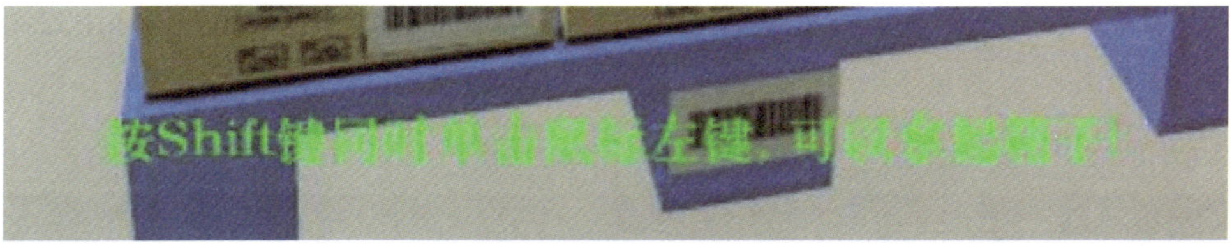

图4-13 拿箱提示

图4-14 拿起箱子

图4-15 搬动箱子

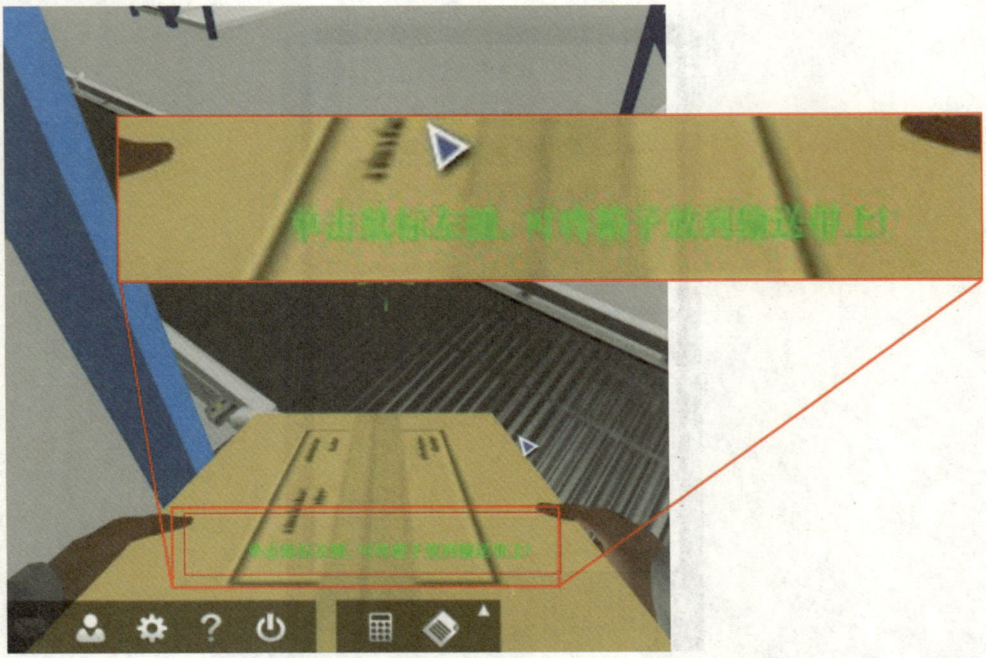

图4-16　放置到输送线上

　　搬取所需的6箱货物后，用叉车把剩余的货物放回货架（当拣选的货物在下层时可直接搬取，不需要叉车搬运）。

　　传送带将货物送达出库口，等待复核作业，如图4-17所示。

图4-17　货物等待复核

4.2 出库复核作业

4.2.1 实验任务

百蝶物流中心接到迪亚天天超市发来的货物需求计划，其中有3种货品，并且有拆零品的出库环节，学生进入系统后开始进行整盘出库、拆盘出库和拣货复核等作业环节完成货物的出库作业。完成单一客户多品种的出库作业，数据如下表所示。

客户	货物名称	货物编码	计划数量
迪亚天天超市	佳洁士牙膏	02020003	500 件
	欧莱雅洗面奶	02010002	180 件
	潘婷洗发水	02020006	30 件

4.2.2 任务开展

（1）学生使用自己的用户名、密码进入系统，选择课程管理、上课管理。后选择2006：货物出库作业课程项目，然后以【出库管理员】身份进入三维环境。

按 W、S、A、D 键进行控制模拟岗位人员行走，进入办公室仓储部，走近办公椅前，显示提示 按 F 键。

（2）坐下后打开虚拟电脑桌面上的 ，执行【出库管理】→【出库预报】，如图4-18所示，勾选订单后，单击 发送审核 按钮。

图4-18 发送审核

（3）执行【出库管理】→【出库审核】，勾选订单后单击 审核按钮，执行【出库管理】→【出库分配】，勾选订单后单击 预分配按钮，预分配通过后，单击 分配。

（4）执行【出库管理】→【拣货】，选择拣货单并且打印拣货单，如图4-19所示。

打印完成后，按 F 键站起，走至门口的打印机，按住右键移动鼠标，使十字光标对准单据，单据会出现红框，然后单击鼠标左键即可拿起入库单，如图4-20所示。

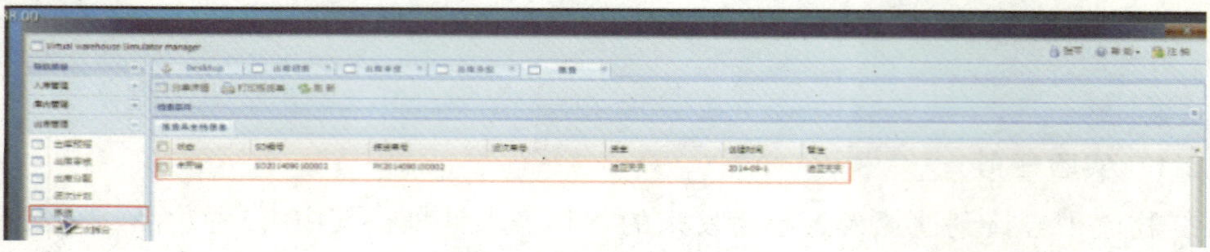

图4-19　打印单据界面

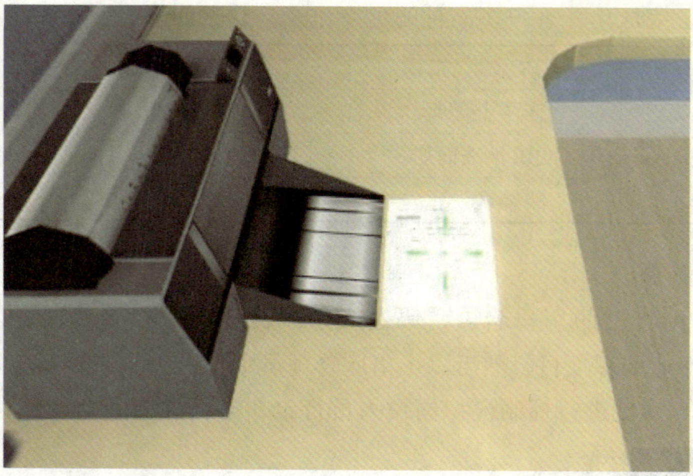

图4-20　拿起入库单

单击工具栏中的◇查看单据，双击拣货单👤打开单据，按 Esc 键收起单据。

（5）单击下方功能键👤切换角色为【拣货员】，角色转换后按 Q 键取出 PDA，如图4-21所示。

图4-21　手持 PDA

双击👤进入管理系统，选择拣货作业，如图4-22所示。

PDA 提示扫描拣货单，如图4-23所示，取出拣货单并扫描。扫描方法：移动鼠标到左下角条码处，单击即可扫描。

进入拣货界面后，单击🗃，如图4-24所示，控制人员走到预定库位。扫描（按 Shift 键）库位，如图4-25所示。

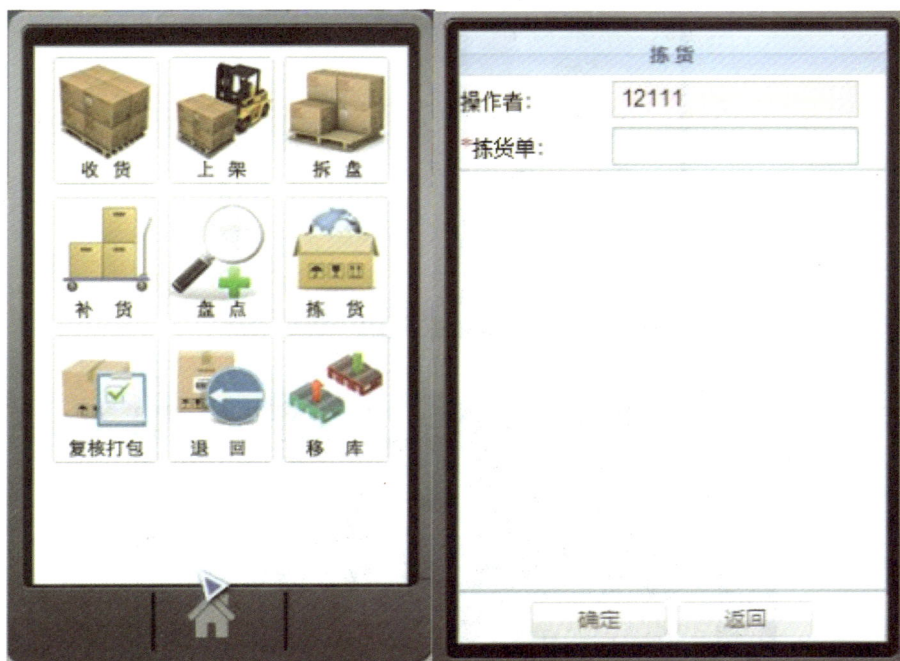

图4-22　手持终端界面

图4-23　扫描单据条码

按照手持提示，扫描待取货物条码，扫描完成后，根据货物信息判断出库2箱，【倍数】一栏填写数字2，单击确定。按 Q 键回收 PDA。然后移动光标到货物上，出现，单击后抱起箱子，如图4-26所示。

抱起箱子后走到附件的输送线跟前，按住右键移动鼠标使得光标对准输送线，单击左键，货物放至输送线，如图4-27、图4-28所示。

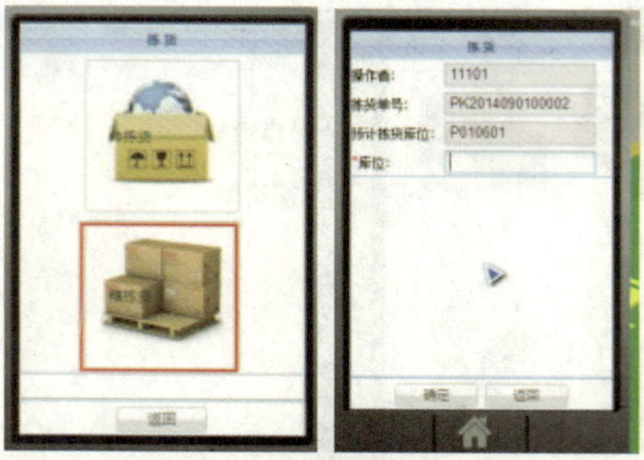

图4-24　拣货界面

图4-25　扫描库位

图4-26　拿起箱子

图4-27　对准输送线

图4-28　放箱子

（6）普通货架区拣货完成后，走到立体仓库入库口，角落有一台电脑，如图4-29所示。

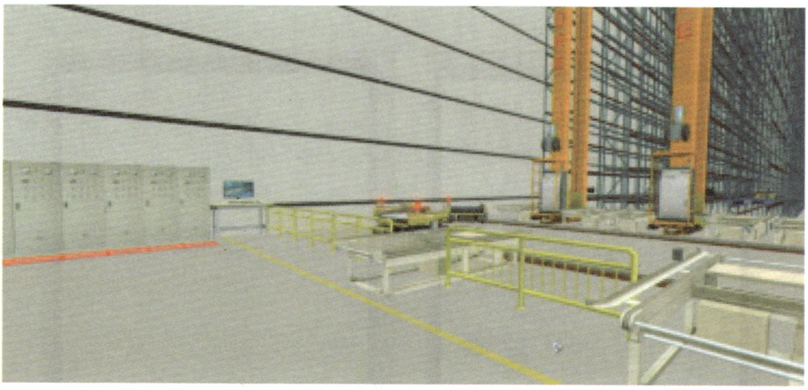

图4-29　控制电脑

走近电脑，按F键控制电脑，打开管理系统，单击右下角的 ▢开始作业▢ 后，屏幕上显示立体仓库的出库任务，如图4-30所示，两个订单分别以整托出和拆盘出的模式进行出库。

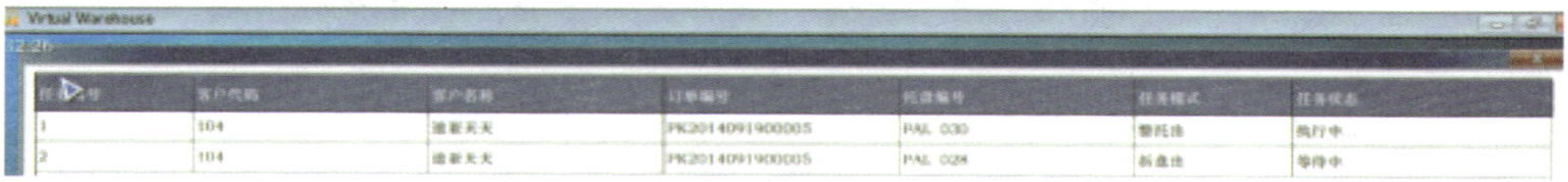

图4-30　立库当前作业任务

（7）开启立库后，行走到立体库出库端。立库堆垛机自动把所需要货物运送到出库拣货输送链上，此时输送线上方的LED屏自动显示货物信息。

两批货物的电子显示屏上分别显示了相应的信息，如图4-31、图4-32所示。

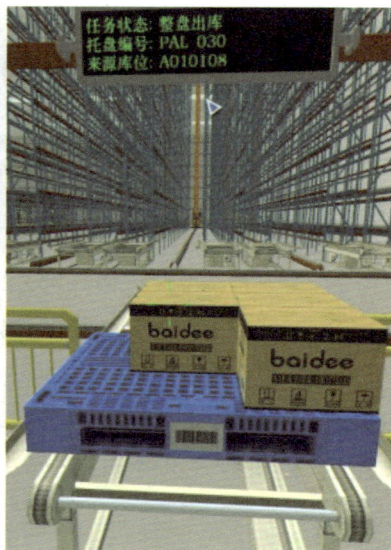

图4-31　拆盘口　　　　　　　　图4-32　整托出口

接着做拆盘出库，取出 PDA，进入【拆盘】模块，扫描拆盘出库的【托盘条码】，如图4-33、图4-34所示。

图4-33 拆盘   图4-34 扫描托盘

长按鼠标右键移动中心点光标，让光标对准托盘条码，然后按 Shift 键进行扫描，后提示扫描【包装条码】，同样扫描箱包装条码，如图4-35所示，按要求进行操作。

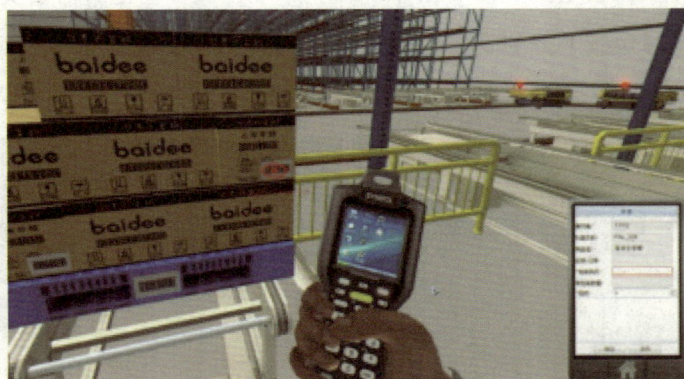

图4-35 扫描箱条码

根据条码扫出来的箱数，判断总共需要10箱，输入倍数10后，单击【确定】。此时手持 PDA 上提示托盘是否回库，此时不要确定按 Q 键收起手持 PDA，之后拿起相应数量的货物放至传送带上，如图4-36、图4-37所示。

拿完货物后，按 Q 键打开手持 PDA，单击确定，单击 Yes 按钮，剩下的货物自动回库，如图4-38所示。

拆盘做完后，进行另一批货物的整盘出库。

图4-36　填写倍数

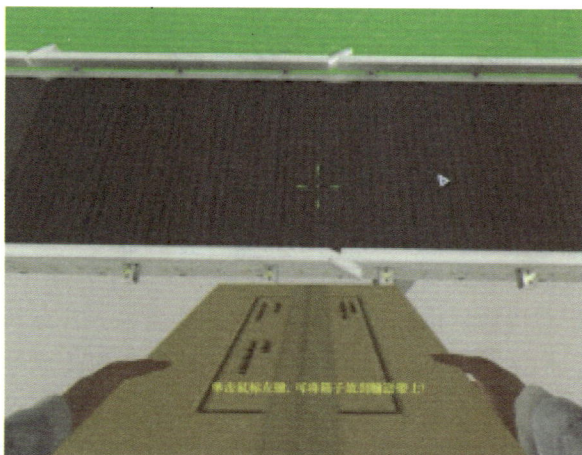

图4-37　放箱子

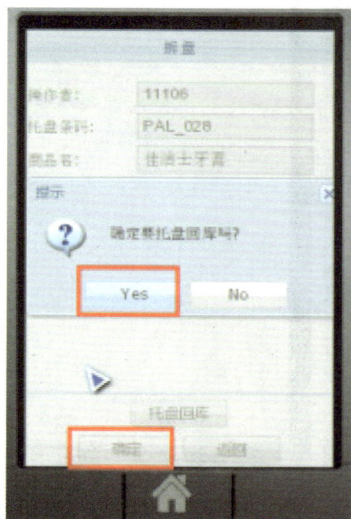

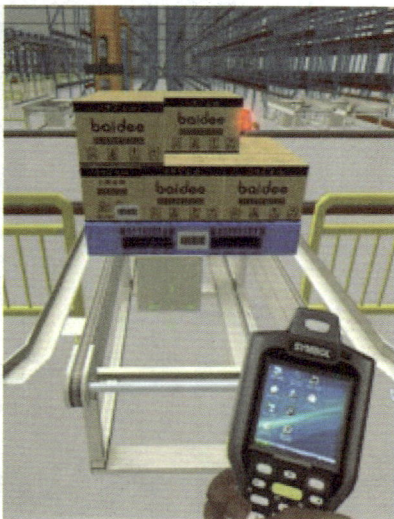

图4-38　确定回库

（8）整托盘出库作业。

取出PDA，进入【拆盘】模块，界面提示扫描托盘条码，如图4-39所示。扫描托盘后，界面提示移动到1号分拣口，如图4-40所示。按照提示驾驶叉车将托盘移至1号分拣口，拣货员驾驶一辆电动叉车到立体仓库出库口，需要出库的托盘已经运送到出库口，如图4-41所示。

（9）切换角色为【复核员】，取出PDA，进入【复核打包】模块，如图4-42所示。

选择【打包】板块，界面提示扫描【出库单】，扫描单据左起第一个条码，形成出库单，如图4-43所示。

扫描出库单后提示扫描【笼车号】，单击【生成新笼车】并【确定】，如图4-44所示。分拣口旁边生成一辆笼车。手持PDA提示笼车号，走到笼车的左边，长按右键对准纸张，对准后按住 Shift 键扫描笼车号,如图4-45所示。

PDA 界面提示【箱条码】,对准包装箱进行扫描,如图4-46所示。

再次扫描包装条码,读取到物料信息,输入复核箱倍数后,单击【确定】,如图4-47所示。

将相应数量的货物放入笼车中,如图4-48所示。放入方法:长按鼠标右键,使光标中心点对准笼车,单击左键放下。倍数栏中填写相应的数量,然后单击【确定】。

依次把所有货物扫描确定后放置到笼车中,笼车装满时或打包完成,单击【满笼】。依次把所有货物复核打包完毕,再次扫描条码。若有其他客户的货物需要复核,按 F 键抓住笼车,把笼车推至对应的出库理货区,然后再生成第二个笼车,用相同方法把需要复核打包的货物全部打包好。

图4-39　整托出库口

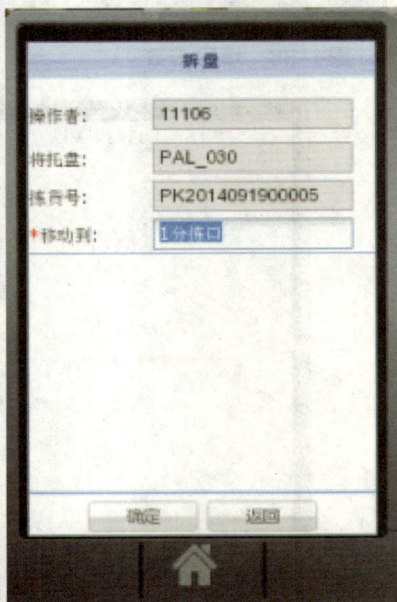

图4-40　整托出库界面

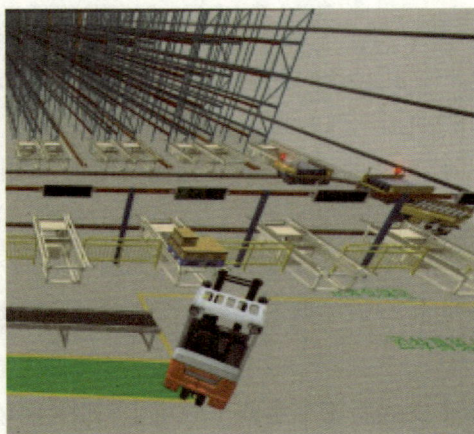

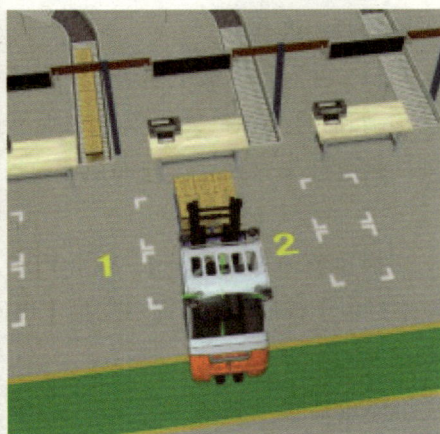

图4-41　叉车取整托出

（10）打包从 PDA 主菜单中进入【复核打包】模块，选择【打印笼车】，如图4-49所示。

按照提示扫描笼车号。笼车号扫描后单击【打印笼车】，如图4-50所示。

这时分拣口打印机打印出笼车装箱单，如图4-51所示。

走近打印机，长按右键把光标中心点对准纸张，单击左键拿起包装单，后走至笼车前方，控制光标对准笼车的标签粘贴处，取出包装单，双击鼠标左键贴标完成，如图4-52所示。

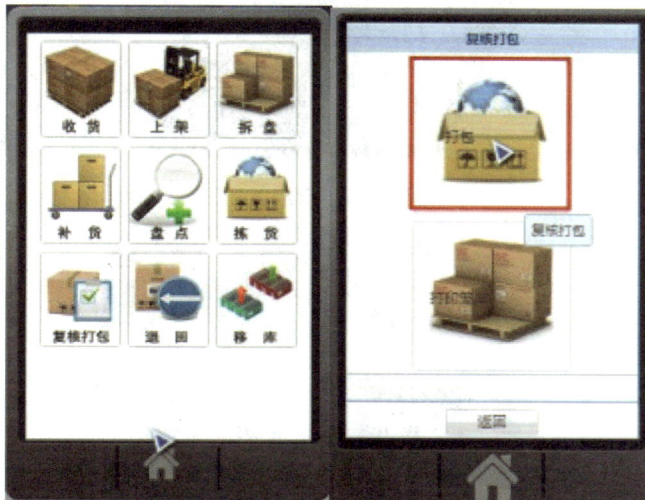

图4-42　复核打包界面

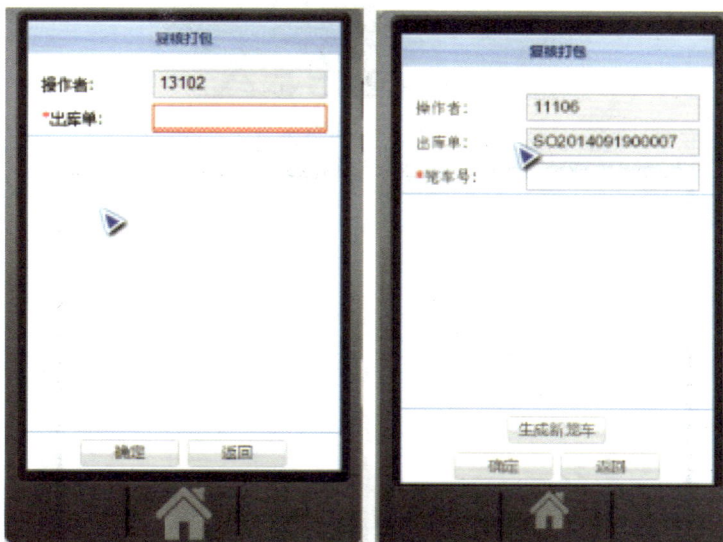

图4-43　出库单图　　　　　4-44　笼车号

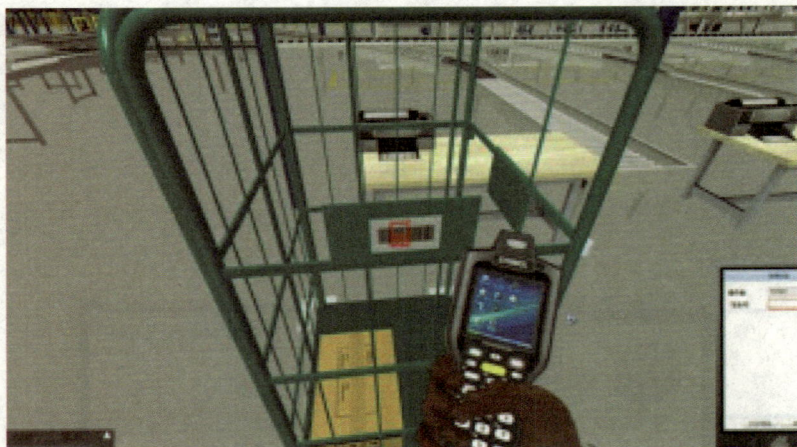

图4-45   扫描笼车

图4-46   扫描箱条码

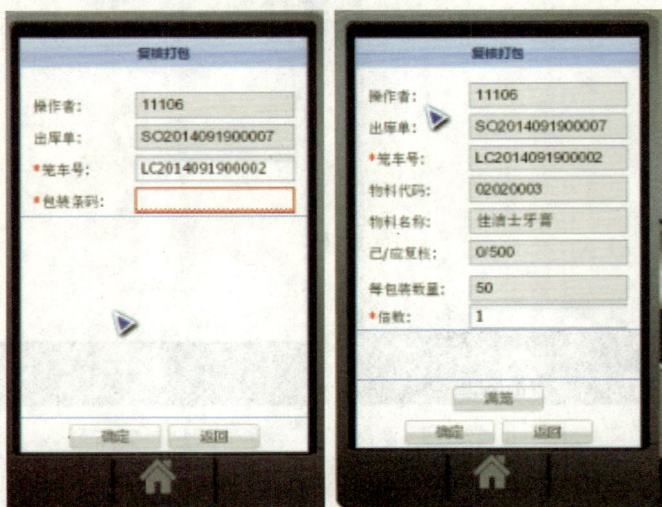

图4-47   扫描箱条码界面

图4-48 箱子放入笼车

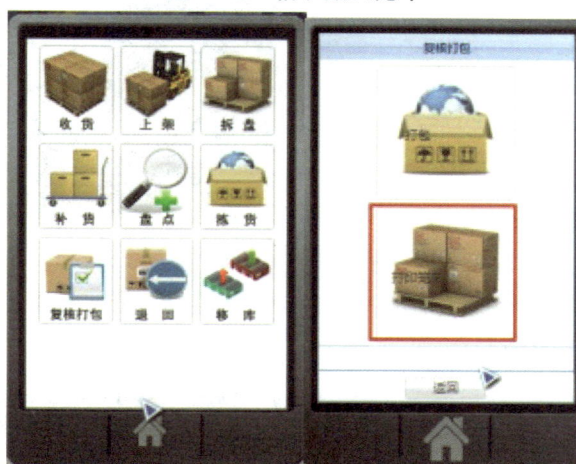

图4-49 复核打包界面

图4-50 打印笼车号

图4-51 取笼车装箱单

图4-52　贴装箱单

粘贴后的效果图，如图4-53所示，复核作业完成。按 F 键抓住笼车，将笼车推放至分拣口对应的出库口，如图4-54所示。

图4-53　装好装箱单

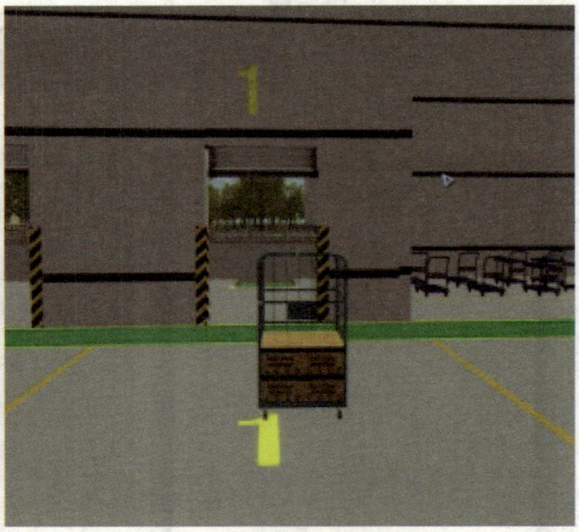

图4-54　放至出库理库区

知识链接

1.仓储作业的连续性。是指储存作业过程的流动。在时间上是紧密衔接的、连续的。

2.仓储作业的节奏性。是指仓储作业过程的各个阶段、各个工序之间在人力及物力的配备和时间的安排上，必须保持适当的运作节奏关系。

3.自动分拣。是指从货物进入分拣系统开始到送到指定的分配位置为止，都是按照人们的指令靠自动分拣装置来完成的。

4.重心法。用数学方法建立一个分析模型，找出仓库的理想所在位置，就是单一仓库的选址的重心法，该方法又称为静态连续选址模型方法。

5.零故障。是指所有的机器在所有的时间内都合乎要求的运行。

6.按订单拣货。是按照每一张订单的品种和数量的要求，依次将客户所需求的商品由存放位置挑选出来的方式，是较传统的拣货方式。

7.氧化。是指商品与空气中的氧或其他能放出氧的物质，所发生的与氧相结合的变化。

8.冷藏温度储存。是将商品储存环境设定在较低的温度下，使商品保持较低的温度状态，以达到安全储存的目的。

9.现代仓库的安全管理。主要包括现代仓库设施、设备、储存物质等的安全管理和仓库作业人员的人身安全管理两大方面。

10.转运中心。指以专门承担货物的卡车—卡车，卡车—火车，火车—轮船，卡车—飞机、轮船—火车等不同运输方式的转运任务的物流中心。

11.出货作业。是完成商品拣选及流通加工作业之后，送货之前的准备工作。

小　结

商品出库的基本要求，商品出库的程序，商品出库时发生问题的处理。

商品出库的程序主要包括：出库准备、核对出库凭证、备货、复核、包装、置唛、交接清点、登账、现场和档案的清理。

商品出库时发生的问题主要有出库凭证问题，商品出库后的问题，退货，具体问题要具体对待。

◇复习题

一、选择题

1.客户向配送中心提出配送需求，配送中心接收需求并承诺提供配送服务的过程的作业是（　　）。

A.接单作业　　　　　B.配送作业　　　　　C.送货作业　　　　　D.补货作业

2.劳动强度大，分拣效率低的分拣方式是（　　）。

A.机械分拣　　　　　B.自动分拣　　　　　C.半机械分拣　　　　D.人工分拣

3.仓储管理系统七大功能模块中补货计划属于（　　）。

A.出库管理　　　　　B.库存管理　　　　　C.基础信息管理　　　D.系统设置

4.在出货装车前对即将出货货品的数量、质量。客户进行的最后防线是（　　）。

A.接单　　　　　　　B.补货　　　　　　　C.复核　　　　　　　D.拣货

5.以下不属于调度作业步骤的是（　　）。

A.产品复核　　　　　B.数量统计　　　　　C.配送车辆安排　　　D.装车出货

6.仓库最基本的传统功能是（　　）。

A.储存和保管　　　　B.集散货物　　　　　C.调节供需　　　　　D.信息传递

7.当企业的存货周转量较高，需求较稳定时，可选择（　　）。

A.保税仓库　　　　　B.营业仓库　　　　　C.租赁仓库　　　　　D.自有仓库

8.为了发展现代化运输，把货运枢纽站和仓库集中在一起，在流通业务集散地建造的仓库为（　　）。

A.自动化仓库　　　　B.立体化仓库　　　　C.港口仓库　　　　　D.枢纽站仓库

9.往复式沿途配送一般是指由一个供应点对一个客户的（　　）。

A.加工送货　　　　　B.专门送货　　　　　C.集装送货　　　　　D.特定送货

10.在产品规划布置上，按产品的（　　），将产品分为 A、B、C 三类。

A.使用频率　　　　　B.出货频率　　　　　C.价值　　　　　　　D.重要性

参考答案：1.A　2.D　3.A　4.C　5.A　6.A　7.D　8.D　9.B　10.B

二、判断题

1.电子标签系统是计算机辅助拣货系统最常用的方法之一。　　　　　　　　（　　）

2.预备储区可以用作长期存储货品。　　　　　　　　　　　　　　　　　　（　　）

3. 机械分拣主要以机械工具输送，但也需要人工拣选。（　　）

4. 出货员领取出货凭证后要与司机提供的装货单进行核对。（　　）

5. 分拣中心收到转站订单实物后，无须系统操作，直接把货给干线司机带给站点即可。

（　　）

6. 一般情况下，站点向分拣中心反馈取件单在打印取件单的模块（取件管理）里面查询不到，无法操作退运，差异组将此取件单修改到该站点后，站点就能进行系统退运操作了。

（　　）

7. 分拣中心漏做装车扫描，就把订单货物发给站点了，可以在系统异常扫描查询上查到站点扫描记录，所以无须对装车人员进行装车业务考核。（　　）

8. 分拣完毕后，必须将托盘及时补充，分拣码托摆放区不能出现空区。（　　）

9. 配送中心在物流系统中的纵向位置起着指导物流全过程的作用。（　　）

10. 协同配送就是把货物都装入在同一条路线上运行的车上，用同一卡车为更多的顾客运送。（　　）

参考答案：1. √　2. ×　3. √　4. √　5. ×　6. √　7. ×　8. √　9. √　10. √

三、简答题

1. 什么是仓储作业的时间组织？

仓储作业过程的时间组织就是通过各个环节作业时间的合理安排和衔接，保证作业的顺畅性，尽可能消除或减少作业过程中的停顿或等待时间。

2. 出库作业中常见的问题有哪些？

出库作业常见的问题有：（1）出库单据问题。（2）出库数量差异。（3）装车错误。（4）包装破漏。（5）账物处理。

3. 搬运作业管理的目的是什么？

搬运作业管理的目的是确定最恰当的搬运方式，力求减少作业次数，合理配置和使用搬运设备，达到节能、省力、减少损失、提高作业速度、取得较好的经济效益的目的。（1）提高生产率。（2）提高库存周转率，减少作业成本。（3）降低搬运成本。（4）促进有效配送。（5）保证产品质量。（6）改善工作环境，增加人员安全、商品搬运安全。

4. 仓储管理的基本任务包括哪几个方面？

仓储管理的基本任务包括以下几方面：（1）合理规划仓储设施网络。（2）合理选择仓储设施设备。（3）严格控制商品进出质量。（4）认真保管在库商品。（5）保证仓库高效运作。（6）降低仓储运营成本。（7）确保仓库运行安全。

四、综合实验题

1. 简述出库的基本流程。

2. 出库的基本要求有哪些？

3. 出库过程中，复核作业有哪些形式？

4. 简述复核作业的主要内容。

◇案例分析

案例背景

云南双鹤药业仓储系统的合理化改造 ①

一、云南双鹤药业的总体概况和发展前景

云南双鹤药业有限公司是北京双鹤这艘医药航母部署在西南战区的一艘战舰，是一个以市场为核心、现代医药科技为先导、金融支持为框架的新型公司，是西南地区经营药品品种较多、较全的医药专业公司。公司成立以来，效益一直稳居云南同行业前列，下属有1个制药厂，9个医药经营分公司，30个医药零售连锁药店。它有着庞大的销售网络，该网络以昆明为中心，辐射整个云南省乃至全国，包括医疗单位网络、商业调拨网络和零售连锁网络。……

随着中国的入世及党中央西部大开发战略的实施，云南双鹤药业面临着巨大的挑战和严重的考验。中国加入 WTO 后，根据该组织的原则精神，国家必须减让关税，取消或减少非关税壁垒，这样，大量的医药产品将会涌入中国市场，给中国的医药品以巨大的冲击。在这过程中，受国家关税保护的医药品不得不降低价格以适应市场竞争的需要，因此，公司必须在产品的开发、技术的创新以及管理上加大力度，降低成本，从而真正降低产品的价格，融入国际医药品市场。

中国加入 WTO 还将对现有制药企业的产品结构造成冲击。近年来，由于医药行业缺乏竞争，制药行业中某些药品的经济效益较好，从而引发了重复建设，技术经济水平差，缺乏规模效益等问题。中国入世之后，在公平的环境下，外国企业和产品可以付出很低的代价进入我国市场，从而形成竞争，促进产业结构和产品结构合理化。对于双鹤药业，它则可以利用云南省的资源优势，大力开发天然药物和生物资源，研制具有云南特色的名牌产品，以增强竞争力。

……

面对这些竞争和社会需求，云南双鹤药业寻求出路和积极转变成了企业面临的重大课题。

———————————

① 选入本书时有删减。

二、云南双鹤药业企业物流管理中面临的主要问题

目前，云南双鹤药业虽已形成规模化的产品生产和网络化的市场销售，但其流通过程中物流管理严重滞后，造成物流成本居高不下，不能形成价格优势。这严重阻碍了物流服务的开拓与发展，成为公司业务发展的"瓶颈"，主要表现在：

（一）装卸搬运费用过高

装卸搬运活动是保证物流各环节活动正常进行的关键，它渗透到物流各个领域，控制点在于管理好储存物品、减少装卸搬运过程中商品的损耗率、装卸时间等。而云南双鹤药业恰好忽视了这一点，由于搬运设备的现代化程度较低，只有几个小型货架和手推车，大多数作业仍处于以人工作业为主的原始状态，工作效率低，且易损坏物品。另外仓库设计不合理，造成了长距离搬运。并且库内作业流程混乱，形成重复搬运，大约有70%的无效搬运，这种过多的搬运次数，损坏了商品，也浪费了时间。

（二）储存费用过高

目前，云南双鹤药业的仓库的平面布置区域安排不合理，只强调充分利用空间，没有考虑前后工序的衔接和商品内的存放，混合堆码的现象严重，造成出入库的复杂性和长期存放，甚至一些已过有效期、发生质变和退回的商品没能得到及时处理，占据库存空间，增大了库存成本。

（三）运输费用没有得到有效控制

运输费用占物流费用比重较大。云南双鹤药业拥有庞大的运输队伍，但由于物流管理缺乏力度，没有独立的运输成本核算方法，该企业只单纯地追求及时送货，因此不可能做到批量配送，形成不必要的迂回，造成人力、财力上不必要的浪费。而且由于部分员工的工作作风败坏，乘送货之机办自己的私事，影响了工作效率，也增大了运输费用。

（四）物流管理系统不完备

在企业中物流信息的传递依然采用"批条式"或"跑腿式"方式进行，电脑、网络等先进设备与软件基本上处于初级应用或根本不用，使得各环节间严重脱离甚至停滞，形成不必要的损失。

（五）人力资源及时间浪费大

由于公司人员管理松散和用人制度的不合理，一部分员工长期处于空闲状态，拿着工资却不工作，诸如寻找、拿取、装卡、拆卸、摆放、运输等环节，都被延缓了工作时间，降低了工作效率，造成无法计量的成本损耗。

综上所述，我们可以看出，物流成本控制着重在运输和储存费用的控制上。在运输中，加强运输的经济核算，合理选择运输路线，有效调配运输车辆和人员，严格监控运输中的差错事故就可以大幅度降低运输费用。而在储存中，有些费用好比海中的一座冰山，人们只能看到露出水面的那一部分，虽有很大的潜力可挖，却又不容易找到切入点，因此下面重点谈谈企业现有仓储系统的合理化改造问题。

三、云南双鹤药业仓储系统的合理化改造

（一）企业现有仓储系统的现状和产生的原因

1.仓库的现代化程度低，设备陈旧落后

不少仓库仍处于人工作业为主的原始状态，人抬肩扛，工作效率低。货物进不来出不去，在库滞留时间过长，或保管不善而破损、霉变、损失严重，加大了物流成本。这与企业的经济实力及远景规划有关。企业建立仓库仅把它作为存放货物的地方，因此对设备现代化的要求很低，而且廉价的劳动力使得企业放弃改造设备的打算，褡裢的手工作业使得人员不至于闲置，"不怕慢，只怕站"的思想在人们的心中根深蒂固，降低了工作效率。

2.仓库的布局不合理

由于企业业务的不确定性，导致不同品种的零散物品占据很大的仓库面积，大大降低仓库的利用率；而且堆码、分区都很混乱，给出入库、盘点等带来诸多不便，往往是提货员拿着一张提货单在仓库里来回寻找，影响了工作效率，也影响了配送，降低了服务质量。

3.库存成本过大

企业目前没有一套库存控制策略，包括经济订货批量，订货间隔期，订货点，安全或保险库存等。当某些物品的供大于求时就造成积压，浪费人力、物力和财力；当供小于求，发生缺货时，妨碍了企业的正常生产和销售，不仅带来经济损失，也使企业失去信誉。另外是破损、质变及退回商品没能及时处理所形成的库存。企业的仓储部与质检科联系不紧密，信息传递缓慢，对破损、质变等商品的单据处理及层层上报批复的过程复杂，甚至因责任不明确形成的互相推卸，这一切造成了库存的增大和库存成本的提高。

4.仓库管理信息系统不完备，其信息化和网络化的程度低

这是受企业的经济实力、人员素质及现代化意识等因素的影响。企业的储运部只有一台计算机，接收订单、入账、退货单处理、报损、退厂、查询等工作都只能由它完成，工作量大而繁，易出错，同时也影响了整个管理链条中的信息传递和库存管理控制。

5.员工素质较低

云南双鹤药业在人员的聘用上有悬殊，基层员工接受不了高层管理人员的思想，导致工作上的误差，甚至引起抵触情绪，基层员工在学习培训过程中装模作样，工作起来得过且过，作风散漫，对本职工作不尽心尽力，更谈不上创造性和积极性。

针对这些现状，企业要想充分发挥自身的潜力，除了引进先进技术和人才，整合营销，树立全球竞争观念，开拓国际市场，走国际化经营之路外，更重要的是根据自身的特色优势，实行内部改革，在完善管理和引进技术的同时，加强企业的文化建设，这样才能推进云南双鹤药业的快速发展。

（二）企业仓储系统合理化改造的建议和方法

1.重视对原有仓库的技术改造，加快实现仓储的现代化

目前医药行业的仓库类型主要分为生产物流中的制药原料及成品库和销售物流中的战

略仓库，大多数的企业比较倾向于采用高位货架，结合窄通道高位驾驶三向堆垛叉车的立体仓库模式，如西安杨森、通化东宝、奇化顿制药、中美史克等。在此基础上，根据实际需要，尽可能引进国外先进的仓储管理经验和现代化物流技术，有效地提高仓库的储存、配送效率和服务质量。

2. 完善仓库功能逐步实现仓库的社会化

加快实现仓库功能多元化是市场经济发展的客观要求，也是仓库增加服务功能，提高服务水平，增强竞争力，实现仓库社会化的重要途径。在市场经济条件下，仓库不应该再仅仅是存储商品的场所，更要承担商品分类、挑选、整理、加工、包装、代理销售等职能，还应成为集商流、物流、信息流于一身的商品配送中心、流通中心。现在在美国、日本等发达国家，基本上都把原来的仓库改成商品的流通加工配送中心。基于云南双鹤药业目前的规模及企业实力，企业应实现现有仓库向共同配送的库存型配送中心转化，商品进入配送中心后，先是分类储存，再根据用户的订货要求进行分拣、验货，最后配送到各连锁店和医疗单位。这种配送中心作业简单，只需将进货商品解捆后，每个库区都以托盘为单位进行存放即可。

3. 建立完备的仓库管理系统

美国凯玛特的破产，再一次警示那些在库存管理上有问题的公司最终难以避免破产的命运。云南双鹤药业收购的众多子公司也同样存在程度不等的存货管理不善问题，各种过期和滞销存货以及应收款项使得这些国有商业公司步履维艰。所以云南双鹤药业物流管理的建设必须解决存货管理的低效率现状，降低库存成本和存货滞销风险，解决它在整个管理链条中信息传递的问题。

成功的经验表明，WMS是低风险、高回报的选择，其投资回收期通常不超过一年半，有的甚至在一年以内。也正因此，WMS受到世人的青睐，大量应用于财富500强企业中，其应用行业的范围也十分广泛，包括制药业、食品工业、印刷厂、时装服饰业、出版业、电信业和硬件制造等。采用世界最新、最领先的信息管理系统来加强企业的内部管理与控制能力，对贯穿企业产供销各个环节的供应链进行合理、科学的整合，通过创建高度共享的数据平台对远程数据进行安全、高效地传递和处理，为决策者提供有效的预测、控制和分析基础数据。一项由"仓库教育和研究协会"做出的研究表明，最好的仓库运行机制可以获得99.9%的订单准确率和99.2%的准时出货率，"零误差"被认为是可以接受的目标。

如果说物流硬件设备犹如人的身体，那么物流软件解决方案则构成了人的智慧与灵魂，灵与肉的结合才是完整的人。同理，要想构筑先进的物流系统，提高物流管理水平，单靠物流设备是不够的。

当前，互联网技术的普遍应用使全球范围内的商业模式正经历着前所未有的变革，每个企业都面临着重建供应链管理，特别是物流流程的挑战。只有重构或优化供应链管理，减少运作成本，企业才有足够的竞争力在各自的市场生存。先进成熟的物流信息系统是众多行业专家多年经验的集成，是好的管理思想的融汇与结晶，可以帮助企业优化业务流程，降低物流成本，提高供应链的透明度，确保商品精确及时交付，最终提高客户服务水平，并因此获得客户忠诚度，这也正是企业核心竞争力所在。

……如澳大利亚 PULSE 物流系统公司提供的仓库管理软件，它除了可以管理库存货物的数量与位置外，更加注重优化仓储中的各种资源，如人力资源、物流装备资源等，通过 RF 设备、扫描仪和其他物料搬运设备来实现对货物、人员、物流设备的运作管理。实践表明，采用 PULSE 仓储管理系统为客户带来的效益是显著的：可以使拣货时间缩短50%，降低直接劳动成本40%以上，仓库空间利用率提高20%，库存水平减少15%，客户报告的仓库错误下降至零。

云南双鹤药业可以根据自己的经济实力和发展需求，有选择的借鉴这些软件。

4. 减少作业环节

每一个作业环节都需要消耗一定的活劳动和物化劳动，采用现代技术手段和实行科学管理的方法，尽可能地减少一些作业环节，既有利于加速作业的进度，又有利于降低成本。

（1）采用"二就直拨"的方法。

·就厂直拨。企业可以根据订单要求，直接到制药厂提货，验收后不经过仓库就将商品直接调运到各店铺或销售单位。

·就车直拨。对外地运来的商品，企业可事先安排好短途运输工具，在原车边即行分拨，装上其他车辆，转运收货单位，省去入库后再外运的手续。

以上这两种方法既减少了入库中的一切作业环节，又降低了储存成本。

（2）减少装卸搬运环节

改善装卸作业，既要设法提高装卸作业的机械化程度，还必须尽可能地实现作业的连续化，从而提高装卸效率，缩短装卸时间，降低物流成本，其合理化措施具体如下。

·防止和消除无效作业。尽量减少装卸次数，努力提高被装卸物品的纯度，选择最短的作业路线等。

·提高物品的装卸搬运活性指数。企业在堆码物品时事先应考虑装卸搬运作业的方便性，把分类好的物品集中放在托盘上，以托盘为单元进行存放，既方便装卸搬运，又能妥善保管好物品。

·积极而慎重地利用重力原则，实现装卸作业的省力化。装卸搬运使物品发生垂直和水平位移，必须通过做功才能完成。由于我国目前装卸机械化水平还不高，许多尚需人工作业，劳动强度大，因此必须在有条件的情况下利用重力进行装卸，将设有动力的小型运输带（板）斜放在货车、卡车上进行装卸，使物品在倾斜的输送带（板）上移动，这样就能减轻劳动强度和能量的消耗。

·进行正确的设施布置。采用"L"形和"U"形布局，以保证物品单一的流向，既避免了物品的迂回和倒流，又减少了搬运环节。

5.减少退货成本

退货会产生一系列的物流费、退货商品损伤费或因滞销而产生的费用以及处理退货商品所需的人员费等各种事务性费用，而且由于退回的商品数量小，品种繁多，使配送费用有增高的趋势，处理业务也很复杂，这些费用构成企业物流成本中的重要部分，必须加以控制。

控制退货成本，首先要分析退货的原因，一般来讲，只要掌握本企业商品在店铺的销售状况及客户的订货情况，做出短期的销售预测，调整企业的商品数量和种类，就能从根本上解决由用户引起的退货现象。另外，应从本企业的角度找出退货的原因，企业往往为了追求最大的销售目标，一味将商品推销给最终用户，而不管商品实际的销售状况和销售中可能出现的问题，结果造成流通在库增加、销售不振，退货成本高昂，因此应改变企业片面追求销售额的目标战略，在追踪最终需求动向和流通在库的同时，为实现最终需求增加而实施销售促进策略。

与上述问题相关联，要从根本上防止退货成本，企业还必须改变员工绩效评价制度，即不是以员工每月的销售额作为奖惩的依据，而是在考察用户在库状况的同时，以员工年度月平均销售额作为激励的标准，这样才能在防止退货出现的情况下，提高经营效率。当然，在制度上还必须明确划分产生退货的责任，端正员工的工作态度，按用户要求准确无误地发货。

6.其他具体操作要求

（1）经过严格质检入库的商品应根据药品与非药品、处方药与非处方药、内服与外用药品、危险品等分区域储存。冷藏药品按要求温度存放，阴凉库小于20℃，常温库在0℃～30℃，适宜湿度范围60%～75%，温度范围2℃～10℃，上下午定时检查、及时调整。

（2）堆码整齐，五距合理（底、墙、顶、柱、间），无倒置。

（3）不同批号不混垛。不可避免时，混垛时限不得超过1个月。

（4）特殊管理药品专库／专柜，双人双锁，专账记录，账物相符。

（5）定期清扫库房卫生，保持库容整洁有序。劳动工具及包装物品按指定位置摆放。

（6）对在库商品实行定时的养护检查，做好养护记录，有质量问题的商品应尽快通知质量管理科处理。

（7）严把出库质量关，做好复核记录台账。

（8）退货商品应专人管理并存放于退货区，必须进行重新质量验收程序，做好记录台账。属合格品方可入合格品库，有质量问题的入不合格品库。

（9）不合格品存放于不合格品库区，进行控制性管理，按程序上报，查明原因及时处理。

7.培养仓储技术人才，加强物流管理

要转化就要从引进高素质人才和培训企业员工着手，在广泛吸纳社会上有用人才的同时，更要加速提高现有人员的业务技术和道德素质，建立一支高素质的和高科技含量的职工队伍。

8.加快建立现代企业制度和推行ISO9000族标准管理模式

实现现代物流功能的集成化、服务的系统化和作业的规范化，都离不开制度的约束，所以，尽快建立现代企业制度是至关重要的。目前云南双鹤药业的仓储形成了拖、推、懒、散现象，责、权、利不分，要想打破旧的观念，就要输入强烈的市场经济观念，思想上要树立和强化改革开放意识，作风上要树立雷厉风行意识，精神上要树立艰苦创业意识等，用现代企业管理制度代替旧的管理模式，规范每一个作业环节、程序和责任人。

（本案例采集于中国物流网　作者：罗慧琼）

问题讨论：

1.云南双鹤药业储存费用过高的原因是什么？

2.云南双鹤药业如何实现作业环节的减少？

案例解析

1.云南双鹤药业储存费用过高的原因主要表现在如下几个方面：

（1）仓库的现代化程度低，设备陈旧落后，不少仍处于人工作业为主的原始状态，人抬肩抗，工作效率低，仓库的布局不合理。

（2）库存成本过大。企业目前没有一套库存控制策略，包括经济订货批量，订货间隔期，订货点，安全或保险库存等。

（3）仓库管理信息系统不完备，其信息化和网络化的程度低。这是受企业的经济实力、人员素质及现代化意识等因素的影响。

（4）员工素质低下。

2.每一个作业环节都需要一定的活劳动和物化劳动消耗，采用现代技术手段和实行科学管理的方法，尽可能地减少一些作业环节，既有利于加速作业的进度，又有利于降低成本。（1）采用"二就直拨"的方法；（2）减少装卸搬运环节。

第五章
分拣作业管理

教学目标

认识目标：了解电子标签辅助分拣装置的基本组成；了解 RF 手持拣货装置的基本组成；熟悉 RF 手持拣货装置的操作形态；熟悉电子标签辅助分拣装置的操作形态。

能力目标：掌握电子标签拣货作业的基本流程；熟练运用 RF 手持装置完成各项拣货作业。

学习任务

通过本章的学习，掌握运用 RF 手持装置完成各项拣货作业；掌握立体仓库区拆盘、阁楼货架拣货的综合出库作业操作。

导入案例

十几年来，连锁超市已在我国迅速兴起，并得到了飞速发展。连锁经营方式之所以能够产生高效率、高效益，就在于连锁超市实行的是统一采购、统一配送、统一价格，并具有实现这一职能的商品配送中心，它将商品集中保管、流通加工，并按各门店的需求配货、配送，实现了"最少的环节、最短的运距、最低的费用、最高的效率"，从而大大提高了连锁超市的经济效益。

拣选。在品种繁多的库存中，根据门店的订货单，将所需品种、规格的商品，按要货量挑选出来，并集中在一起，这种作业称为拣选。商品的拣选工作在现代物流中占有重要地位。这是因为现代化配送中心要求迅速、及时、正确无误地把订货商品送到门店。而规模较大的配送中心往往是：门店数和商品的种类十分繁多，如百货批发商的配送中心，商品品种可达十几万种，门店遍及全国，甚至世界各地；客户要货的批量又十分零星（有的甚至要开箱拆零）；要货时间十分紧迫，必须限期送到；总的配送量又很大。在这种情况下，货物的拣选已成为一项复杂而繁重的作业，商品的拣选技术也成为现在物流技术发展的一个亮点。

分拣。在配送中心里，按照门店（或客户）的订货单，把库存商品拣选后分别集中待配送，这就是连锁超市配送中心分拣作业的任务。这在商品批次很多、批量极零星、客户要货时间很紧，而且物流量又很大，分拣任务十分繁重的情况下，成为不可缺少的一个环节。近二三十年来，随着市场经济的发展，已由卖方市场向买方市场转移。商品趋于"短粘轻薄"，流通趋于小批量、多品种和及时制（JUST IN TIME），配送中心的商品分拣任务十分艰巨，分拣系统成为一项重要的物流设施。

拆零。拆零商品配货已经电子化。近年来，连锁超市对商品的"拆零"作业需求越来越强烈，国外同行业配送中心拣货、拆零的劳动力已占整个配送中心劳力的70%；订货食品的多品种、小批量化，使得配货作业人手不足的矛盾非常突出。配送中心拆零商品的配货作业，已广泛采用电子标签拣选系统。只要把门店的订单输入电脑，存放各种拆零商品的货架上相应货格的货位指示灯和品种显示器就会立刻显示出需拣选商品在货架上的具体位置以及所需数量，作业人员便可以从货格里取出商品，放入拣货周转箱，然后揿动按钮，货位指示灯和品种显示器熄灭，订单商品配齐后进入理货环节。电子标签拣货系统自动引导拣货人员进行作业。任何人不需特别训练，即能立即上岗工作，大大提高了商品处理速度，减轻作业强度，大幅度降低差错率。

（资料来源：http://blog.vsharing.com/hotkee/A933736.html）

5.1　拣货作业管理

5.1.1　实验任务

百蝶物流中心接到华联超市发送过来的货物需求订单，本次任务出库商品的零散品存储于阁楼货架中，学生通过扮演不同角色共同完成 RF 手持拣货作业。完成单一客户的单品种、大批量货物的出库作业，数据如下表所示。

客户	货物名称	货物编码	计划数量
华联超市	啤酒	02011001	300 件

5.1.2　任务开展

（1）学生使用自己的用户名、密码进入系统，选择课程管理、上课管理。后选择手持拣货作业，然后以【出库管理员】身份进入三维环境。

按 W、S、A、D 键进行控制模拟岗位人员行走，进入办公室仓储部，走近办公椅前，显示提示 拣货与阁楼电脑 按 F 键。

（2）坐下后打开虚拟电脑桌面上的 ，执行【出库管理】→【出库预报】，如图5-1所示，勾选订单后，单击 发送审核 按钮。

图5-1 发送审核

执行【出库管理】→【出库审核】，勾选订单后单击 审核 按钮，审核完成后，单击 出库单打印 执行打印出库单。执行【出库管理】→【出库分配】，勾选订单后单击 预分配 按钮，预分配通过后，单击 分配 ，如图5-2所示。

图5-2 分配

执行【出库管理】→【拣货】，选择拣货单并且打印拣货单，如图5-3所示。

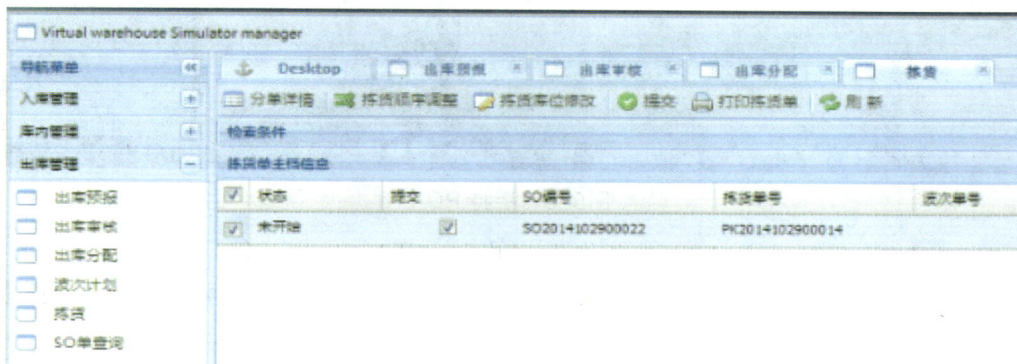

图5-3 拣货

打印完成后，按F键站起，走至门口的打印机，长按鼠标右键，使中心点对准单据，单据会出现红框，然后单击鼠标左键即可拿起拣货单，如图5-4所示。

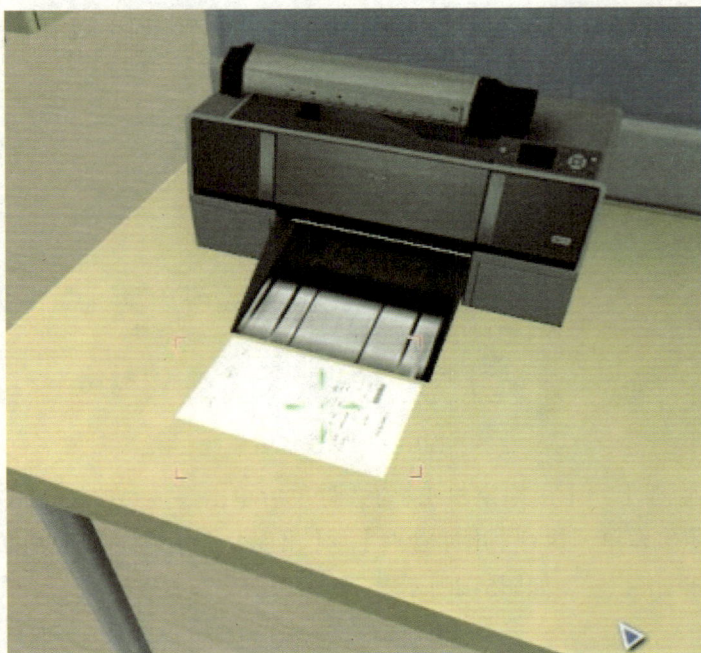

图5-4   拣货单

单击工具栏中的◆查看单据，双击入库单打开拣货单据，按"ESC"键收起单据。

（3）单击下方功能键👤切换角色为【拣货员】，或多人时递交给【拣货员】。角色转换后按 Q 键取出 PDA，如图5-5所示。

图5-5   手持 PDA

双击📷进入管理系统，选择拣货作业，如图5-6所示。

扫描拣货单左下角条码，扫描拣货单后，收起扫描过的拣货单，在 PDA 中选择【箱拣货】，PDA 界面提示扫描库位，如图5-7所示。

按手持 PDA 提示的库位信息，找到预计库位后，扫描货架上的库位条码，如图5-8所示。

库位扫描后，PDA 界面提示移动托盘到1号分拣口，此时该库位亮起绿色作为对库位提示。切换搬运工角色或多人互动时，呼叫搬运工开叉车至该库位前，如图5-9所示。

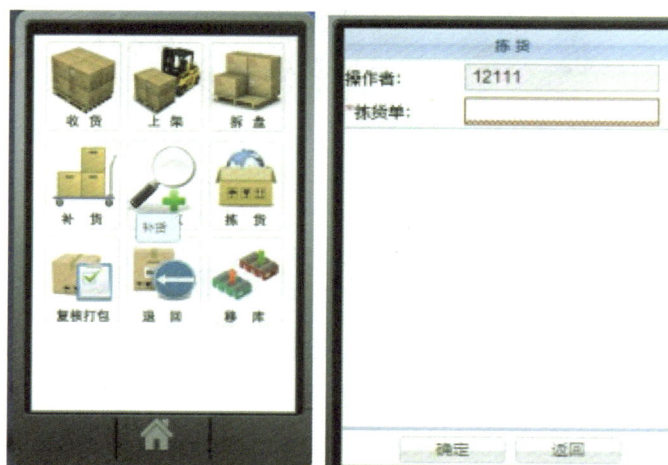

图5-6 拣货作业

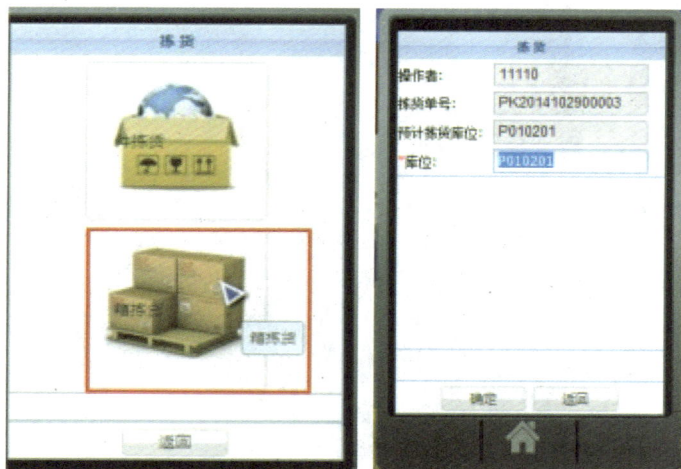

图5-7 扫描库位

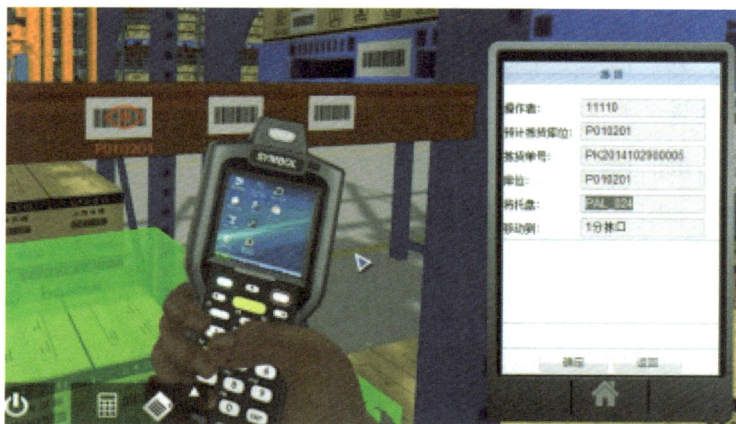

图5-8 库位确认

图5-9　提示

搬运工走到叉车跟前，叉车出现黄色框，如图5-10，此时按 F 键即可坐上叉车。

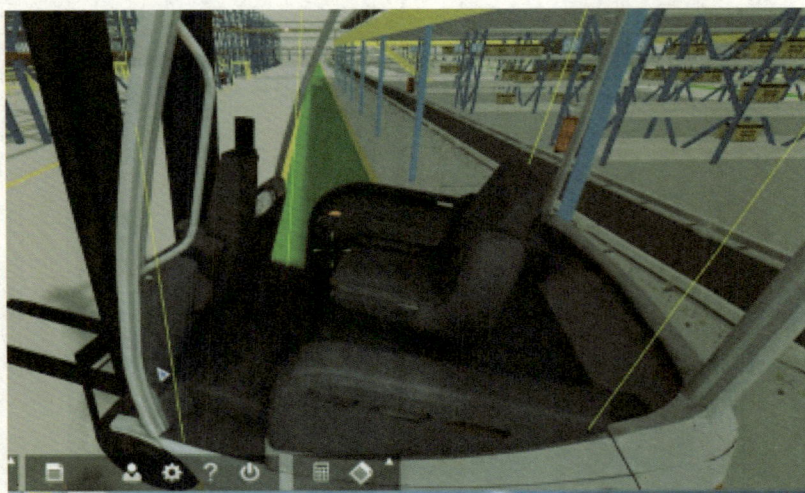

图5-10　叉车

叉车操作与操作人物方法相似，W、S、A、D 键控制方向，空格键是刹车。搬运工驾驶叉车到库位前，然后调整叉车使货叉对准托盘孔（可在货叉接近对应的托盘后按 R 键，把托盘直接复位到货叉上），如图5-11所示。

驾驶叉车至指定的1号分拣口处，如图5-12所示。放置好后下车，按 Q 键取手持，单击【确定】按钮，如图5-13所示，确定后驾驶叉车到叉车停放处。

图5-11 叉起托盘

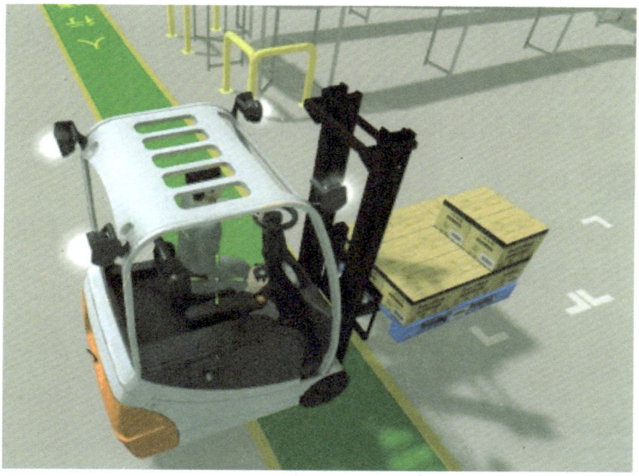

图5-12 搬运到分拣口

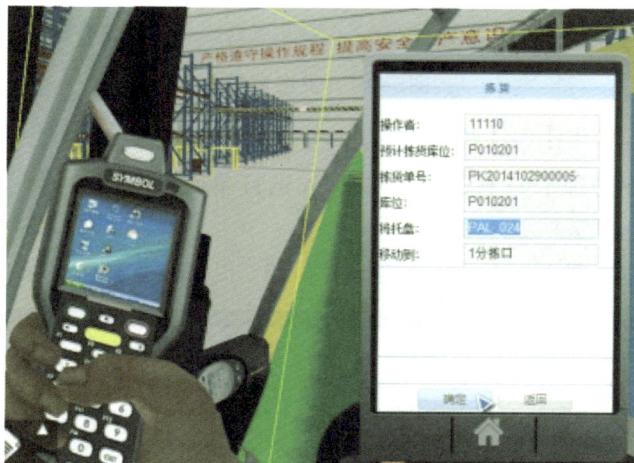

图5-13 确定

5.2   电子标签拣货作业

5.2.1   实验任务

百蝶物流公司接到农工商超市发来的货物需求计划，其中有3个商品的零散品出库拣货作业。学生通过扮演不同角色共同完成电子标签拣货作业。完成单一客户多品种小批量货物的出库作业，数据如下表所示。

客户	货物名称	货物编码	计划数量	单位
	利乐包装冰红茶	03020013	6件	L010201
农工商超市	奥利奥饼干	03080004	10件	L010401
	伊利酸牛奶	03031013	9件	L010101

5.2.2   任务开展

（1）学生使用自己的用户名、密码进入系统，选择课程管理、上课管理。后选择 RF 手持拣货作业，然后以出库管理员身份进入三维环境。

按 W、S、A、D 键进行控制模拟岗位人员行走，进入办公室仓储部，走近办公椅前，显示提示 ▨▨▨▨▨▨ 按 F 键。

（2）坐下后打开虚拟电脑桌面上的 ▨，执行【出库管理】→【出库预报】，如图5-14所示，勾选订单后，单击 ▨发送审核 按钮。

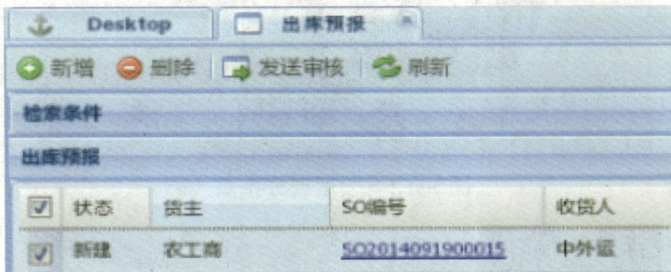

图5-14   发送审核

（3）执行【出库管理】→【出库审核】，勾选订单后单击 ▨审核 按钮，打印出库单。

（4）执行【出库管理】→【出库分配】，勾选订单后单击 ▨预分配 按钮，预分配通过后，单击 ▨分配 。

（5）执行【出库管理】→【拣货】勾选拣货单，提交并且打印拣货单，如图5-15所示。

图5-15   拣货界面

打印完成后，按 F 键站起，走至门口的打印机，按住右键移动鼠标，使十字光标对准单据，单据会出现红框，然后单击鼠标左键即可拿起入库单。

单击工具栏中的◇查看单据，双击拣货单打开拣货单据，按"ESC"键收起单据。

（6）点下方功能键👤切换角色为【拣货员】，角色转换后控制人物走到电子标签区域控制电脑跟前，如图5-16所示。走近货架旁边的电脑，出现 F 键提示后，按 F 键在电脑前操作。

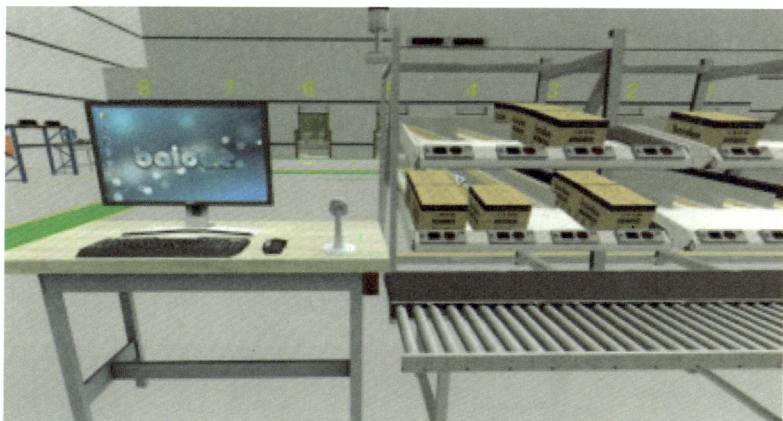

图5-16 电子标签控制电脑

打开电脑上的管理系统，单击上方的订单列表，下方显示相应的拣货物品，查看到具体工作任务后，单击右下角的【开始作业】，如图5-17所示。

图5-17 控制电脑界面

按 F 键从电脑前站起，长按右键使中心点光标对准扫描枪，对准后会出现黄框。单击左键拿起，如图5-18所示。

拿起扫描枪后，点开单据，扫描拣货单号并收起单据，接着按住右键移动鼠标使中心点对准周转箱的条码，然后按住 Shift 键扫描周转箱，如图5-19所示。扫描完成后，把扫描枪放回基座，放置办法与拿取一致。

图5-18　取扫描枪

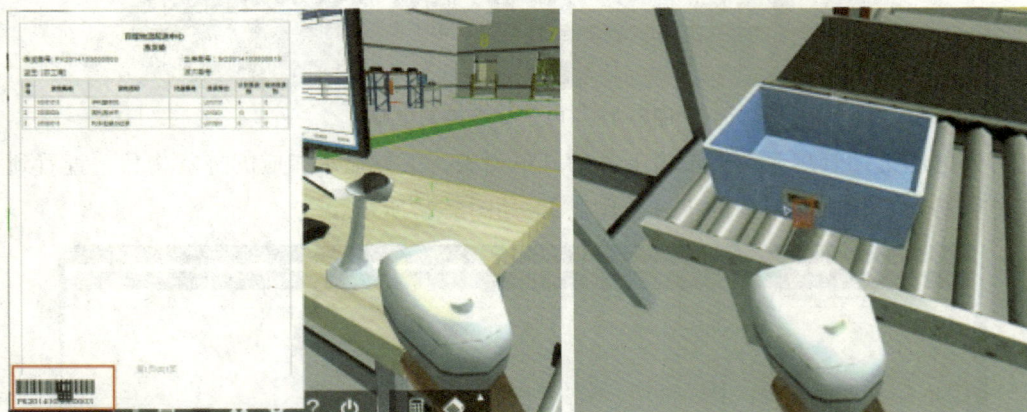

图5-19　扫描单据与周转箱条码

放好扫描枪后，长按鼠标右键，使中心点对准已经点亮的电子标签。然后按住 Shift 键，单击左键打开拣货界面，如图5-20所示。

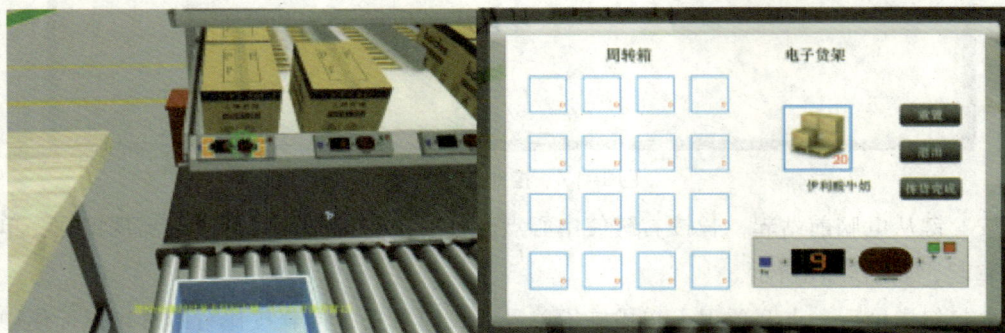

图5-20　拣货界面1

根据拣货数量单击【电子货架】货物进行拣货，单击一次代表拿取一件货物，如图5-21
所示。该货物拣货完成后，单击图中的红色按钮，，周转箱自动往下一个拣货货架移
动。重复上述步骤拣选其他货物，该拣货单中的所有货物拣货完成后，周转箱自动移动到
传送带上并输送至分拣口，如图5-22所示。

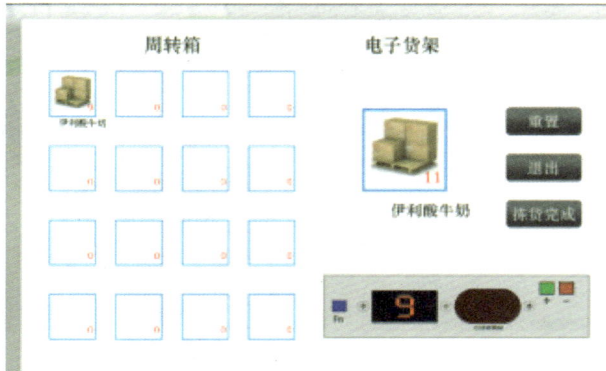

图5-21　拣货界面2

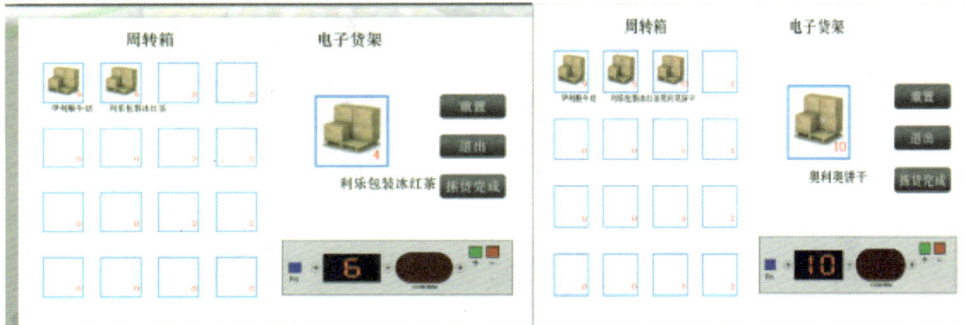

图5-22　拣货界面3

（7）切换角色为【复核员】，走至1号复核口，如图5-23所示。

图5-23　复核口

取出 PDA，进入【复核打包】模块，选择【打包】，PDA 界面提示扫描出库单，按照提示扫描出库单，如图5-24所示。单击【生成新笼车】并确定。

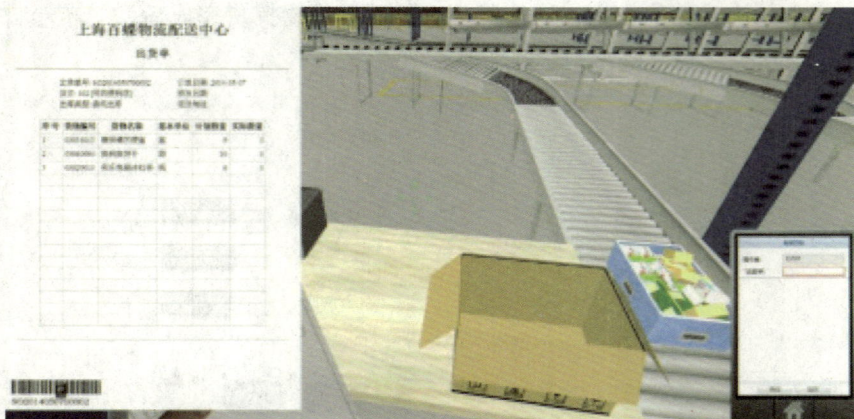

图5-24　扫描出库单号

PDA 提示包装 / 周转箱，扫描周转箱条码，如图5-25所示。

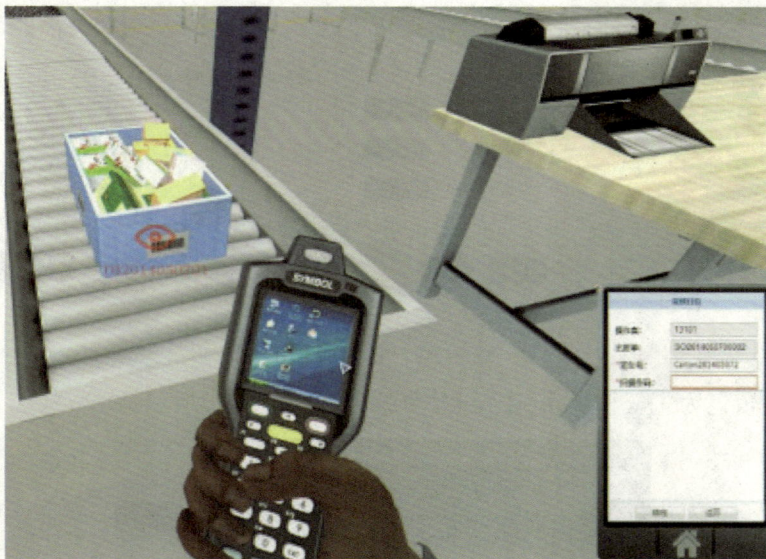

图5-25　扫描周转箱

扫描后，首先单击伊利酸牛奶，在输入数量一栏中填写9，单击【确定】按钮，如图5-26所示。

此时 PDA 界面读取到对应的信息，单击【确定】按钮，如图5-27所示。

再次扫描包装 / 周转箱，按照上述操作完成另外两种货物的复核作业。

最后一种货物输入数量后，按 Shift 键，同时单击鼠标左键可以打包包装箱，按照提示拿起箱子放在笼车中，如图5-28所示。订单全部打包好后，单击【满笼】按钮。

图5-26 复核界面

图5-27 确定倍数

图5-28 取箱子

从 PDA 主菜单中进入【复核打包】模块,选择【打印装箱单】。按照提示扫描笼车号,笼车号扫描后单击【打印装箱单】, 如图5-29所示。

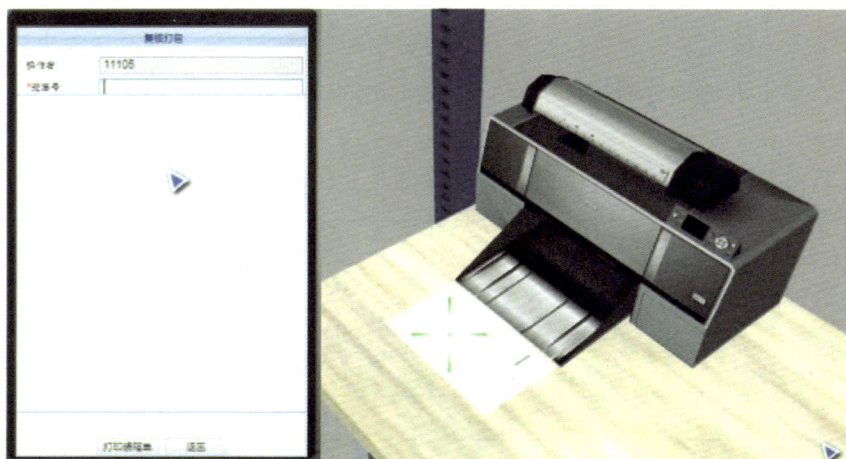

图5-29 打印装箱单

这时分拣口打印机打印出笼车装箱单。拿起包装单后走至笼车，控制光标对准笼车的标签粘贴处，取出包装单，双击鼠标左键贴标完成，如图5-30所示。

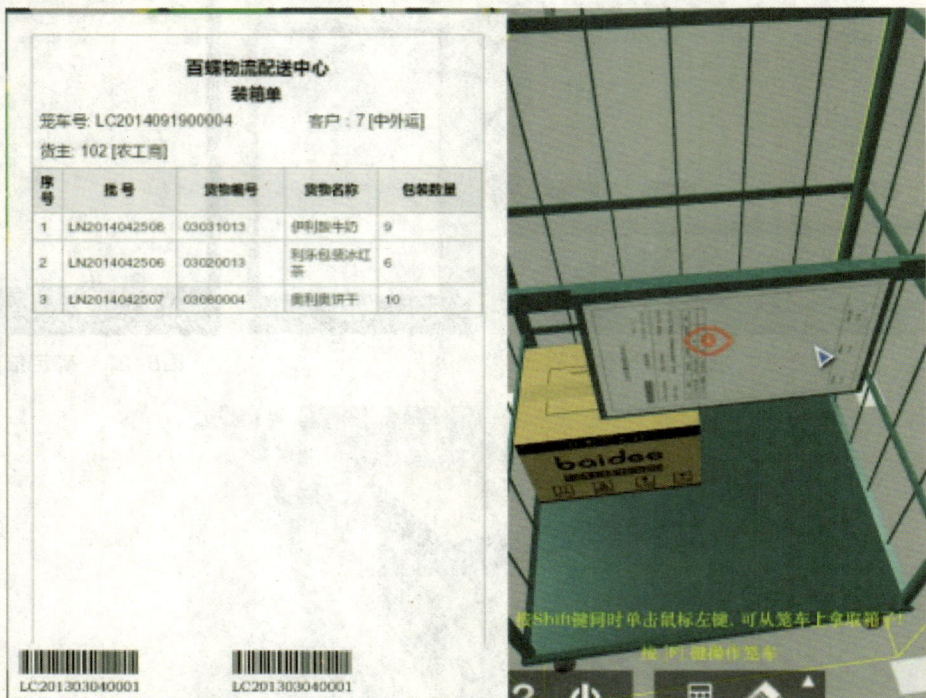

图5-30　贴装箱单

电子标签拣货作业完成，把周转笼推到指定出库理货区。

5.3　阁楼货物件拣货

5.3.1　实验任务

百蝶物流中心接到家得利超市发送过来的货物配送需求计划，本次任务出库货物位于阁楼货架中，学生进入系统后按照阁楼货架拣货出库的作业流程完成家得利超市的订单拣选出库。

完成单一客户，多品种小批量货物的出库作业，数据如下表所示。

客户	货物名称	货物编码	计划数量
家得利	优乐美	03010015	7件
	光明高钙奶	03020014	5件
	洗衣粉	02030001	8件
	龙井茶	03010024	2件

5.3.2 任务开展

（1）学生使用自己的用户名、密码进入系统，选择课程管理、上课管理。后选择 RF 手持拣货作业，然后以【出库管理员】身份进入三维环境。

按 W、S、A、D 键进行控制模拟岗位人员行走，进入办公室仓储部，走近办公椅前，显示提示 按 F 键。

（2）坐下后打开虚拟电脑桌面上的 ，执行【出库管理】→【出库预报】，如图5-31 所示，勾选订单后，单击 发送审核 按钮。

图5-31 发送审核

执行【出库管理】→【出库审核】，勾选订单后单击 审核 按钮，执行【出库管理】→【出库分配】，勾选订单后单击 预分配 按钮，预分配通过后，单击 分配 。

执行【出库管理】→【拣货】，选择拣货单并且打印拣货单，如图5-32所示。

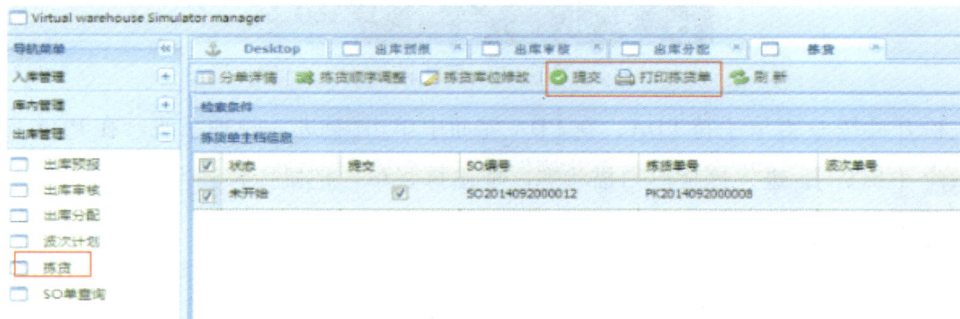

图5-32 提交与打印界面

打印完成后，按 F 键站起，走至门口的打印机，长按鼠标右键，使中心点对准单据，单据会出现红框，然后单击鼠标左键即可拿起入库单，如图5-33所示。

单击工具栏中的 查看单据，双击入库单 打开拣货单据，按 Esc 键收起单据。

（3）单击下方功能键 切换角色为【拣货员】，查看需要拣货的位置，根据订单提示，首先控制人物走到设备存放区，领取二层手推车，如图5-34所示。

靠近二层手推车，出现黄色框，此时按 F 键握住二层手推车。根据拣货单提示，走到阁楼货架目标库位前，停下前按 C 键生成周转箱，如图5-35所示。到达后按 F 键松开手推车。

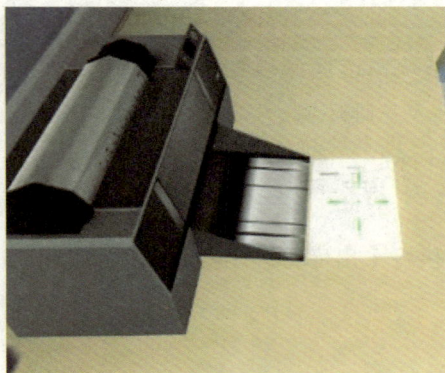

图5-33 拿起入库单

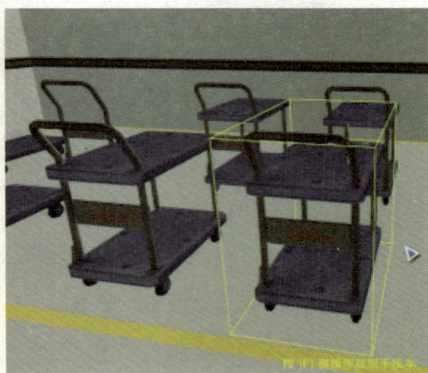

图5-34 二层手推车

图5-35 周转箱

手松开后按 Q 键取手持 PDA,在 PDA 界面中单击 进入管理系统。在 PDA 界面中单击 【拣货】,进入拣货单扫描状态。取出拣货单,把鼠标移到左下角条码上,单击左键扫描拣货单号。

方法:选择屏幕下方 ,根据方案选择要操作的拣货单,双击鼠标打开拣货单。扫描单据上的左下角条形码(光标如图后,按住 Shift 键,单击鼠标左键),PDA 提示页面如图5-36所示。选择"件拣货",然后收起拣货单及 PDA。

图5-36 取手持 PDA 并扫描拣货单

扫描完拣货单后，提示需要扫描周转箱条码。此时控制人物走到侧面或前方，长按鼠标右键使中心点光标对准周转箱上的条码，按住 Shift 键，单击左键扫描，如图5-37所示。

图5-37 手持 PDA 扫描周转箱

扫描完成后，手持 PDA 提示扫描库位条码。长按右键使中心点光标对准目标库位条码，然后按住 Shift 单击左键扫描指定库位。如图5-38所示。

扫描完库位条码后，扫描正确，跳出拣货界面，如图5-39所示。在拣货界面上右边栏是阁楼货架库存数，左边为拣货周转箱的数据。左击一次阁楼货架代表拿起一件货物，根据手持提示数量拿取，多拿可以单击周转箱对应货物，代表放回阁楼货架一件货物。

拣货单拣选完毕后，将手推车推至输送线旁边，按 F 键放开手推车，长按右键使中心点光标对准周转箱，此时周转箱出现一个黄色框，然后按 Shift 单击左键将周转箱拿起，再将周转箱搬到输送线前，对准输送线把周转箱放入，如图5-40所示。

图5-38 扫描库位条码

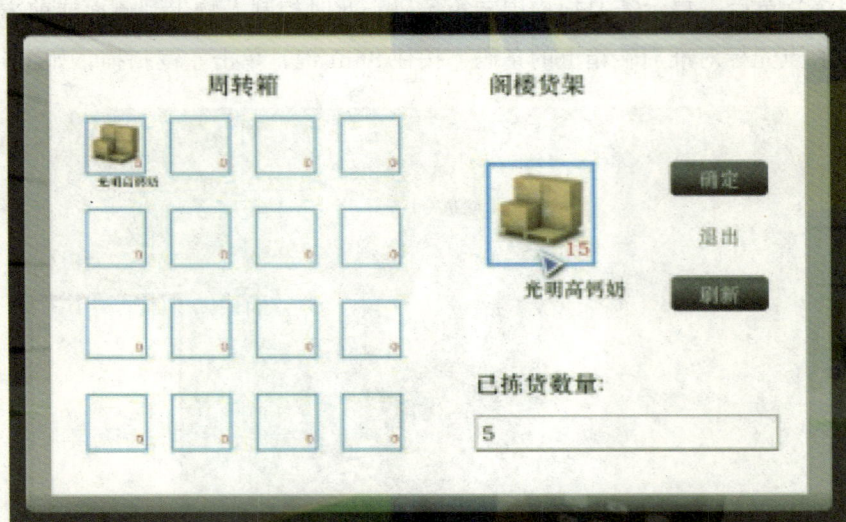

图5-39　拣货界面

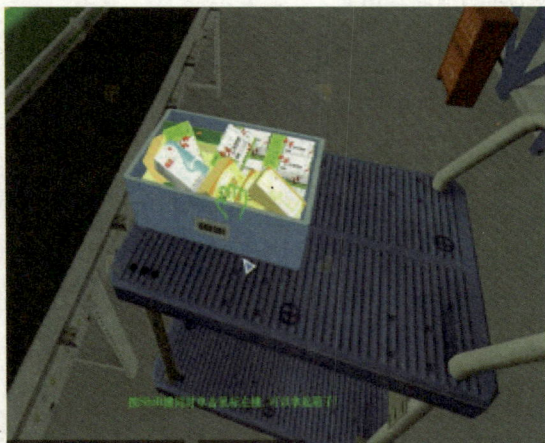

图5-40　取周转箱

图5-41　打包复核口

（4）分拣完所有拣货单后，切换人物为出库复核员，跑到出库复核区进行复核作业，如图5-41所示。

进入 PDA 主界面，选择复核打包。根据分拣口的 LED 显示屏指示，找出相应的出库单，并扫描出库单或拣货单中右边条码，扫描方法为把鼠标移到条码上左击，即可扫描，如图5-42所示。

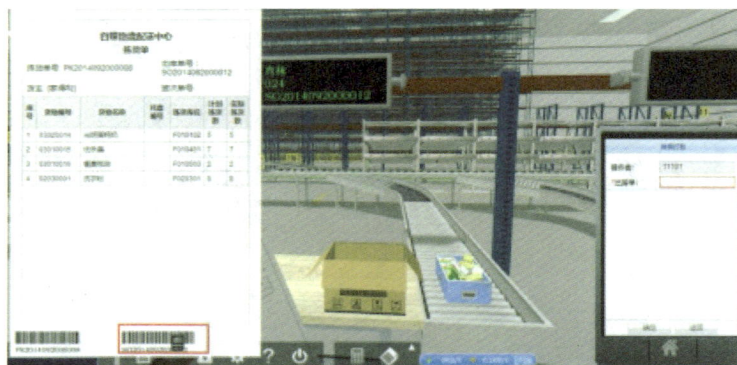

图5-42 扫描单据

扫描后，在 PDA 界面中单击 生成新笼车 ，然后收起单据。

接下去扫描周转箱条码，进入复核界面，复核时，如图5-43所示。把周转箱里的每类货物逐一转移完并单击【确定】。

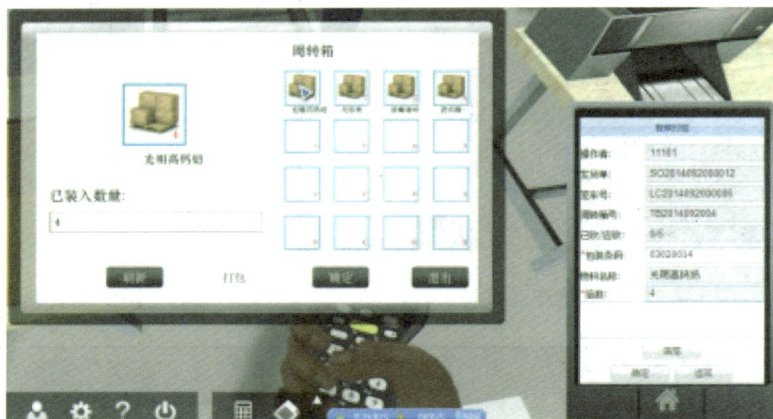

图5-43 复核界面

复核完毕后，收起 PDA，靠近预打包箱，并按照提示进行打包确定，如图5-44所示，打包后将货物搬运到新笼车中。

打开 PDA 进入装箱单打印界面，按要求扫描笼车号，单击 PDA 界面中的打印笼车，如图5-45所示。收起 PDA，走到打印机前，拿起刚打印出的装箱单，如图5-46所示。

将装箱单打开走到笼车前，打开装箱单，按提示双击，如图5-47所示，将装箱单贴到笼车上。将贴有装箱单的笼车推到出库理货区，准备出库。拣货作业及复核作业完成。

图5-44　打包界面

图5-45　扫描笼车条码

图5-46　取装箱单

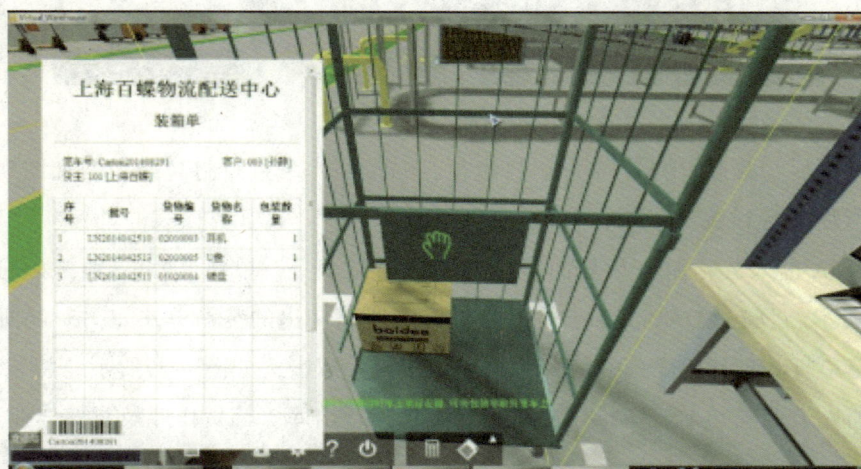

图5-47　贴装箱单

5.4 播种式电子标签拣货

5.4.1 实验任务

百蝶物流中心需要向其5个客户进行货物的配送作业，现接到5家发来的订货计划，学生分析订单信息，按照播种式拣货作业的方式进行货物分拣出库。

订单1

货主	收货人	货物名称	货物编号	计划数量
上海百蝶	唐亮	笔记本电脑	01010010	1件
		键盘	01020004	1件
		耳机	02010003	1件
		鼠标	02010004	1件

订单2

货主	收货人	货物名称	货物编号	计划数量
上海百蝶	陈丽	笔记本电脑	01010010	1件
		U盘	01020005	1件
		耳机	02010003	1件
		散热器	01010011	1件

订单3

货主	收货人	货物名称	货物编号	计划数量
上海百蝶	李君	笔记本电脑	01010010	1件
		U盘	02010005	1件
		耳机	02010003	1件
		键盘	01020004	1件

订单4

货主	收货人	货物名称	货物编号	计划数量
上海百蝶	肖林	笔记本电脑	01010010	1件
		U盘	02010005	1件
		散热器	01010011	1件
		键盘	01020004	1件

订单5

货主	收货人	货物名称	货物编号	计划数量
上海百蝶	沈非	笔记本电脑	01010010	1件
		U盘	02010005	1件
		散热器	01010011	1件
		鼠标	02010004	1件

5.4.2　任务开展

（1）学生使用自己的用户名、密码进入系统，选择课程管理、上课管理。后选择2010：播种式拣选，然后以【出库管理员】身份进入三维环境。

按 W、S、A、D 键进行控制模拟岗位人员行走，进入办公室仓储部，走近办公椅前，显示提示 ▢ 按 F 键。

（2）坐下后打开虚拟电脑桌面上的 ▢，执行【出库管理】→【出库预报】，如图5-48所示，勾选订单后，单击 ▢ 发送审核 按钮。

图5-48　发送审核

执行【出库管理】→【出库审核】，勾选订单后单击 ▢ 审核 按钮。审核完毕后，打印出库单 ▢ 出库单打印 。

执行【出库管理】→【波次计划】，单击【新增】。【波次类型】选择并单拣货。勾选以下所有订单，保存完毕后单击 ▢ 打印波次单，进入上一层界面，如图5-49。

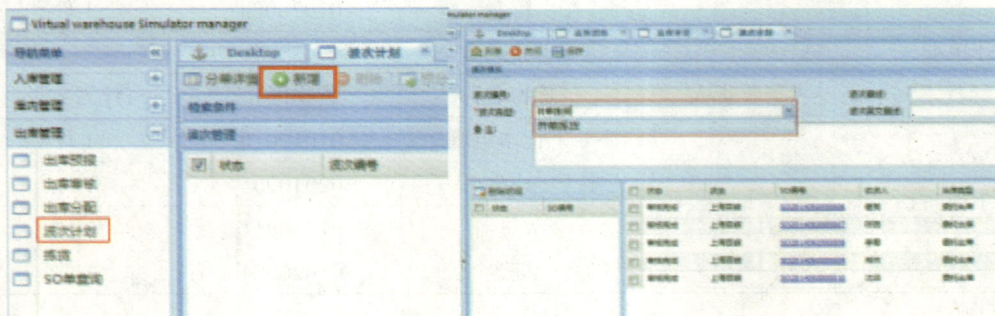

图5-49　波次计划

返回到上一层界面后，勾选订单后单击 ▢ 预分配 按钮，预分配通过后，单击 ▢ 分配，如图5-50所示。分配后单击 ▢ 审核 。

执行【出库管理】→【拣货】，选择 ▢ 拣次 ▢ 打印拣货单，打印拣货单，如图5-51所示。

图5-50　分配

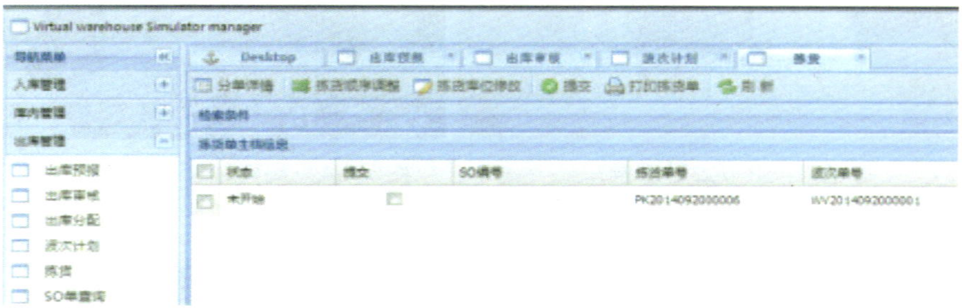

图5-51　提交与打印

打印完成后，按 F 键站起，走至门口的打印机，长按鼠标右键，使中心点对准单据，单据会出现红框，然后单击鼠标左键即可拿起出库单与拣货单。单击工具栏中的 ◇ 查看单据，双击入库单打开 ◇ 拣货单据，按 Esc 键收起单据。

（3）单击下方功能键 👤 切换角色为【拣货员】或多人互动情况下交接给拣货员，然后打开单据查看需要拣货的位置，如图5-52所示。

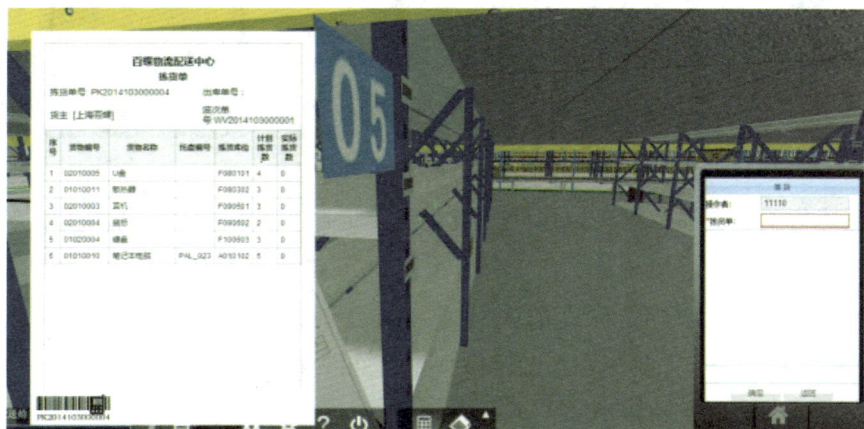

图5-52　查看拣货信息

根据订单提示，首先控制人物走到设备存放区，领取二层手推车，如图5-53所示。

靠近二层手推车，出现黄色框，此时按 F 键握住二层手推车。根据拣货单提示，走到阁楼货架前，停下前按 C 键生成周转箱，如图5-54所示。到达后按 F 键松开手推车。后按 Q 键取手持 PDA，如图5-55所示。在 PDA 界面中单击 👤 进入管理系统。在 PDA 界面

中单击 拣货，如图5-56所示，进入拣货单扫描状态。取出拣货单，把鼠标移到左下角条码上，单击左键扫描拣货单号。

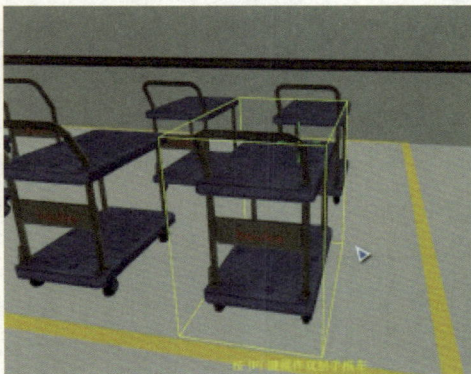

图5-53　二层手推车

图5-54　周转箱

图5-55　取手持PDA

扫描完拣货单后，提示需要扫描周转箱条码。此时控制人员走到侧面或前方，长按鼠标右键使中心点光标对准周转箱上的条码，按住Shift键，单击左键扫描，如图5-57所示。

扫描完周转箱后，手持提示采集库位，按手持提示预计库位信息，走到库位前。长按鼠标右键，使光标中心点对准需扫描的库位，按住Shift单击左键扫描库位，如图5-58所示。

扫描完库位条码后，扫描正确，跳出拣货界面，在拣货界面上右边栏是阁楼货架库存数，左边为拣货周转箱的数据。左击一次阁楼货架代表拿起一件货物，根据手持提示数量拿取，多拿可以单击周转箱对应货物，代表放回阁楼货架一件货物，如图5-59所示。

拣货完成后，单击【确定】，然后 退出 拣货界面。按照此方法依次把全部货物拣选完毕，如图5-60所示。

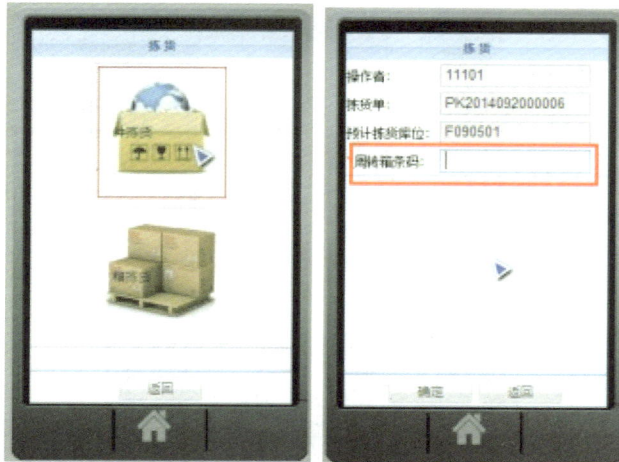

图5-56 扫描拣货单

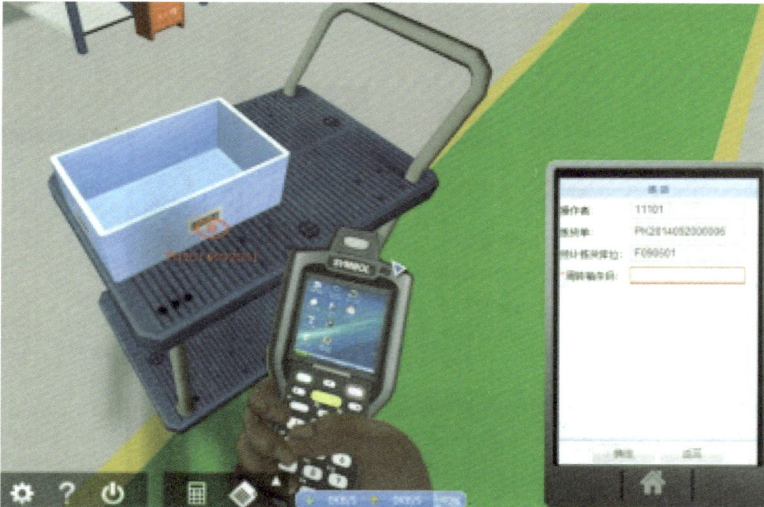

图5-57 扫描周转箱条码

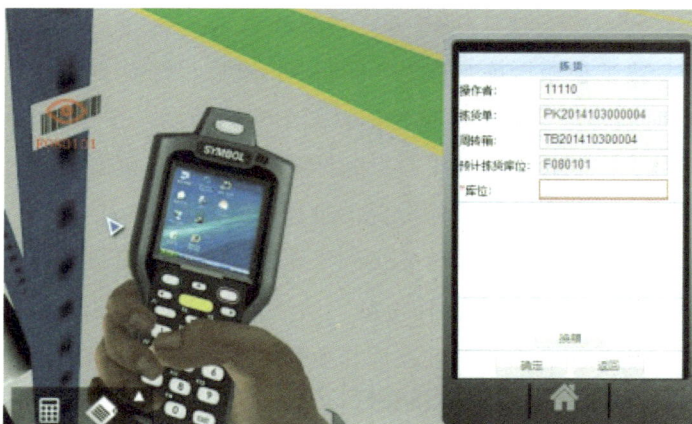

图5-58 扫描库位条码

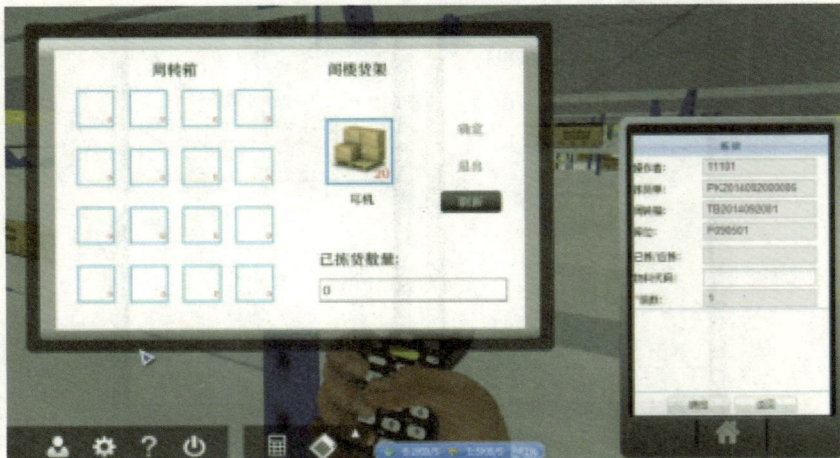

图5-59 拣货界面

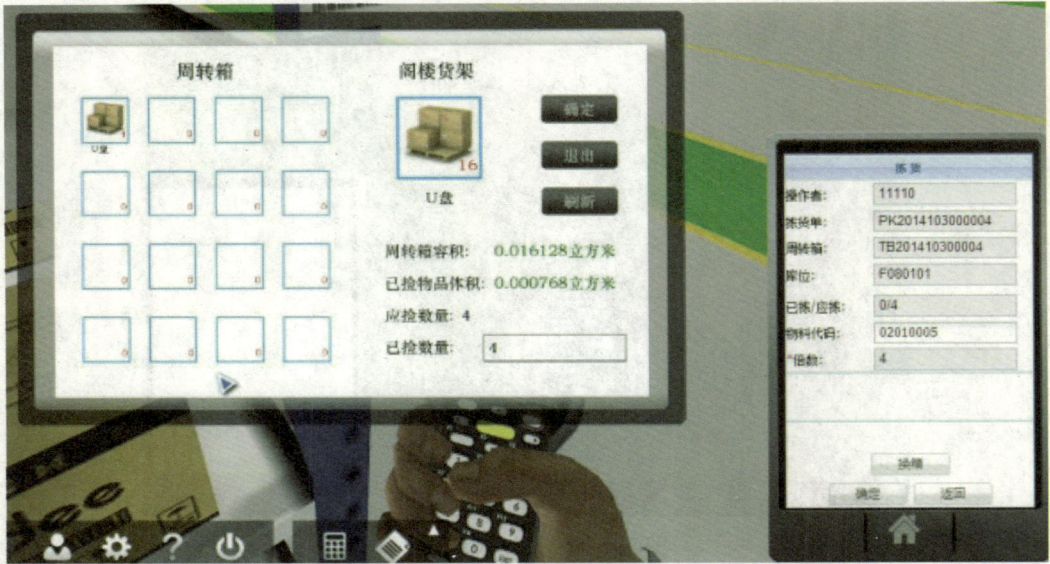

图5-60 拣货确定

当周转箱装满后需要换箱再拣，直到全部完成拣选后，按 Q 键收回手持，走近二层手推车上周转箱，此时周转箱会显示出黄色框，如图5-61所示。按住 Shift 键单击左键拿取周转箱。走到输送线旁，长按右键使中心点光标对准输送线，单击左键把周转箱放到输送线上，如图5-62所示。周转箱会按系统分配的分拣口流出。

（4）余下的货物从立库里出库，首先走到立库的入库口处控制柜旁的控制电脑前，如图5-63所示。靠近后按提示按 F 键操作电脑，然后单击 打开控制系统，打开后单击右下角 开始作业 ，电脑屏幕会把当前立库作业列表显示出来，如图5-64所示。

转移到立库出库口处，按 Q 键打开手持，选择拆盘，按提示需扫描托盘条码，如图5-65所示。根据手持的件数，在手持中填入箱倍数，然后单击【确定】，如图5-66所示。

图5-61 拿起周转箱提示

图5-62 放箱到输送线

图5-63 控制电脑

任务编号	客户代码	客户名称	订单编号	托盘编号	任务模式	任务状态
1	101	上海百蝶	PK201#092000006	PAL 023	补盘出	执行中

图5-64 当前立库作业任务

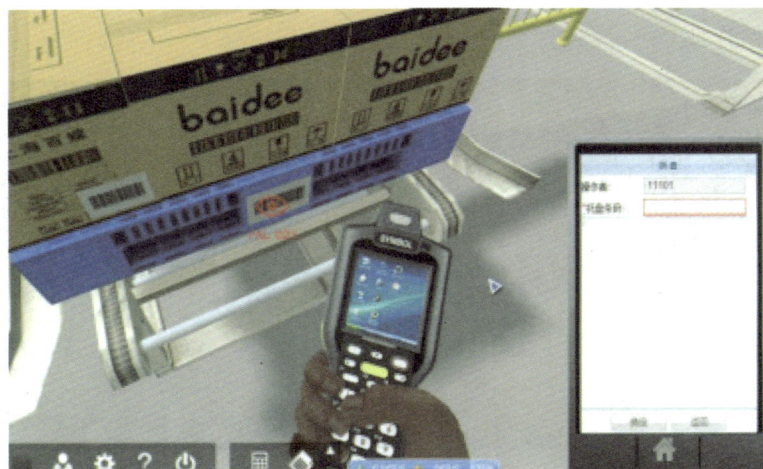

图5-65 扫描托盘条码

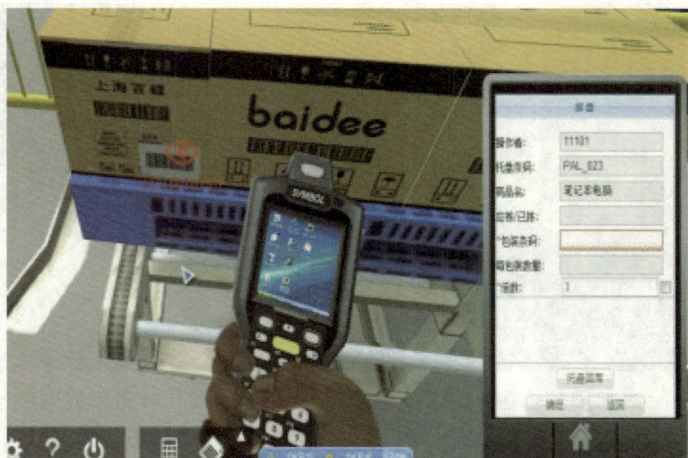

图5-66　扫描箱条码

接下来按Q键收起手持，开始按指定数量把货物搬到分拣输送线上。搬运方法是，长按鼠标右键把中心点光标移至货物上，按住Shift键，点击左键拿起箱子，转身走到输送线前，再次长按鼠标右键使光标中心点移到输送线上，点击左键把箱子放到输送线上，如图5-67所示。依次把指定数量货物搬完后，再次按Q键取出手持，如图5-68所示，点击【托盘回库】，确定后托盘自动回库，如图5-69所示。

（5）上述所有拣出货物，装在波次分拣口流出。拣货员转移到分拣口处，如图5-70所示。

走过来后，长按右键把中心点光标对准纸箱或周转箱，出现黄框，单击左键，拿起周转箱或纸箱，然后走到手推车把手前，把中心点光标对准手推车，单击放下，依次把所有货物装好，如图5-71所示。

装好后，走近手推车按F键握住，把手推车推到二次拆分区，如图5-72所示。然后松开手推车，走到控制电脑跟前。按提示按F键，站在电脑前操作电脑界面，如图5-73所示，单击右下角开始作业。

图5-67　取箱与放箱

图5-68 确定回库

图5-69 自动回库

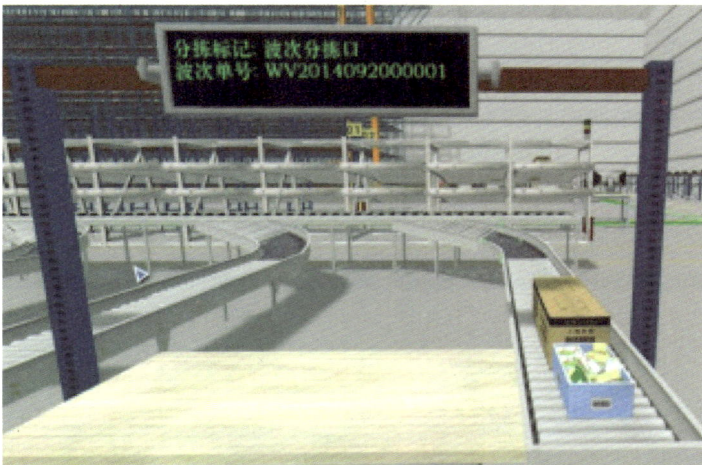

图5-70 波次分拣口

图5-71　放下周转箱

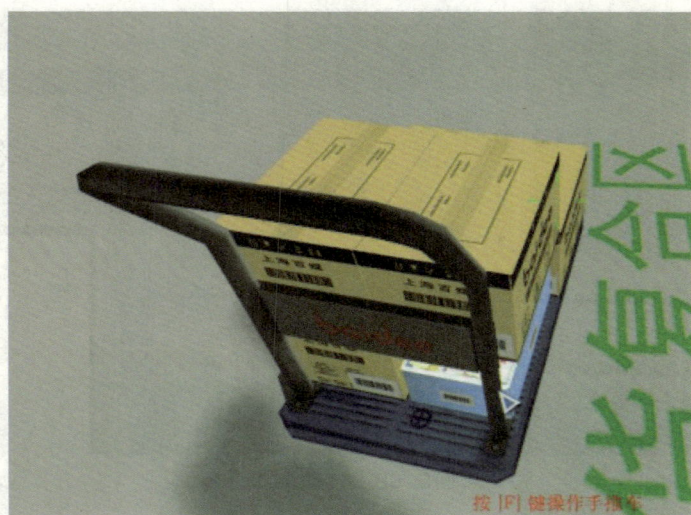

图5-72　二次拆分区

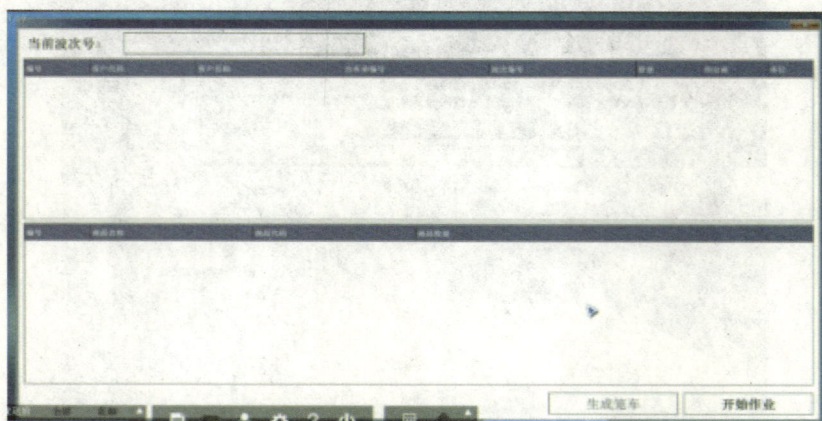

图5-73　控 制 界 面

　　把光标中心点对准扫描枪，单击拿起，扫描波次单上左下角的条码，如图5-74所示。此时把播种货架自动生成笼车，如图5-75所示。

　　接着，使用扫描枪扫描周转箱条码，跳出如图5-76所示的分拣界面，分拣界面显示出周转箱中的所有商品。然后选择一件商品，左击一下代表拿起一个货物，把所有商品拿过去，完成后单击【确定】。电子标签会自动点亮，数字框中显示应拣数量，然后放下扫描枪到原位，接着走到周转箱跟前，抱起周转箱，走到已经显示数量的电子标签面前，长按右键使中心点光标对准电子标签，如图5-77所示。

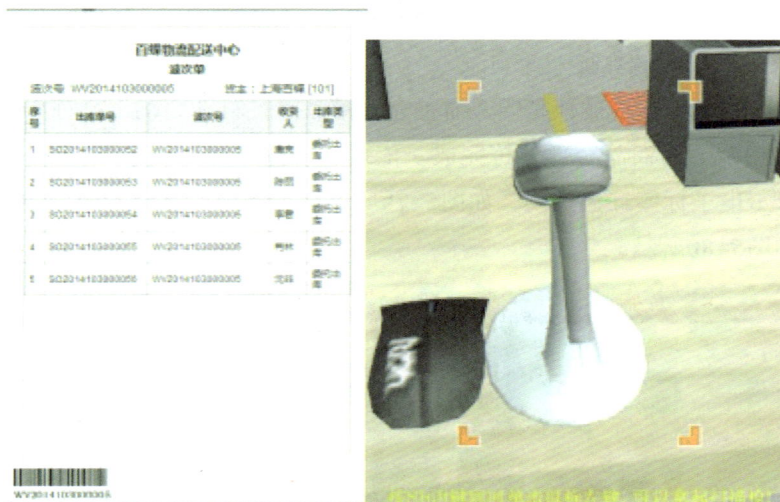

图5-74 扫描单据条码

图5-75 生成笼车

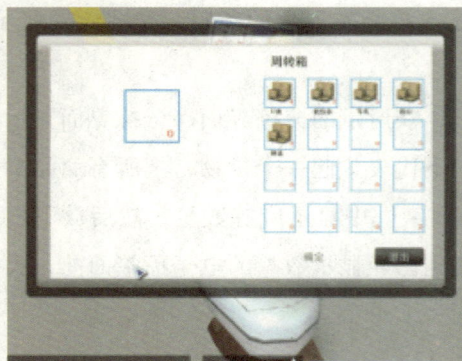

图5-76　分拣界面

图5-77　播种分拣

　　依次把所有的电子标签播种完毕，播种完该商品后，自动会跳出分拣界面，如图5-78所示。接下去把余下的商品全部分拣完成。依据电子标签提示，拿取1件商品到笼车的箱子中，然后单击电子标签红色按键，如图5-79所示。依次把所有周转箱中的货物全部播种分拣完成，如图5-80所示。

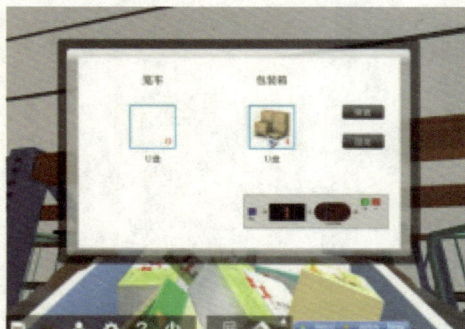

图5-78　播种分拣界面

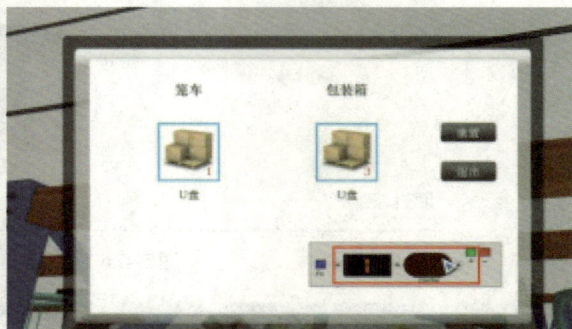

图5-79　电子标签确定

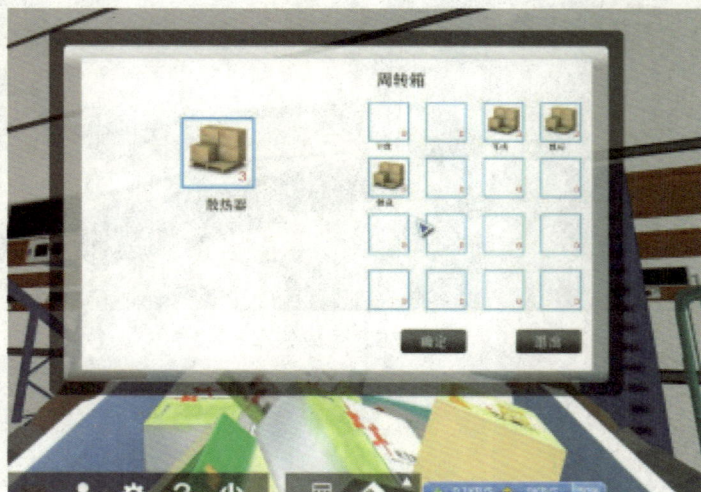

图5-80　分拣完成

　　完成周转箱单件货物的播种分拣后，整箱分拣的操作方法是：拿起扫描枪，扫描箱条码，扫描后会自动点亮对应电子标签，扫描枪放回基座。接着抱起纸箱走近被点亮的电子标签跟前，长按右键使中心点对准电子标签，如图5-81所示。左键单击显示播种界面，如图5-82所示。按提示把纸箱放到笼车中，接下去单击电子标签红色确定键，如图5-83所示。

图5-81　对准电子标签

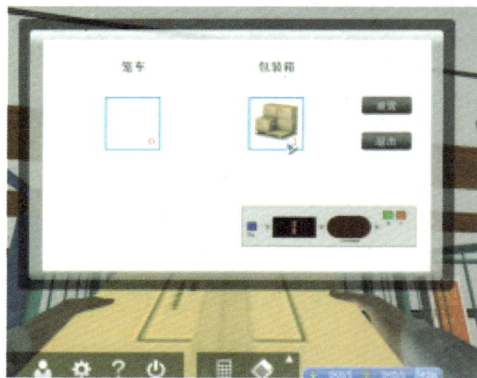

图5-82　播种分拣界面　　　　　　　　图5-83　电子标签确定

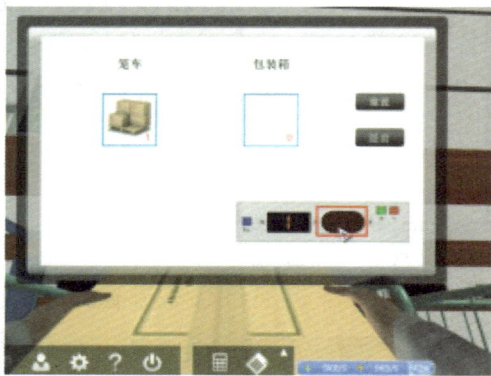

　　依次把所有货物播种分拣完成，然后复核打包，按Q键取手持PDA，单击复核打包，打印笼车，进入后按手持提示扫描笼车条码，如图5-84所示。然后单击下方打印笼车，此时会自动打印出装箱单，如图5-85所示。

　　打印好装箱单后，走近打印机，长按右键使中心点光标对准纸张，左键单击后拿取纸张，接着走到对应的笼车前，打开装箱单，按提示双击纸张，把纸张贴到笼车上，完成后可以把笼车推到出库理货区，如图5-86所示。到此本项工作完成。

图5-84　扫描笼车条码

图5-85　打印装箱单

图5-86　推笼车到出库理货区

知识链接

1. 搬运。指的是同一地域范围内进行的、以改变物品的存放状态和空间位置为主要内容和目的的活动。

2. 批量拣货。是把多张订单汇集成一批，按商品类别及品种将数量相加后先进行初次拣货，然后再按照单一订单的要求将货品分配至每一张订单。

3. 最大运行速度。一般指叉车满载时，在干燥、平坦、坚实的地面上行驶时的最大速度。

4. 账面盘点。就是将每种商品分别设立"存货账卡"，将每天出、入库商品的数量及单价记录在电子计算机或账簿的"存货账卡"上，连续计算汇总出账面上的库存结余数量及库存金额。

5. 无线电射频技术（RFID）。利用无线电波对记录媒体进行读写，射频识别的距离可达几十厘米至几米，且根据读写的方式，可以输入数千字节的信息，同时，还具有极高的保密性。

小　结

拣货作业管理内容分为 RF 手持拣货作业、电子标签拣货作业、阁楼货物件拣货和播种式电子标签拣货。

◇复习题

一、选择题

1. 托盘堆垛原则是根据托盘大小和类别，分别采用（　　　）。

A. 重叠式堆码和交错式堆码　　　　　B. 重叠式堆码和对叠式堆码

C. 单独式堆码和交错式堆码　　　　　C. 单独式堆码和对叠式堆码

2. 托盘堆码高度不能超过（　　　）。

A. 1.4米　　　　　B. 1.5米　　　　　C. 1.6　　　　　D. 1.7

3. 分拣中心码托作业相关描述正确的是（　　　）。

A. 码托作业每托数量都可以不一样，不必进行标准化要求

B. 码托扫描声音提示只有"重复""错误"和"变更"三种

C. 码托扫描提示"错误"和"变更"的订单，需挑出等待专人进行处理

D. 码托扫描时不同站点的货物可以码托在同一个托盘上

4.接货时发现货物不符合接货标准的，以下操作正确的为（　　）。

A.现场退还仓库进行重新包装

B.先收货，在交接单上记录哪件货不符合标准，再追仓库责任

C.收货后，再按标准进行补包装或完善包装

D.不是太严重，就勉强收了算了

5.托盘的堆垛原则为：每垛（　　）个托盘。

A. 25　　　　　　　B. 20　　　　　　　C. 15　　　　　　　D. 10

6.以下转运操作错误的是（　　）。

A.动液压叉车压升起托盘高度为：托盘脚离开地面2~3cm

B.从液压车叉入托盘，至压起时间，不得多于15s

C.检查叉车通道通行情况，沿通道方向拉出托盘至0.6m，转动手柄，将托盘拉出托盘区域至通道

D.平面运行作业，按每分钟不高于60m的速度进行作业运行

7.对分拣中心发货报表描述正确的一项是（　　）。

A.可以准确查看自配送站点发货单数和箱数

B.可以准确查看3PL配送商发货单数和箱数

C.可以准确查看自配送站点发货箱数

D.可以准确查看自配送站点发货单数

8.（　　）是指逐步将各条输送线上输入的商品合并于一条会集输送机上。

A.分流　　　　　　B.分运　　　　　　C.配送　　　　　　D.合流

9.（　　）是将存储区或拣货区划分成几个区域，将一张订单拆成各区域所需的拣货单，再将各区域所拣选的物品汇集一起。

A.单人拣选　　　　B.分区接力拣选　　　C.分区汇总拣选　　　D.批量拣选

10.仓储存货成本包括存货风险成本、资金占用成本、（　　）。

A.缺货成本　　　　B.订货成本　　　　　C.保管成本　　　　　D.运作成本

参考答案：1.A　2.B　3.C　4.A　5.D　6.B　7.C　8.D　9.C　10.B

二、判断题

1.码托原则：大不压小，重不压轻，木不压纸。（　　）

2.分拣中心在每30~50m设置托盘垛放点，用来存放备用托盘，托盘叠放高度不得超过10层。（　　）

3.在分拣搬运纸包装货物前，应先检查包装有无损坏，以免货物从缺口处掉落将员工砸伤。（　　）

4.进入库区人员必须穿反光背心，操作工必须穿防砸鞋，其他员工禁止穿拖鞋。（　　）

5. 叉车可以停放在墙角等不影响工作环境的地方。（　　）

6. 根据各种托盘分别采用"重叠式堆码"和"交错式堆码"。（　　）

7. 贵重物品入库时，必须特别注意每件货物的外包装，若有异常，必须有运输司机、当日值班经理、现场主管、现场保安等至少三人以上才可以开箱检查。（　　）

8. 分拣中心现场作业流程，分为接货、转运（短驳）、分拣、信息处理、出货。（　　）

9. 码托要求每个托盘都装40个包箱，尾拖可不满40箱。（　　）

10. 分拣中心各环节系统操作发现异常订单，都要挑出，等待专人进行后续处理。

（　　）

参考答案：1. √　2. √　3. √　4. √　5. ×　6. √　7. ×　8. √　9. ×　10. √

三、简答题

1. 仓库盘点作业的目的是什么？盘点作业的内容有哪些？

（1）仓库盘点的目的：①确认实际的库存数量。②查清库房账面损益。③发现库房管理存在问题。

（2）盘点作业的内容：①确定盘点的程序和具体方法。②配合财务会计做好准备。③设计、印制盘点用的各种表格。④准备盘点使用的基本器具。

2. 在自动分拣系统中，分拣信号的输入方法有哪几种？

在自动分拣系统中，分拣信号的输入方法大致有下列六种：（1）键盘输入。（2）声音识别输入。（3）条形码和激光扫描器输入。（4）光学文字读取装置（OCR）输入。（5）主计算机输入。（6）无线射频识别技术（RFID）输入。

3. 什么是物流条码？物流条码具有哪些特点？

物流条码是供应链中用以标识物流领域中具体实物的一种特殊代码，是整个供应链过程，包括供应商、制造商、销售商、用户和第三方物流等环节的共享数据。

物流条形码有如下特点：（1）物流条码是储运单元的唯一标识，通常标识多个或多种类商品的集合，用于物流的现代化管理。（2）物流条码服务于供应链全过程：生产厂家生产出产品，经过包装、运输、仓储、分拣、配送，直到零售商店，中间经过若干环节，物流条码是这些环节中的唯一标识，因此，它涉及更广，是多种行业共享的通用数据。（3）信息多。（4）可变性。（5）维护性。

四、综合实验题

1. 与电子标签拣货相比，RF手持拣货更适合哪种情况下的出库作业？

2. RF手持射频无线终端技术具有哪些优点？

3. 电子标签拣货系统具有哪些装置？

4. 与传统表单拣货相比，电子标签拣货具有哪些优点？

5. 决定拣货策略的主要因素有哪些？

6. 一个连锁零售文具的仓库，出货频率很高，请问适用什么拣货方式？

◇案例分析

案例背景

北京烟草配送中心的卷烟自动分拣

北京烟草配送中心卷烟自动分拣系统是北京市烟草公司和贵阳普天万向物流技术股份有限公司共同研究开发、设计制造的，具有完全自主知识产权的首套国产卷烟自动分拣系统。该系统包括：订单优化子系统、自动备货子系统、自动补货子系统、自动分拣子系统、自动合单子系统、自动装箱子系统、总线自控子系统、计算机监控子系统、计算机信息管理子系统九个子系统。其主要特点是：系统设计新颖、自动化程度高、分拣效率高、分拣误差率低。在研制过程中，系统解决了自动备货、自动补货、自动分拣、自动装箱、自动合单等卷烟自动分拣领域中的多项技术难题，取得了若干创新成果。

卷烟自动化分拣系统于2005年3月开始方案设计，2006年5月正式投入生产运行。该系统的研制成功，为烟草公司提高卷烟分拣能力、速度、准确率和时效性，降低物流运营成本，改善工人劳动条件，提高对零售客户的服务质量，提供了一个全新有效的自动化技术平台。该系统在流程性、协调性、技术性等方面表现出来的科学内涵和严谨的系统素质，还将有力地带动和促进烟草公司内部管理水平和人员素质的提高。

现将该系统基本功能介绍如下。

1. 分拣自动补货

自动补货是分拣与件烟库之间的桥梁，根据分拣系统的分拣计划和完成情况，自动向分拣机烟仓补货。根据系统流程，流向自动分拣区的卷烟通过条码扫描，确定卷烟流向，进入补货输送线后分流，进入自动分拣区。卷烟进入自动分拣区补货线后根据自动分拣线的补货需求再次分流。从件烟库补充过来的件烟，信息管理系统通过条码扫描器读出该件烟的条码信息，从而确定该件烟是去向自动分拣区一（通道分拣处理系统）、自动分拣区二（塔式分拣处理系统）或者自动分拣区三（通道分拣处理系统），信息管理系统将该件烟的路向信息交给控制系统，由控制系统控制执行机构将该件烟送入对应的补货输送线。分拣自动补货包括通道机自动补货和塔机自动补货。

2. 自动分拣

系统自动对订单进行分解，通道式分拣机与塔式分拣机协同作业，将相应条烟分拣到各自的传送带上，烟条进入装箱系统的缓存带上，由装箱机完成装箱作业，并将装箱完成的周转箱输送到 DPS 系统拣选工位上，此时系统自动判断是否需要 DPS 系统参与拣选，如需 DPS 系统参与拣选，则 DPS 系统指示灯亮，同时各货格中的电子标签显示拣选数量，人工按指引拣选，完成后确认；如不需 DPS 系统参与拣选，周转箱则直接前往分拣出口。将周转箱装到托盘上，并备货到发货暂存区，分拣完成。

3. 自动装箱、自动合单

自动装箱、自动合单负责接收从自动分拣系统（通道分拣机、塔式分拣机）分拣出来的条烟。条烟通过各自的主线皮带送到本系统的自动装箱线，由塔式分拣机分出来的条烟从上层进入，由通道机分拣出来的条烟从下层进入，按订单的先后顺序进行自动装箱。然后判断该周转箱所对应的订单是否需要补充 C 类品牌的烟，如果配送箱需要去 C 类电子标签拣选区域补充 C 类品牌的烟，则系统控制停放器落下且升降机构落下，该配送箱直接进入电子标签拣选输送线，完成对 C 类品牌烟的补充，并箱过程完成；如果配送箱不需要去 C 类电子标签拣选区域补充 C 类品牌的烟，则周转箱按信息的指令有序进入缓存线等待与电子标签合单的周转箱。

（资料来源：节选自金涧、孙壮志、赵汝雄、董维富的《北京烟草物流中心卷烟自动分拣系统》，中国物流与采购网）

问题讨论：

1. 仔细阅读，用自己的话描述该配送中心的功能。

2. 自动分拣系统与传统人工分拣有什么不同？

案例解析

1. 配送中心是配送活动的主要承担者，主要有以下几个方面的功能：

（1）集货。配送中心为实现按用户需要配送，须从众多供应商手中购进大量的品种比较齐全的商品。一般来说，集货批量大于配送批量。

（2）储存保管。为保证正常配送的需要，在配送中心应保持一定的储备。同时做好这些储备的保管工作。

（3）分货、拣货、配货。将储存货物按用户要求分拣配齐以后，送到指定配货场，经配装送至用户。这是配送中心的主要功能之一。

（4）装卸搬运。集货、储存、分拣、配货等过程，都需要进行装卸搬运。装卸搬运作业效率的高低、质量的好坏直接影响到配送的速度和质量。

（5）加工。配送过程中，为解决生产中大批量、少品种和消费中的小批量、多样化要求的矛盾，按照用户对商品的不同要求，应对商品进行分割、分装、配装、配载等加工活动。

（6）送货。将配好的商品按到达点或到达路线进行送货。运输车辆可借用社会运输车辆，也可自配专业运输队。

（7）物流信息情报收集、汇总、储存及传递。配送中心必须有灵敏、完整的信息情报系统，这是保证配送中心业务顺利进行的关键。

2. 自动分拣系统与传统人工分拣的不同体现在如下几个方面。

（1）能连续、大批量地分拣货物。由于采用大生产中使用的流水线自动作业方式，自动分拣系统不受气候、时间、人力等的限制，可以连续运行，同时由于自动分拣系统单位时间分拣件数多，因此自动分拣系统的分拣能力是连续运行100个小时以上，每小时可分拣7000件包装商品，如用人工则每小时只能分拣150件左右，同时分拣人员也不能在这种劳动强度下连续工作8小时。

（2）分拣误差率极低。自动分拣系统的分拣误差率大小主要取决于所输入分拣信息的准确性大小，这又取决于分拣信息的输入机制，如果采用人工键盘或语音识别方式输入，则误差率在3%以上，如采用条形码扫描输入，除非条形码的印刷本身有差错，否则不会出错。因此，目前自动分拣系统主要采用条形码技术来识别货物。

（3）分拣作业基本实现无人化。国外建立自动分拣系统的目的之一就是为了减少人员的使用，减轻员工的劳动强度，提高人员的使用效率，因此自动分拣系统能最大限度地减少人员的使用，基本做到无人化。

第六章
库内管理

教学目标

认识目标：熟悉补货作业的基本流程；掌握盘点作业的步骤；理解盘点作业的含义与目的。

能力目标：体会不同岗位的工作要求与特点；会根据物品的特点与要求，选择合适的盘点方法。

学习任务

通过本章的学习，扮演不同角色完成补货作业，明确补货的工作要领；会根据物品的特点与要求，选择合适的盘点方法；体会不同岗位的工作要求与特点；会根据物品的特点与要求，选择合适的盘点方法；了解复核作业的意义。

导入案例

建立自动补货系统（ECR）

零售商与大供应商紧密合作，建立自动补货系统，实现"有效的顾客反应系统（Efficient Consumer Response，ECR）"以削减整体成本，提升供给系统的整体效率。ECR 是20世纪80年代末90年代初，美国食品零售业杂货化面临激烈的市场竞争，为了提高竞争力而采取的一种新战略。ECR 的核心是要求供应商和零售商共同关注消费者的需求，把焦点转移到解消费者的需求并为之作出努力，让消费者少付出金钱、时间、精力和风险，而获得更好的品质、更新的创意、更多的信息，更加方便、更加新鲜的商品。供应商和零售商的共同努力，使双方共同成为市场的赢家；ECR 力求将消费者、供应商和零售商拴在一根线上，形成利益的共同体。

关于自动补货，有两个问题需解决。

1. 自动补货量的确定条件：

（1）日销售量；

（2）日库存量（包括最高库存量和最低库存量）；

（3）要货期（包括供应商的缺品情况）；

（4）每批订单的最少数量。

2. 自动补货的实施条件：

（1）计算机联网。实现零售商与供应商之间的销售、库存、进货信息的交换；

（2）接口问题。由于配送中心与众多的供应商之间要交换信息，接口问题尤为重要，关键是采用 EDI 的标准格式。

总之，通过"优化商品结构、有效的补货作业、高效的促销活动和有效地引进新商品"，把供应商、配送中心、商场（POS 系统）这产、供、销三者组成网络与 ECR 集成（供应链上、中、下游垂直、水平整合），进而进入"体"（跨国、跨企业的供应链整合）的时代。

（资料来源：http：//3y.uu456.com/bp-b6bc5130ee06eff9aef80784-3.html）

6.1 补货作业

6.1.1 实验任务

由于不断地进行拣货出库作业，在电子标签货架中的农夫山泉矿泉水数量已经到了安全库存以下，再次拣货之前，需要将货物补足。本次任务中学生需要扮演不同角色完成补货作业，明确补货的工作要领。完成单一货品的补货作业，数据如下表所示。

货物名称	货物编码	补货数量	源库位	目标库位
农夫山泉矿泉水	030200031	24 件	P020201	L010701

6.1.2 任务开展

（1）学生使用自己的用户名、密码进入系统，依次选择【课程管理】→【上课管理】→【RF 手持拣货作业】，以【仓库管理员】身份进入三维环境。按 W、S、A、D 键控制模拟岗位人员行走，进入办公室仓储部，走到办公椅前，显示提示█████按 F 键。

（2）坐下后打开虚拟电脑桌面上的█，执行【库内管理】→【补货管理】，如图6-1所示，勾选订单后，单击【提交，生成补货单】按钮。

（3）执行【库内管理】→【补货单打印】作业，如图6-2所示，勾选订单后，单击【打印补货单】按钮进行打印。

打印完成后，按 F 键站起，走至门口的打印机，长按鼠标右键，使中心点对准单据，单据会出现红框，然后单击鼠标左键即可拿起入库单，如图6-3所示。

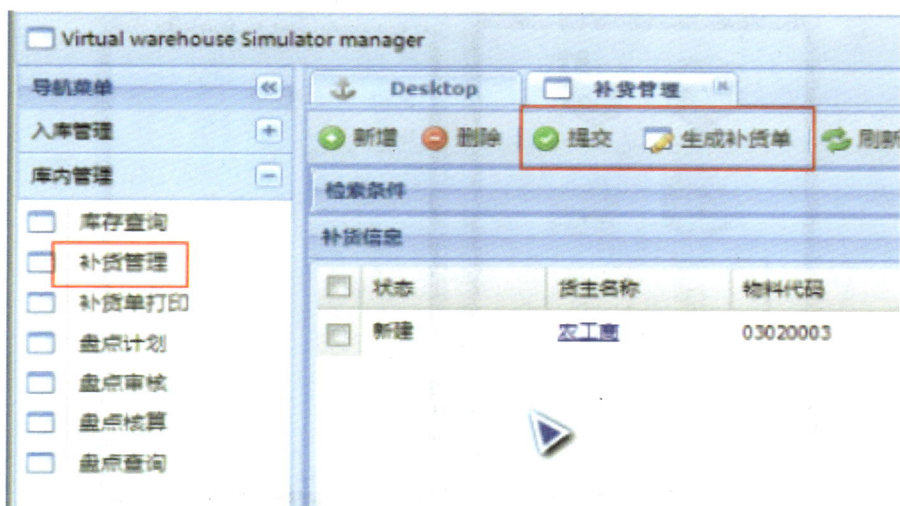

图6-1　补货管理

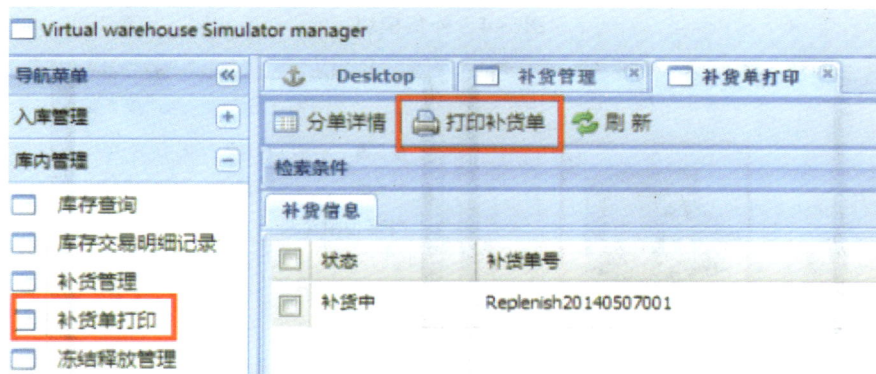

图6-2　打印补货单

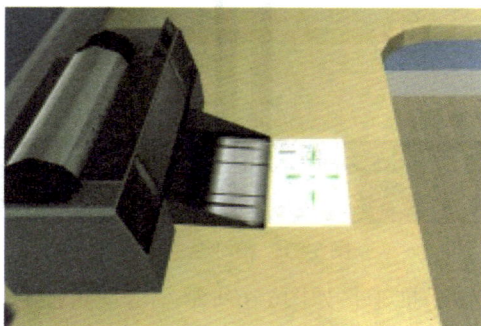

图6-3　拿起入库单

单击工具栏中的 查看单据，双击入库单打开拣货单据，按 Esc 键收起单据。

（4）单击下方功能键 ，切换角色为【补货员】，按 Q 键取出 PDA，进入【补货】模块，界面提示扫描补货单，如图6-4所示，拿出补货单进行扫描。

选择【箱取货】，界面提示扫描库位或托盘，如图6-5所示。

图6-4　补货模块

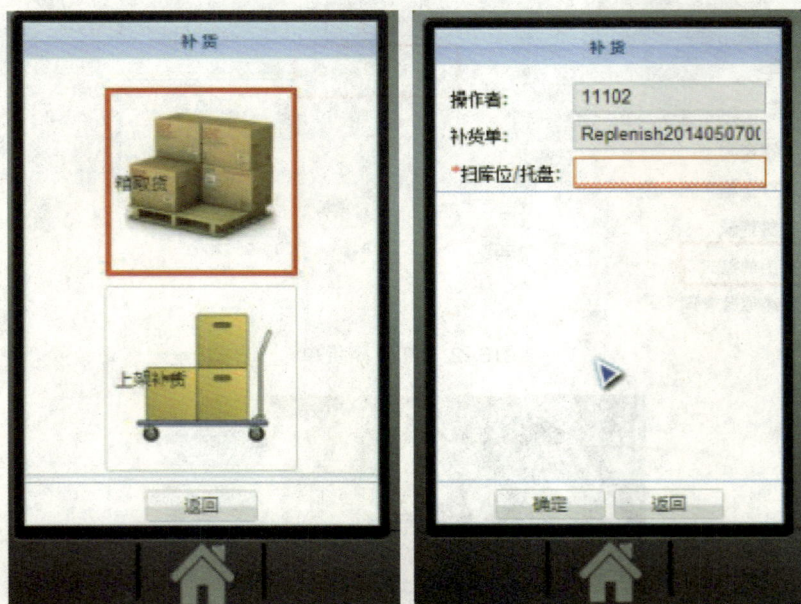

图6-5　箱取货模块

　　走到设备堆放区取一辆手推车，如图6-6所示。出现黄框后，按 F 键握住手推车。将手推车推至手持 PDA 引导的目标普通货架区放下，如图6-7所示。

　　此时可拿出补货单查看源库位，找到该库位后进行扫描，如图6-8所示。长按右键，使光标中心点对准目标库位条码，长按 Shift 键，单击【扫描库位】。

　　库位扫描后，相应托盘显示绿色提示框，如图6-9所示，界面提示扫描包装条码。

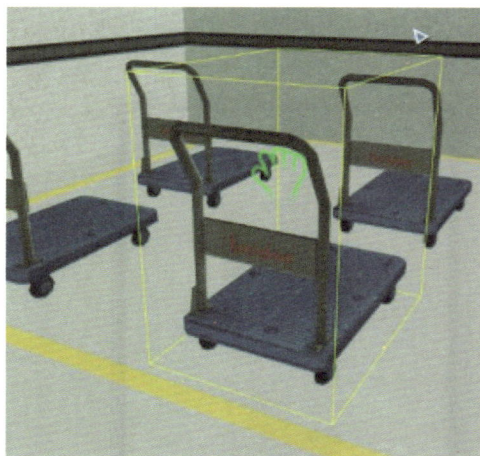

图6-6　手推车

图6-7　目标普通货架区

图6-8　扫描库位

图6-9　扫描包装条码

　　扫描包装条码后，填写相应的倍数，单击【确定】，界面返回补货主界面，如图6-10所示，按 Q 键收起 PDA。

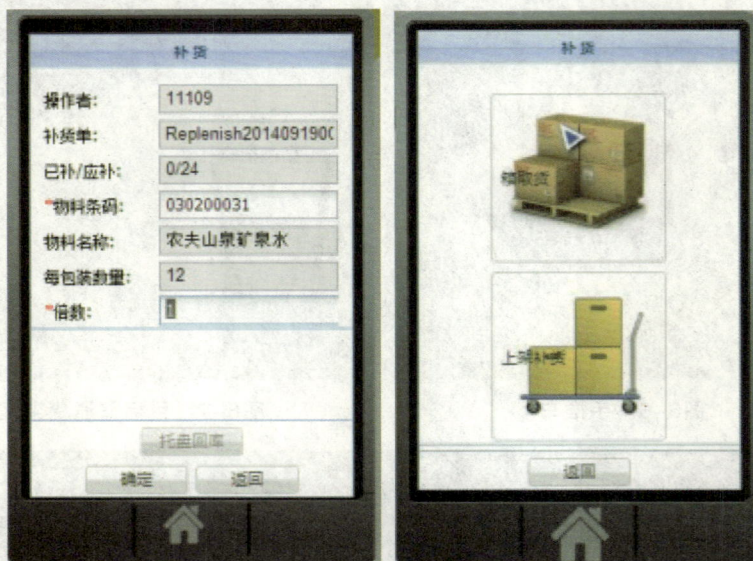

图6-10　输入数量

　　长按右键使中心点光标对准货物，出现黄框后，按住 Shift 键单击左键，拿起箱子，然后转向手推车，靠近推车后，界面提示按住 Shift 键同时单击左键，把箱子放到手推车上，依次取完要求搬运的箱子，如图6-11所示。

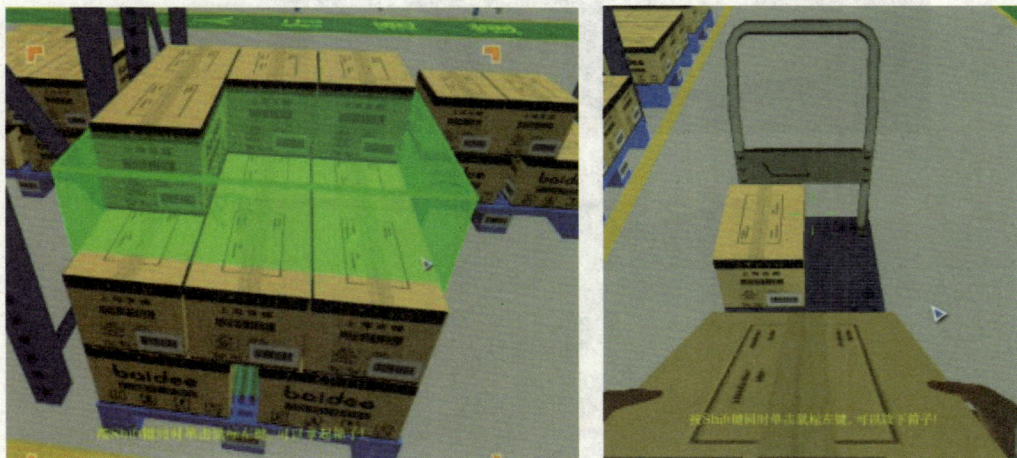

图6-11　搬运货物

　　取出 PDA，进入【上架补货】板块，界面提示扫描【物料条码】，如图6-12所示。按照提示扫描包装箱，如图6-13所示。将搬好的货物移至电子标签拣货区指定的目标补货位置，如图6-14所示。按照提示扫描库位，如图6-15所示。

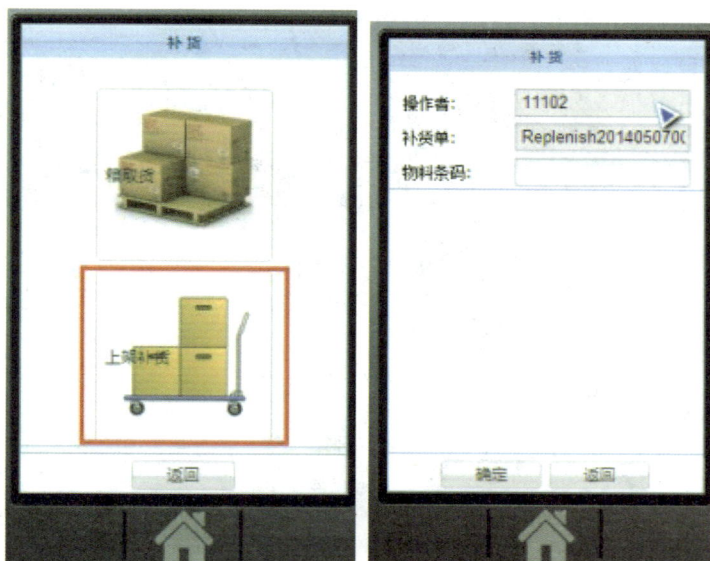

图6-12　上架补货

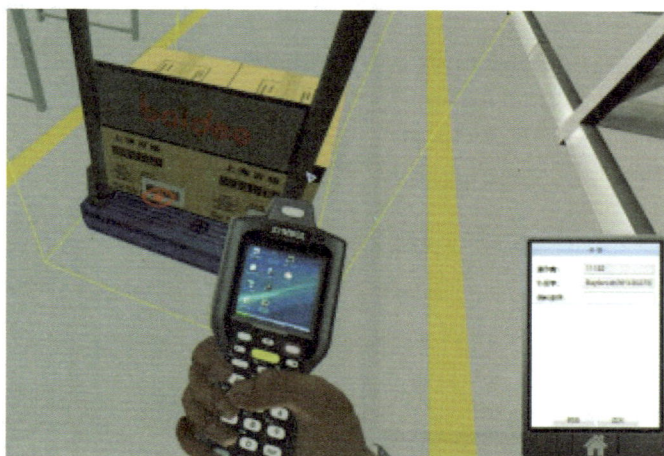

图6-13　扫描包装箱

扫描后库位显示蓝色提示框，如图6-16所示。按 Q 键收起手持 PDA，走到手推车跟前，把箱子拿起，然后走到蓝框正后方，长按鼠标右键使光标中心点对准蓝框中间位置，出现黄色提示边框后，单击鼠标左键即可补到货架上，依次把第二箱货物补完。

输入倍数后单击【确定】，如图6-17所示。

将手推车放回设备区，补货作业结束。

图6-14 移动货物

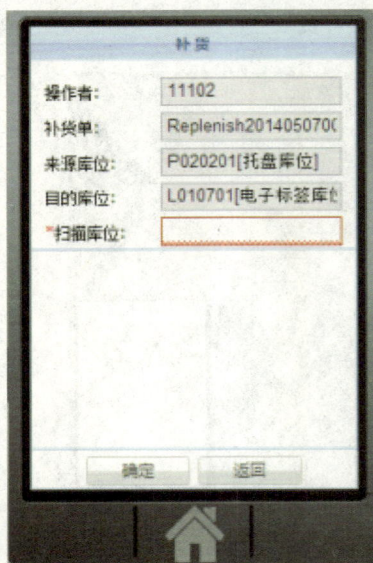

图6-15 提示信息

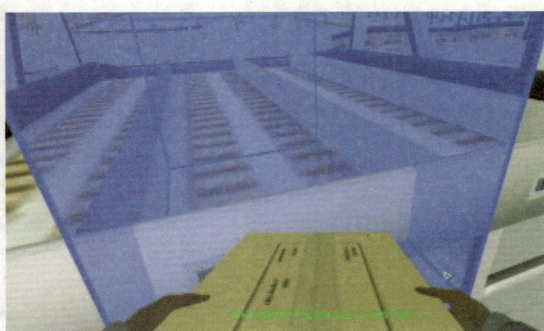

图6-16 库位扫描

图6-17　输入数量

6.2　盘点作业

6.2.1　实验任务

由于仓库长时间的出入库作业，仓库中货物的实际库存和记录库存之间可能存在着偏差，本次任务要求学生通过扮演不同角色共同完成盘点作业，从而明确盘点工作要领。对普通货架区和阁楼货架区的货物进行盘点工作。

完成盘点作业，数据如下表所示。

客户	货物名称	货物编号	数量	库位
华联超市	华冠饼干	03010003	200 件	A
	维维豆奶	03020015	60 件	B
	大白兔奶糖	05030002	72 件	C
	益达木糖醇	05030004	60 件	D

6.2.2　任务开展

（1）学生使用自己的用户名、密码进入系统，依次选择【课程管理】→【上课管理】。后选择【RF 手持拣货作业】，然后以【仓储部经理】身份进入三维环境。

按 W、S、A、D 键进行控制模拟岗位人员行走，进入办公室仓储部，走近办公椅前，显示提示 按 F 键。

（2）坐下后打开虚拟电脑桌面上的 ，执行【库内管理】→【盘点计划】，如图6-18所示，勾选订单后，单击 。

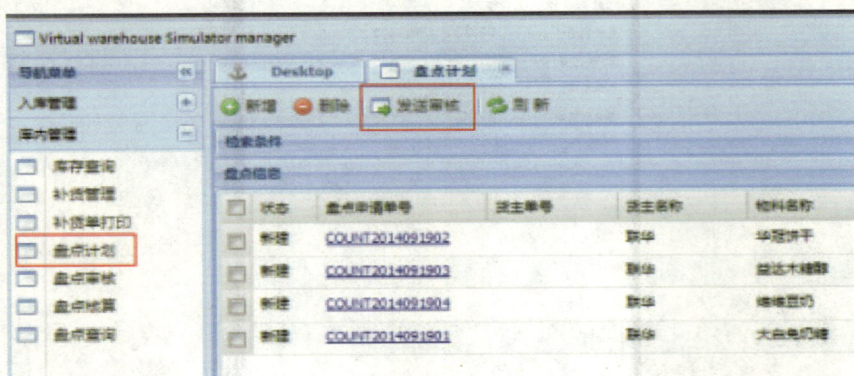

图6-18　发送审核

（3）执行【库内管理】→【盘点审核】，依次进行【审核】和【打印盘点单】操作，如图6-19所示。

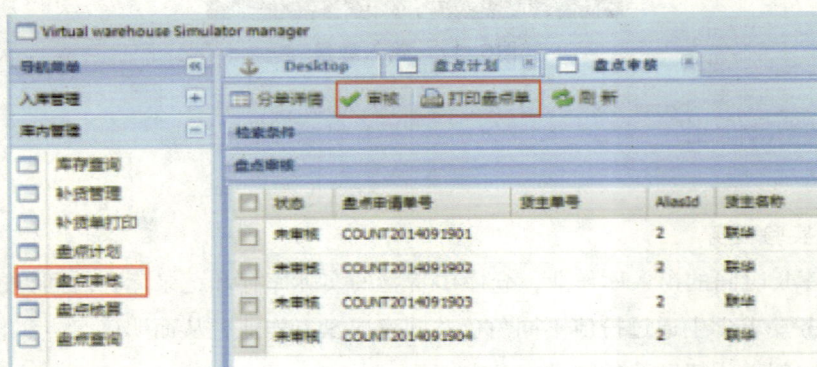

图6-19　审核与打印

在打印机桌上拿起盘点单，单击 Q 键取出 PDA，如图6-20所示。单击 进入管理系统。

图6-20　手持 PDA

进入【盘点】作业模块，如图所示，界面提示扫描【盘点单】。如图6-21、图6-22所示。

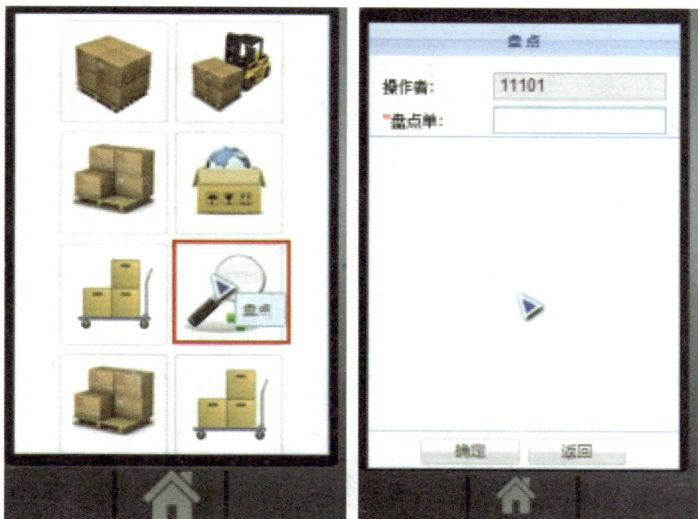

图6-21　手持 PDA 界面

图6-22　查看单据

扫描盘点单后，界面提示扫描【库位】，如图6-23所示，找到相应的库位并扫描。走到相应的库位前，长按右键调整光标中心点对准库位条码，然后按住 Shift 键，单击左键扫描库位条码。

库位扫描后，托盘显示绿色提示框，PDA 提示扫描【物料条码】，按提示扫描物料条码，清点货物，如图6-24所示。

驾驶一辆叉车将货物叉取下来，清点货物箱数并填写在倍数一栏，倍数填写前就详细数清托盘上的实际数量，如图6-25所示。当数量和库存有变化时会弹出对话框提示，确认无误后单击【确定】按钮，按照上述步骤完成其他货物的盘点作业，最后一个盘点作业结束后，单击 完成盘点 ，收起 PDA。

图6-23 手持 PDA 扫描库位

图6-24 清点货物

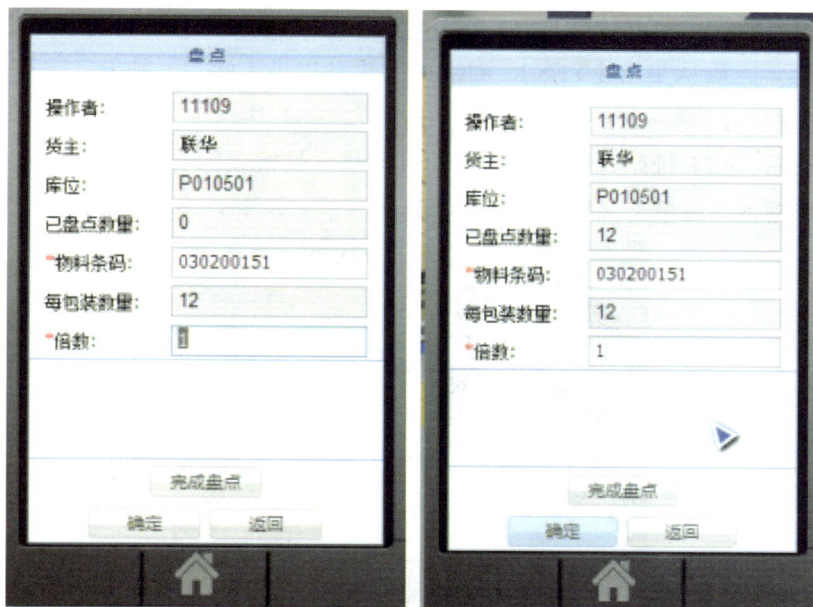

图6-25 详细信息

6.3 移库作业

6.3.1 实验任务

进行盘点作业时发现货物损坏或质量下降，要求移库，以对货物分类管理。盘点时发现货物放错地方，需要重新调整。货物大部分出库后，剩余的部分暂时存放在某处，有新货物入库后要进行重新调整。原先因为库存紧张，将货物放在别的仓库，现在仓库有充足的储位，将货物移到预想进入的仓库，以方便管理。本次任务中学生需要扮演不同角色完成移库作业，明确移库的工作要领。

完成单一货品的移库作业，数据如下表所示。

客户	项目编号	源库位	目标库位
农工商	1	L010201	F010403
	2	F090303	L010402
	3	P020201	P010703

6.3.2 任务开展

（1）学生使用自己的用户名、密码进入系统，选择【课程管理】→【上课管理】后，选择【移库作业】，然后以【仓库管理员】身份进入三维环境。

按 W、S、A、D 键进行控制模拟岗位人员行走，进入办公室仓储部，走近办公椅前，显示提示 按 F 键。

（2）坐下后打开虚拟电脑桌面上的 ，执行【库内管理】→【库存移动】。勾选订单后，单击提交，并确认单击【YES】，确认提交成功单击【OK】，单击打印移库单，并确认打印单击【YES】，确认打印成功单击【OK】。

打印完成后，按 F 键站起，走至门口的打印机，长按鼠标右键，使中心点对准单据，单据会出现红框，然后单击鼠标左键即可拿起移库单，如图6-26所示。

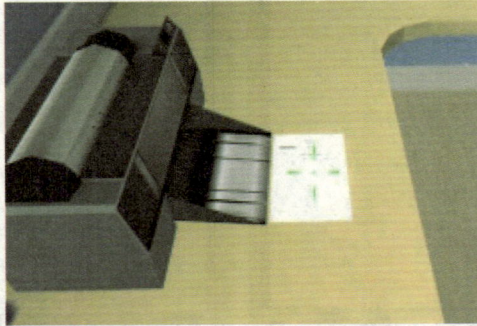

图6-26　拿起移库单

单击工具栏中的 查看单据，双击移库单打开拣货单据，按 Esc 键收起单据。单人作业时由【仓库管理员】转换为【拣货员】进行下一步作业，多人互动协作作业时，【仓库管理员】把移库单移交给【拣货员】进行下一步作业，单击 转换角色，并确定。

（3）按 Q 键取出 PDA，进入【管理系统】，如图6-27所示。选择【移库】并单击进入，单击 调出移库单，查看移库单内容，进行扫描，如图6-28所示。

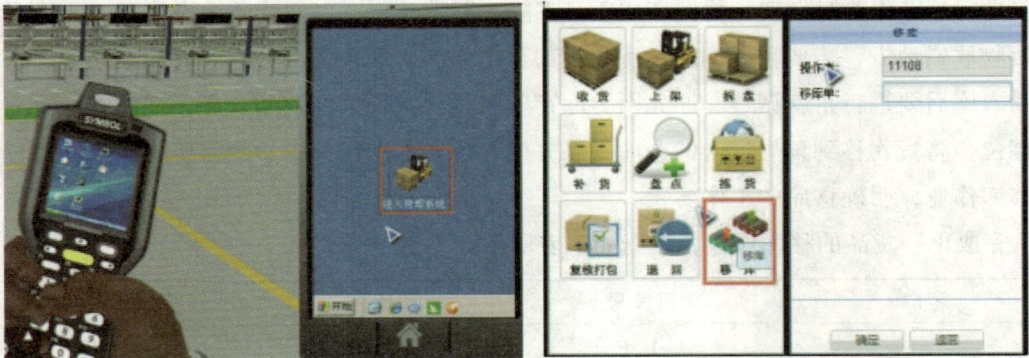

图6-27　手持 PDA 进入移库界面

选择【手推车】作为移库搬运工具，如图6-29所示。按 F 键取车并且移动到预定库位旁。扫描【源库位】条码，扫描对应库位后会出蓝色框提示，此时长按右键移动光标至货物中间点，完成 后按 Shift 键，然后单击鼠标左键，把货物搬运到手推车上。把手推车推到指定【目标库位】旁，扫描【目标库位】条码，如图6-30所示，扫描后对应库位出现蓝框，接着走近推车，中心点对准货物，按住 Shift 键单击左键抱起一箱货物，然后走到蓝框提示库位，使中心点对准蓝框，单击左键即可摆放至对应库位，放好后绿框提示，如图6-31所示。进行其他移库作业。检查移库数量和预计数量是否匹配，核实后输入移库数量，确认，如图6-32所示。

图6-28　扫描移库条码

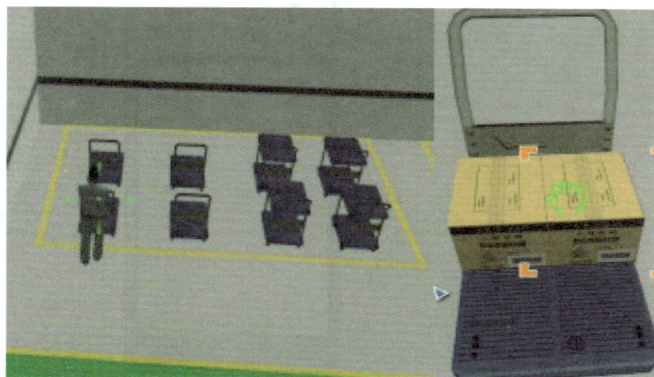

图6-29　手推车

图6-30　扫描库位

依次把所需要移库的货物按此方法全部完成。结束后把手推车放回设备存放区。

（4）托盘库移库作业，按照提示信息，选择【平衡重式叉车】作为移库搬运工具，按F键取车并且移动到预定位置。找到目标库位，扫描【源库位】条码，如图6-33所示。驾驶【平衡重式叉车】把托盘搬运到指定【目标库位】，扫描【目标库位】条码，如图6-34所示。检查移库数量和预计数量是否匹配，核实后输入移库数量，确认。把【平衡重式叉车】搬运的托盘摆放到预定区域。最后把【平衡重式叉车】放回指定位置，如图6-35所示。

图6-31　放好后绿框提示

图6-32　数量确认

图6-33　扫描源库位条码

图6-34 扫描目标库位条码

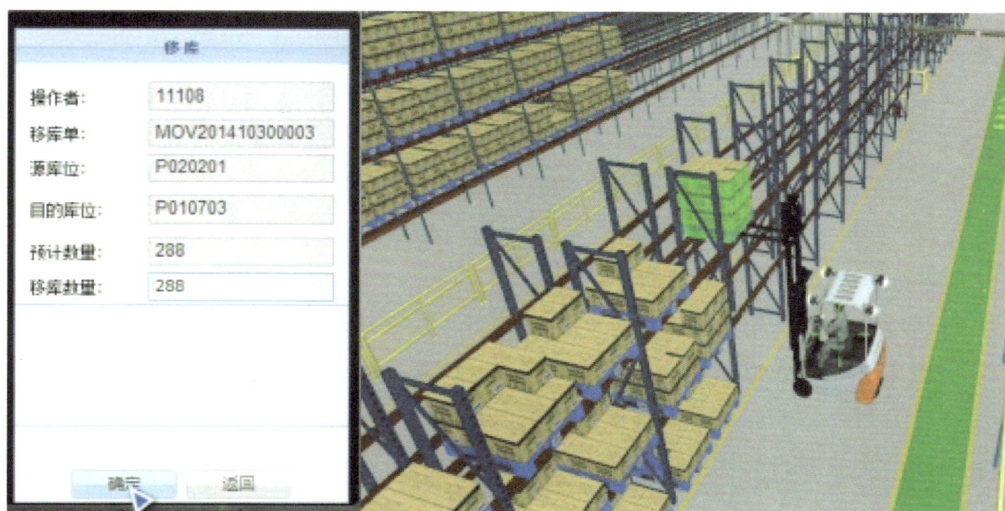

图6-35 移库确定

小   结

库内管理的内容包括补货作业、盘点作业和移库作业。补货作业包括补货单打印、扫描库位、扫描包装条码、搬运货物等。盘点作业包括审核和打印盘点单、扫描盘点单、扫描库位和扫描物料条码。移库作业包括打印移库单、扫描移库条码、货物搬运和托盘库移库作业。

◇复习题

一、选择题

1.（　　）是配送中心关键作业项目。

A.接受订单　　　　B.进货作业　　　　C.理货配货　　　　D.出货作业

2.不属于配送中心的主要作业环节的有（　　）。

A.订单处理　　　　B.库存管理　　　　C.补货及拣货　　　　D.流通加工

3.拣货作业可以最简单地划分为按订单拣取、（　　）及复合拣取3种方式。

A.摘果式拣取　　　B.播种式拣取　　　C.批量拣取　　　　D.指令式拣取

4.在每天或每次拣货之前，计算所需货品的总拣货量，再查看拣货区现存货品量，计算差额并在拣货作业开始前补足货品的方法是（　　）。

A.批次补货　　　　B.定时补货　　　　C.随机补货　　　　D.定量补货

5.（　　）分批按先到先处理的基本原则，当订单积累达到设定的数量时，开始进行拣货作业。这种方式偏重于维持较稳定的作业效率，但在处理速度上慢于定时分批方式。

　A.总和计量　　　　B.定时　　　　　　C.固定订单量　　　D.智慧型

6.对库房内各货位编号采用的方法是（　　）

A.根据所在地面位置按顺序编号，编码数字写在醒目处

B.按库房内干支道的分布，划分若干货位，按顺序编号，并标于明显处

C.将货场划分排号，再对各排按顺序编上货位号

D.先按一个仓库内的货架进行编号。然后再对每一个货架的货位按层、位进行编号

7.商品的保管卡用于具体货垛进、出、结数量的记录，一般由（　　）。

A.会计使用管理　　B.门卫使用管理　　C.统计员使用管理　　D.保管员使用管理

8.盘点的周期因盘点方法不同而不同，对于定期盘点，一般一年（　　）。

A.1～2次　　　　　B.1～4次　　　　　C.1～6次　　　　　D.1～12次

9.下列哪种堆码方式便于采用现代化的大型机械设备，节省包装材料，提高仓容的利用，降低运费（　　）。

A.散堆方式　　　　B.垛堆方式　　　　C.货架方式　　　　D.成组堆码方式

10.下列哪种堆码方式适合于存放小件商品或不易堆高的商品（　　）。

A.散堆方式　　　　B.垛堆方式　　　　C.货架方式　　　　D.成组堆码方式

参考答案：1.C　2.B　3.C　4.A　5.C　6.B　7.D　8.A　9.A　10.C

二、判断题

1.ABC仓库库存管理法是"关键是少数，次要是多数"的帕累托原理在仓储管理中的

应用，它通常按年度货币占用量将库存分为 ABCD 几类，找出主次，分别管理。（　　　）

2. CVA 库存管理法又称为关键因素分析法，比 ABC 库存管理法有更强的目的性。

（　　　）

3. 对于有大批量需求的物品应实行配送，而对于小批量的物品应实行直送。（　　　）

4. 货物的本期期末库存量等于本期需求量减去上期期末库存量。（　　　）

参考答案：1.×　2.√　3.×　4.×

三、简答题

1. 什么是仓储作业的时间组织？

仓储作业过程的时间组织就是通过各个环节作业时间的合理安排和衔接，保证作业的顺畅性，尽可能消除或减少作业过程中的停顿或等待时间。

2. 出库作业中常见的问题有哪些？

出库作业常见的问题有：（1）出库单据问题。（2）出库数量差异。（3）装车错误。（4）包装破漏。（5）账物处理。

3. 搬运作业管理的目的是什么？

搬运作业管理的目的是确定最恰当的搬运方式，力求减少作业次数，合理配置和使用搬运设备，达到节能、省力、减少损失、提高作业速度、取得较好的经济效益的目的。（1）提高生产率。（2）提高库存周转率，减少作业成本。（3）降低搬运成本。（4）促进有效配送。（5）保证产品质量。（6）改善工作环境，增加人员安全、商品搬运安全。

4. 仓储管理的基本任务包括哪几个方面？

仓储管理的基本任务包括以下几方面：（1）合理规划仓储设施网络。（2）合理选择仓储设施设备。（3）严格控制商品进出质量。（4）认真保管在库商品。（5）保证仓库高效运作。（6）降低仓储运营成本。（7）确保仓库运行安全。

四、综合实验题

1. 补货作业有哪些具体的方式？

2. 简述对补货时机的理解。

3. 盘点作业的主要目的是什么？

4. 简述盘点作业的方法。

5. 移库作业有哪些具体的方式？

6. 简述对移库时机的理解？

◇ **案例分析**

案例背景

配送仓库问题

美国机械公司是一家以机械制造为主的企业，该企业长期以来一直以满足顾客需求为宗旨。为了保证供货，该公司在美国本土建立了500多个仓库，但是仓库管理成本一直居高不下，每年大约花费2000万美元。所以该公司聘请一调查公司做了一项细致调查，结果为：以目前情况，如果减少202个仓库，则会使总仓库管理成本下降200万～300万美元，但是由于可能会造成供货，销售收入会下降18%。

问题讨论：

1. 如果你是企业总裁，是否会依据调查公司的结果减少仓库数量？为什么？

2. 如果不这样做，你又如何决策？

案例解析

分析要点：

1. 不会。因为减少202个仓库只能节省200万～300万美元，却造成了18%销售收入的下降，得不偿失。即使能节省大量费用，但通过减少仓库数量丧失销售收入也不是上策，因为这等于顾客的丧失，在现代市场营销环境下，企业唯一的生存发展途径便是最大限度地满足用户需求。

2. 首先，通过调查，依据目标市场细分的原理将全国市场细分为10～15个左右的大型区域，目的是在每个大型区域建立区域配送中心；其次，通过配送中心选址方法选择每个区域配送中心合适的地理位置；再次，在每个区域内，选择5个左右的集中销售城市，建立城市配送中心；最后，从基本作业、实用物流技术、物流设备、管理信息系统四个方面入手，从真正意义上实现配送中心降低物流成本，提高顾客满意度的目标。

只有这样才能实现仓库大量减少，费用下降的目的，同时通过现代配送中心的作业提高顾客满意度，一举两得。

第七章
库内管理信息化

教学目标

认识目标：掌握货物编码与货位编码的编排原则；明确 EIQ 分析的四个主要项目的含义、作用及特征；了解条码技术的概念和特点；理解条码技术的应用在物流信息化管理中的作用。

能力目标：熟练掌握储位作业管理的作业流程；能够根据条码特点判断货物的库存；掌握 EIQ 分析常用的统计方法。

学习任务

通过本章的学习掌握货物编码与货架编码的编排原则；明确 EIQ 分析的四个主要项目的含义、作用及特征；了解条码技术的概念和特点；理解条码技术的应用在物流信息化管理中的作用。

导入案例

长虹获赞仓储信息化榜样

作为中国家电代表企业，长虹正围绕资源管理信息化，建立企业资源管理系统，库存准确率达到100%、资金占用降低一半、大幅提高经济效益的内部成果，保证了所有长虹网购用户获得良好的网购及服务体验。

为效率也为效益长虹踏上信息化征程

提到仓储，就不得不说存货，这是指企业在经营过程中为销售和生产耗用而储备的资产，占用了大量的流动资金。一般情况下，存货占到企业总资产30%左右，其管理、利用情况如何，直接关系到企业的资金占用水平及资产运作效率。而实施正确的仓储管理方法，将降低企业平均资产占用水平，提高存货的周转速度和总资产周转率。作为品牌价值高达1016.86亿元的超大型企业，长虹库存品种和规格繁多、数量巨大，在实现信息化之前，由于手工处理方式信息处理速度低而且容易出错，在相当程度上影响了企业销售和正常生产的连续性。不仅仅是长虹，这一问题也严重困扰着当时国内所有的大型企业。为理顺业务流程，整合管理资源，降低企业的经营管理成本，早在1995年，长虹就提出在企业内部实施集成的管理信息系统，并成立信息化建设办公室对当时的MIS（管理信息系统）、MRPⅡ软件产品及其应用进行了深入仔细的调查和研究。以此为基础，长虹从1997年起，展开了轰轰烈烈的信息化变革与建设。

如今，长虹逐步建立集中管控的以ERP为核心，覆盖研发、采购、仓储、生产、物流、运营管理和销售等全过程的信息化系统。通过ERP系统，长虹把生产、经营、管理等流程固化，提升了管理效率和经济效益。目前上线的ERP系统主要包含PP（生产计划与控制）、CO（成本管理）、SD（销售模块）、MM模块（物料管理）、FI（财务管理）、HR（人力资源管理）等模块。其中，主要有采购、库房与库存管理、MRP、供应商评价等管理功能的物料管理模块，成为长虹提高仓储管理能力、实现经济效益提升的"助推器"。

全方位降低成本长虹获赞信息化榜样

据了解，在信息化平台的支撑下，长虹达到100%的库存准确率，库房的数据录入人员为零，在业务发生的同时，数据就进入系统。同时，通过实施企业生产计划和成本控制的PPCO和仓库信息化管理，长虹的原材料仓库从7个减少到3个，保管员由原来的近80人减少到仅20人；资金占用比例降低，与2004年相比，降低了一半；成本差异率降到4‰以下，齐套率达到100%。有专家表示，从商品动态的角度来看，能做到商品数量的精确无误非常困难。特别在现在库房以劳动密集型为主的情形下，差错似乎很难避免，只能最大程度去减少。不仅如此，以信息化为基础的企业资源管理系统，使长虹各个部门之间实现有效的信息共享，可以及时了解库存数量的准确信息，为采购部门制订采购计划、销售部门接受销售订单提供依据。而在研发、采购、生产等领域，信息化的作用也异常明显。以物流为例，数据显示，实施物流信息化后，长虹全年降低成本逾7000万元；原有的300多个库房减少为70个，保管员数量减少300余人。

一位业内人士评价说，从市场营销的角度看，仓储作为企业物流的重要成分，其成本降低的潜力比任何其他市场营销环节要大得多，降低存货成本已经成为"第三利润源泉"。而长虹的仓储管理经验证明，信息化正是降低成本、提高经济效益的最有效的途径。有志于通过仓储管理提高效率的企业，不妨以长虹为榜样，建设智能系统管理平台，不断提升信息化水准。

（资料来源：http://www.chinawuliu.com.cn/xsyj/201411/04/295209.shtml）

7.1 货物编码

货物编码即商品编码，是指用一组阿拉伯数字标识商品的过程，这组数字称为代码。

7.1.1 商品编码概念

商品编码与商品条码是两个不同的概念。商品编码是代表商品的数字信息，而商品条码是表示这一信息的符号。在商品条码工作中，要制作商品条码符号，首先必须给商品编一个数字代码。商品条码的代码是按照国际物品编码协会（EAN）统一规定的规则编制的，分为标准版和缩短版两种。标准版商品条码的代码由13位阿拉伯数字组成，简称EAN–13码。缩短版商品条码的代码由8位数字组成，简称EAN–8码。EAN–13码和EAN–8码的前3位数字叫"前缀码"，是用于标识EAN成员的代码，由EAN统一管理和分配，不同的国家或地区有不同的前缀码。中国的前缀码目前有10个：690～699，696～699编码目前尚未采用。

7.1.2 编码原则

（1）唯一性。唯一性是指商品项目与其标识代码一一对应，即一个商品项目只有一个代码，一个代码只标识同一商品项目。商品项目代码一旦确定，永不改变，即使该商品停止生产、停止供应了，在一段时间内（有些国家规定为3年）也不得将该代码分配给其他商品项目。

（2）无含义。无含义代码是指代码数字本身及其位置不表示商品的任何特定信息。在EAN及UPC系统中，商品编码仅仅是一种识别商品的手段，而不是商品分类的手段。无含义使商品编码具有简单、灵活、可靠、充分利用代码容量、生命力强等优点，这种编码方法尤其适合于较大的商品系统。

（3）全数字形。在EAN及UPC系统中，商品编码全部采用阿拉伯数字。

7.1.3 代码结构

1.标准版商品条码的代码结构

对于我国商品条码的代码而言，由690、691、692三个前缀码构成的EAN–13码有如下两种结构：

结构种类	厂商识别代码	商品项目代码	校验码
结构一	$X_{13}X_{12}X_{11}X_{10}X_9X_8X_7$	$X_6X_5X_4X_3X_2$	X_1
结构二	$X_{13}X_{12}X_{11}X_{10}X_9X_8X_7X_6$	$X_5X_4X_3X_2$	X_1

其中，（1）X_i（i=1～13）表示从右至左的第i位数字代码；

（2）GB 12904—1998还规定了结构三，但目前尚未用于编码。

以上两种结构的代码均由三部分组成，即厂商识别代码、商品项目代码和校验码。厂商识别代码是中国物品编码中心按照国家标准的规定，在 EAN 分配的前缀码的基础上增加4位或5位数编制的，用于对厂商的唯一标识。

2. 缩短版商品条码的代码结构

商品项目代码是取得中国物品编码中心核准的商品条码系统成员资格的企业，按照国家标准的规定，在已获得的厂商识别代码的基础上，自行对本企业的商品项目所做的编码，包括5位或4位数。校验码是根据前12位数按 GB12904–1998附录 A 规定的方法计算得出的。在实际工作中，校验码一般不用人工计算，由制作条码原版胶片或制作条码标签的设备自动生成。

7.2　编码管理

商品编码的管理是指商品条码系统成员在已获得厂商识别代码的基础上如何正确地给具体商品项目进行编码，以及对已编码的商品做好原始记录和档案，防止出现编码错误的工作过程，其基本要求就是要保证商品编码的唯一性。

要遵循唯一性原则，关键是要严格区分商品的不同项目，主要应从商品的种类、规格、包装、颜色等几个方面来考虑。商品条码系统成员应当指定专人负责商品编码的统一管理。加强对条码管理人员的业务知识培训，积极参加条码管理机构组织的培训班；要建立有关条码工作的规章制度，完善商品编码的原始记录和工作档案，以便于对编码唯一性进行检查；还要做好条码管理人员变动时有关资料的移交工作，以保持工作的连续性。在编码管理的具体操作上，一般适宜采用"大流水"的编码方式，这样能够最大限度地体现编码的"唯一性"原则和"无含义"原则，减少编码出错的机会。

7.3　货位编码

货位编码是指将仓库范围的房、棚、场以及库房的楼层、仓间、货架、走支道等按地点、位置顺序编列号码，并作出明显标示，以便商品进出库可按号存取。

7.3.1　货位编码的作用

货位编码不仅能够指示入库或出库时货物的存放位置，还具备很多其他的作用。

（1）确定货位资料的正确性。

（2）提供与仓储管理信息系统中对应的位置，便于查询识别。

（3）提供进出货、拣货、补货等作业时存取货物的位置依据，便于仓储作业及查询，节省重复寻找货物的时间，提高工作效率。

（4）提高调库、移库的工作效率。

（5）可以利用信息系统进行处理分析。

（6）方便盘点。

（7）可让仓储及采购管理人员了解掌握储存空间，以控制货物存量。

（8）可避免货物乱放堆置导致过期而报废，并能有效掌握库存而降低库存量。

7.3.2　货位编码的方法

货位编码的方法一般有下述四种方式。

1. 区段方式

把保管区域分割成几个区段，再对每个区段编码。

此种编码方式是以区段为单位，每个号码所标注代表的货位区域将会很大，因此适用于容易单位化的货物，以及大量或保管周期短的货物。在 ABC 分类中的 A、B 类货物也很适合这种编码方式。货物以物流量大小来决定其所占的区段大小；以进出货频率次数来决定其配置顺序。

2. 品类群类别方式

把一些相关性货物经过集合以后，区分成若干个品类群，再对每个品类群进行编码。

这种编码方式适用于比较容易区分的商品群类别保管及品牌差距大的货物。例如，服饰、五金类的货物。

3. 地址式

利用保管区域中的现成参考单位。例如，是库场的第几栋、保管区、排、行、层、格等，依照其相关顺序进行编码。这种编码方式由于所标注代表的区域通常以一个货位为限，且有相对顺序可循，使用起来容易明了又方便，是目前仓储中心使用最多的编码方式。由于货位体积所限，适合一些量少或单价高的货物储存使用。例如，ABC 分类中的 C 类货物。

我国仓库原来常用的四号定位法、六号定位法，就是这种方法的体现。例如，四号定位是由库房号、料架（垛）号、料架（垛）层号和料位顺序号等四个号数来表示一个货位。只要知道了这个编号，就知道某种商品存放在几号库房、多少号料架、料架的第几层以及该层的哪一个货位，查寻料位非常方便。

4. 坐标式

利用空间概念来编排货位。这种编排方式由于对每个货位定位切割细小，在管理上比较复杂，对于流通率很小，需要长时间存放的货物，即一些生命周期较长的货物比较适用。

一般而言，由于储存货物特性不同，所适合采用的货位编码方式也不同，如何选择编码方式就得按照保管货物的储存量、流动率，保管空间布置及所使用的保管设备来做选择。不同的编码方法对于管理的容易与否也有影响，必须综合考虑上述因素及信息管理设备，才能适宜地选用。如果采用计算机管理，货位的编号就相对简单一些。

7.3.3　货位编码的标识

在货物储存作业中，必须经由标识的指引才能把货物迅速放入正确的货位。最重要的就是要协助引导取货作业，正确无误取得该取的货物及数量。了解货位编码及货物编号方法后，在灵活应用编码编号原则的基础上，应用中还需要注意货位编码的标识问题，才能取得好的应用效果。

1.一般标识

一般情况下，必须配合整理、整顿来进行货位分类的标识，在每个货位（货架）上以大字明确地写上品名、货号、货位、条码等，以便容易知道货物放在哪里。同时，保管空间的灯光是否明亮也很重要。若是货位编号或品名货号写得太小，或所写的品名、货号相似，只是前后或中间稍有不同的话，就会很容易看错，影响到货物上架及拣（补）货、下架的准确率。对于这种品名、货号非常接近的情形，可采用统一在每个货位（货架）的上方或下方横板上以大字写满这个货位（货架）的编号、品名、货号，对于类似品名、货号在其不同处以红色标注的方法，来达到醒目的目的。以加重区分的方式来强调差异点，不仅可避免在货物指派时放错位置，同时也能提高取货效率并防止错误的发生。若是货位（货架）上、下方没有横杆可标注这些品名、货号，也可以采用10cm见方的纸板以大字把品名、货号、储码等写于上方再将其贴于货位（货架）的角落，也是很容易区分的，只要该标注不妨碍货物的存取，这些都是现场很容易采用且很有效的标注方式。

2.暂存区标识

在储存货物时，通常应尽量避免在相同的货位编码中放置不同商品。如果由于空间限制不得不混用货位的话，在相同的货位编码中，应放置相类似的货物，这也需要标识非常清楚。一种特殊的情况是在进出货暂存区，由于储存时间较短，为了更好地利用空间，其货位编码可以采用区段式，先依照历史资料，分析每批进出货的量，求取一个估计量，再按照这个量，把暂存区分隔成数个区段，每个区段以有颜色的线标识区分，并在每个区段前方标上储区编号。由于货物在暂存区上均属于短时间存放，因此这个储区无法标上其品名、货号。所以除了在每托盘货物上方贴上这些货物的品名、货号、数量等资料外，还应在暂存区前方最醒目处准备一块足够大的看板，看板上依照暂存区的储区分隔布置方式，划分成相等比例区域，并标上相应的储区编号。一旦有货物放入暂存区，便在看板货位对应位置写上品名、货号、数量，而货物取出时便擦除，这样从看板上便可明确目前暂存区的存放情况，作为相关作业的参考依据。

3.动管储区标识

仓库内有时设置动管储区，主要是为拣选方便设置的，普遍采用流动货架。货架货物的供给方式是货架前面取货，货架后面补货。虽然都会在流动货架前面贴上明确的货位、品名、货号等标识，但补给货物的流动货架后方却未贴有任何标识，即使有时有一些简单指示，但是对于补货时的指派仍然帮助有限。因此动管储区的编码及品名、货号的标识，必须考虑补货的方便，应在流动货架后方粘贴标识，甚至连条码也附上，供补货时用条码读取机扫描确认。

7.4 条码技术

条码技术最早产生在20世纪20年代，诞生于 Westinghouse 的实验室里，那时对电子技术应用方面的每一个设想都使人感到非常新奇。Westinghouse 的想法是在信封上做条码标记，条码中的信息是收信人的地址，就像今天的邮政编码。为此 Kermode 发明了最早的条码标识，设计方案非常简单，即一个"条"表示数字"1"，二个"条"表示数字"2"，以此类推。之后，他又发明了由基本元件组成的条码识读设备：一个扫描器（能够发射光并接收反射光）；一个测定反射信号条和空的方法，即边缘定位线圈；测定结果的方法，即译码器。

7.4.1 条码技术在我国的应用

条码技术在20世纪80年代就引入中国，主要应用于：物流信息管理 SCM 供应链管理 / ERP/ 各行业信息快速处理。

20世纪80年代中期，我国一些高等院校、科研部门及一些出口企业把条码技术的研究和推广应用逐步提上议事日程。一些行业，如图书馆、邮电、物资管理部门和外贸部门也已开始使用条码技术。1991年4月9日，中国物品编码中心正式加入国际物品编码协会，国际物品编码协会分配给中国的前缀码为"690、691、692"。许多企业获得了条码标记的使用权，使中国的大量商品打入国际市场，给企业带来了可观的经济效益。

现在条码技术广泛应用于商业、邮政、图书管理、仓储、工业生产过程控制、交通等领域，它在计算机应用中产生并发展，具有输入快、准确度高、成本低、可靠性强等优点。

7.4.2 扫描器技术

Kermode 的扫描器利用当时新发明的光电池来收集反射光。"空"反射回来的是强信号，"条"反射回来的是弱信号。与当今高速度的电子元器件应用不同的是，Kermode 利用磁性线圈来测定"条"和"空"，就像一个小孩将电线与电池连接再绕在一颗钉子上来夹纸。Kermode 用一个带铁芯的线圈在接收到"空"信号时吸引一个开关，在接收到"条"信号时，释放开关并接通电路。因此，早期的条码阅读器噪声很大。开关由一系列的继电器控制，"开"和"关"由打印在信封上"条"的数量决定。通过这种方法，条码符号直接对信件进行分拣。

此后不久，Kermode 的合作者 Douglas Young，在 Kermode 码的基础上做了些改进。Kermode 码所包含的信息量相当低，并且很难编出十个以上的不同代码。而 Young 码使用更少的条，但是可以利用条之间空的尺寸变化，就像今天的 UPC 条码符号使用四个不同的条空尺寸。新的条码符号可在同样大小的空间对一百个不同的地区进行编码，而 Kermode 码只能对十个不同的地区进行编码。

直到1949年的专利文献中才第一次有了 Norm Woodland 和 Bernard Silver 发明的全方

位条码符号的记载，在这之前的专利文献中始终没有条码技术的记录，也没有投入实际应用的先例。Norm Woodland 和 Bernard Silver 的想法是利用 Kermode 和 Young 的垂直的"条"和"空"，并使之弯曲成环状，非常像射箭的靶子。这样扫描器通过扫描图形的中心，能够对条码符号解码，不管条码符号方向的朝向。

在利用这项专利技术对其进行不断改进的过程中，一位科幻小说作家 Isaac-Azimov 在他的《裸露的太阳》一书中讲述了使用信息编码的新方法实现自动识别的事例。那时人们觉得此书中的条码符号看上去像是一个方格子的棋盘，但是今天的条码专业人士马上会意识到这是一个二维矩阵条码符号。虽然此条码符号没有方向、定位和定时，但很显然它表示的是高信息密度的数字编码。

7.4.3　二维码

直到1970年 Iterface Mechanisms 公司开发出"二维码"之后，才有了价格适于销售的二维矩阵条码的打印和识读设备。那时二维矩阵条码用于报社排版过程的自动化。二维矩阵条码印在纸带上，由今天的一维 CCD 扫描器扫描识读。CCD 发出的光照在纸带上，每个光电池对准纸带的不同区域。每个光电池根据纸带上印刷条码与否输出不同的图案，组合产生一个高密度信息图案。用这种方法可在相同大小的空间打印上一个单一的字符，作为早期 Kermode 码之中的一个单一的条。定时信息也包括在内，所以整个过程是合理的。当第一个系统进入市场后，包括打印和识读设备在内的全套设备大约要5000美元。

此后不久，随着 LED（发光二极管）、微处理器和激光二极管的不断发展，迎来了新的标识符号（象征学）及其应用的大爆炸，人们称之为"条码工业"。今天很难找到没有直接接触过既快又准的条码技术的公司或个人。由于在这一领域的技术进步与发展非常迅速，并且每天都有越来越多的应用领域被开发，不久后条码就会像灯泡和半导体收音机一样普及，使每一个人的生活都变得更加轻松和方便。

7.5　条码技术在未来物流中应用的推广意义

7.5.1　条码技术与信息系统的强大接口技术

备件物流中心信息系统在规划实施时就已经考虑到了条码的需要，条码系统与仓储管理系统实现了无缝链接，即便是以后条码与 SAP 链接，也可以借助 SAP 提供的 RFC 接口或相应的 DCOM 组件来加入条码支持。

7.5.2　条码技术对备件物流管理产生的独特作用

条码还具有易操作、易维护的特点。对于室外场合，使用计算机登记信息非常不方便，通过使用条码采集器，可以在操作现场将采集的条码信息保存在采集器中，再传输到计算机。条码采集器外形轻便，操作简便，不需要安装配置软件系统，极大地提高了系统的使用性。

条码除了其技术特点外，在物流系统中还可以完成许多传统物流无法实现的工作。通过给每个物品一个唯一的条码，可以对该物品的流转进行全程跟踪，从而实现：

- ·货物丢失后，可以在销售和客户服务环节及时发现。
- ·防止销售中的地区串货现象。
- ·提高商品售后服务的质量。
- ·建立起和生产相联系的质量反馈体系。

条码检验在克服传统检测方法缺陷的基础上，已发展采用条码综合质量分级法，即"反射率曲线分析法"。综合分级方法根据扫描反射率曲线和参考译码算法进行分析、判断，把外观上的缺陷转换成缺陷（Defects）、边缘判定等参数。检验结果给出的是条码符号的等级，表明条码符号的适用场合。

7.6 EIQ分析方法概述

EIQ分析就是利用"E""I""Q"这三个物流关键要素，来研究配送中心的需求特性，为配送中心提供规划依据。该理论由日本的铃木震先生提出并积极推广。其中，E是指"Entry"，I是指"Item"，Q是指"Quantity"，即从客户订单的品项、数量、订购次数等方面出发，进行配送特性和出货特性的分析。

EIQ分析的分析项目主要有EN（每张订单的订货品项数量分析）（注：N为日文Nnai"种类"的首字母），EQ（每张订单的订货数量分析），IQ（每个单品的订货数量分析），IK（每个单品的订货次数分析）（注：K为日文Kasanatsut"重复"的首字母）。

EIQ分析是根据以上四个分析项目的结果进行综合考量，为配送中心提供规划依据。同时IQ与IK分析也能用于库存管理中ABC分类的参考依据。

7.6.1 EIQ分析原理

EIQ分析是物流中心的POS系统，进行物流系统的系统规划，从客户订单的品项、数量与订购次数等方面出发，进行出货特征的分析。E（订货件数orderentry）、I（货品种类item）、Q（数量quantity）是物流特性的关键因素，EIQ分析就是利用E、I、Q这三个物流关键因素，来研究物流系统的特征，以进行基本的规划。

1. 配送的商品种类——I

在配送中心中所处理的商品品种数差异极大，多则上万种以上。例如，书籍、医药及汽车零件等配送中心；少则数百种至数千种，如制造商型的配送中心；由于品项的不同，其相应的复杂程度与可能发生的困难性也有所不同。例如，所处理商品品项在一万种的物流中心与所处理商品品项在一千种的物流中心完全不同，其商品储放安排也完全不同。此外，不同性质的物流中心所处理的商品种类其特征也完全不同，目前比较常见的物流商品有：食品、日用品、药品、家电产品、服装产品、化妆品、汽车零配件以及书籍产品等。它们分别有其商品的特性，在物流中心的厂房设计与物流设备的选择上也完全不同。例如，食品以及日用品的进出货量较大，家电产品的尺寸较大，而服装产品的物流特性有季节性（夏季及冬季）、流行性、时间性以及退货量大等；其中大部分是（80%左右）直接铺货到商店，而小部分（20%左右）才库存于物流中心等待理货及配送。除此之外服装产品中较高级的商品必须使用悬吊的搬运设备及仓储设备。而书籍物流的特性——有库存的书籍种类很多，而畅销品与不畅销品的物流差异性非常大，另外退货率有时可高达30%~40%。

2. 商品的配送数量与库存量——Q

物流中心的商品出货量经常改变，因此如何考量商品的进出异动，是物流中心必须重视的问题。引起商品进出异动的原因很多，如货款结算、年节的高峰（尖峰）以及商品市场流行性的转变都可能造成进出货量尖峰变动。以货款结算为例，如果每月的20日是货款结算的截止日期，则20日以前订货是算这个月的货款，而20日以后订货是算下个月的货款，这样在15~20日之间的订货量会明显下降，而20~25日的订货量会显著增加，因此库存量若以最多量来考虑，则低潮时的仓储空间太浪费；若以最低量来考虑，则高潮时的商品不够卖。作业人员资源若以最多量来考虑，则低潮时的人力太浪费；若以最低量来考虑，则高潮时的人力不足，因此如何有效取得平衡点非常重要，这就需要借助现代化的商业管理电脑系统，有效分析物流中心商品进出异动情况，并以此建立起一套有效的控制体系，进而有效利用外面的协力仓库以及临时作业人员，同时借助电脑系统有效分析了解客户的订货习惯而对症下药。

7.6.2　EIQ 分析平台

EIQ 在物流中心的经营与管理中的"神经中枢"就是物流资讯，它可以管理与控制物流所有的流程与工作，尤其是 EIQ 分析的资料。

EIQ 分析平台就是物流中心的 POS 系统，以其字面的解释 E 代表订单或客户（Order Entry），I 代表商品的品项（Item），Q 代表客户的出货量或是商品的出货量（Quantity）。EQ 分析就是客户出货量分析，可以将其资料做排行大小先后，将客户 ABC 分析重点管理。IQ 分析就是商品品项出货量分析，同样也可以将其资料做排行大小先后，作出商品畅销排行榜及商品 ABC 分类。如此就能掌握 EIQ 分析资料，才可以改善物流作业或是规划，形成最适合的物流中心。

7.6.3　EIQ 分析举例说明

如下面的 EIQ 分析表所示：横坐标代表品项 I，假设有 I1、I2、I3、I4、I5、I6六项商品；而纵坐标则代表订货客户或订单，假设有 E1、E2、E3及 E4四个客户；而表格中的数字代表订货数量，可以是以整栈板、整箱或单品等，假设在此的表格是整箱的订货，从表中可知客户 E1在品项 I1订了3箱，品项 I2订了5箱，品项 I3没有订购，品项 I4订了1箱，品项 I5 订了2箱，品项 I6 订了3箱，总共订了14箱（EQ）；6种商品订中订了5种（EN=5）等，其他客户依次类推。

EIQ 分析表

		品项						客户订货数量	订货品项笔数
		I1	I2	I3	I4	I5	I6	EQ	EN
客户订单	E1	3	5	0	1	2	3	14	5
	E2	2	0	4	6	7	0	19	4
	E3	4	0	0	0	0	8	12	2
	E4	2	8	0	3	5	2	20	5
每品项合计	IQ	11	13	4	10	14	13	GEQ GIQ 65	GEN 16
商品订单数	IK	4	2	1	3	3	3	GIK 16	

另外商品品项方面 I1 在四个客户中都有订货，总共被订了11箱（IQ），4个客户都有订购（IK=4）。从表中依此可看出 I2、I3、I4、I5、I6 等商品的客户订购比例与订购数量信息。

从 EIQ 分析中可进一步导出 EQ 分析及 IQ 分析。例如，表中的 EQ 分析为 E1=I4，E2=I9，E3=I2，E4=20，再以大小次序排列，以数量 Q 为纵坐标，以客户 E 为横坐标，画出 EQ 分析图；同时将客户 ABC 分级，同理 IQ 分析为 I1=I1，I2=I3，I3=4，I4=10，I5=I4 及 I6=I3，再以大小次序排列，以数量 Q 为纵坐标，以品项 I 为横坐标，画出 IQ 分析图；同时将商品 ABC 排出畅销排行榜。

7.6.4　EIQ 分析的应用

EIQ 分析最重要的是如何判读与应用，尤其是公司的经营变化可以从 EIQ 分析的图形中识别出来，另外 EQ 分析及 IQ 分析也可以单独应用。例如，EQ 分析可以应用在物流中心的进出货暂存区的规划、包装纸箱大小的决定、拣货顺序的安排、配送路线的安排、客户 ABC 分级及客户情报管理。而 IQ 分析可以应用在物流中心的布置规划、物流设备的选择、批量捡货、商品贩卖情报、商品的营销预测及捡货作业人力的安排。在物流中心的布置规划里，A 类商品应该尽量规划于靠门口及通道的位置，C 类商品则规划于角落的位置，B 类商品则介于两者之间。另外在料架的陈列上，使用栈板式的料架时，A 类商品规划于第一层容易存取的地方，而 C 类商品则规划于料架最高层的地方。

小　结

货物编码即商品编码，是指用一组阿拉伯数字标识商品的过程，这组数字称为代码。编码原则包括唯一性、无含义和全数字性。货位编码是指将仓库范围的房、棚、场以及库房的楼层、仓间、货架、走支道等按地点、位置顺序编列号码，并作出明显标示，以便商品进出库可按号存取。货位编码的方法一般有四种：区段方式、品类群类别方式、地址式和坐标式。条码是由一组按一定编码规则排列的条、空符号，用以表示一定的字符、数字及符号组成的信息。条码系统是由条码符号设计、制作及扫描阅读组成的自动识别系统。E（订货件数 orderentry）、I（货品种类 item）、Q（数量 quantity）是物流特性的关键因素，EIQ 分析就是利用 E、I、Q 这三个物流关键因素，来研究物流系统的特征，以进行基本的规划。

◇ 复习题

一、选择题

1. 货物编码即商品编码是，指用一组阿拉伯数字标识商品的过程，这组数字称为（　　）。

A. 代码　　　　　　　B. 数码　　　　　　　C. 代号　　　　　　D. 数据

2. 把一些相关性货物经过集合以后，区分成好几个品类群，再对每个品类群进行编码，这种方式称为（　　）。

A. 区段方式　　　　B. 品类群类别方式　　C. 地址式　　　　　D. 坐标式

3. 中国物品编码中心正式加入了国际物品编码协会，国际物品编码协会分配给中国的前缀码为"690、691、（　　）"。

A. 691　　　　　　　B. 694　　　　　　　C. 692　　　　　　D. 693

4. 条码检验在克服传统检测方法缺陷的基础上，已发展采用条码综合质量分级法，即（　　）。

A. 反射率曲线分析法　　　　　　　　　B. 折射率曲线分析法

C. 直射率曲线分析法　　　　　　　　　D. 散射率曲线分析法

5. （　　）是物流中心的 POS 系统，进行物流系统的系统规划，从客户订单的品类、数量与订购次数等观点出发，进行出货特征的分析。

A. EOQ 分析　　　　B. EIQ 分析　　　　C. ECQ 分析　　　D. EAQ 分析

6. 对库房内各货位编号采用的方法是（　　）。

A. 根据所在地面位置按顺序编号，编码数字写在醒目处

B. 按库房内干支道的分布，划分若干货位，按顺序编号，并标于明显处

C. 将货场划分排号，再对各排按顺序编上货位号

D. 先按一个仓库内的货架进行编号，然后再对每一个货架的货位按层、位进行编号

7. 商品的保管卡用于具体货垛进、出、结数量的记录，一般由（　　）。

A.会计使用管理　　B.门卫使用管理　　C.统计使用管理　　D.保管员使用管理

8. EIQ 分析就是物流中心的系统（　　）。

A. POS　　　　　　B. EOQ　　　　　　C. ERP　　　　　　D. ECR

9. EQ 分析就是客户出货量分析，可以将其资料做排行大小先后，将客户（　　）分析重点管理。

A. ABC　　　　　　B. VIM　　　　　　C. ECR　　　　　　D. ERP

10. 下列哪种堆码方式适合于存放小件商品或不易堆高的商品。（　　）

A.散堆方式　　　　B.垛堆方式　　　　C.货架方式　　　　D.成组堆码方式

参考答案：1. A　2. B　3. C　4. A　5. C　6. B　7. D　8. A　9. A　10. C

二、判断题

1. 不同的编码方法对于管理的容易与否也有影响，必须综合考虑信息管理设备，才能适宜地选用。（　　）

2. 若是货位编号或品名货号写得太小，或所写的品名、货号相似，只是前后或稍有不同的话，就会很容易看错。（　　）

3. A 类商品应该尽量规划于靠门口及通道的位置，而 B 类商品则规划于角落的位置。（　　）

4. 新的条码符号可在同样大小的空间对一百个不同的地区进行编码，但是应用难度增大。（　　）

参考答案：1. ×　2. √　3. ×　4. ×

三、简答题

1. EQ 分析如何应用在物流中心。

EQ 分析运用在包括进出货暂存区的规划、包装纸箱大小的决定、捡货顺序的安排、配送路线的安排、客户 ABC 分级及客户情报管理。

2. EIQ 分析原理。

EIQ 分析就是利用"E""I""Q"这三个物流关键要素，来研究配送中心的需求特性，为配送中心提供规划依据。E（订货件数 order entry）、I（货品种类 item）、Q（数量 quantity），是物流特性的关键因素，EIQ 分析就是利用 E、I、Q 这三个物流关键因素，来研究物流系统的特征，以进行基本的规划。

3. 货位编码的标识的作用是什么？

在货物储存作业中，必须经由标识的指引才能把货物迅速放入正确的货位。最重要的就是要协助引导取货作业，正确无误取得该取的货物及数量。在了解了货位编码及货物编号方法后，在灵活应用编码编号原则的基础上，还需要注意货位编码的标识问题，才能取得好的应用效果。

4. 编码管理的原则是什么？

商品编码的管理是指商品条码系统成员在已获得厂商识别代码的基础上如何正确地给具体商品项目进行编码，以及对已编码的商品做好原始记录和档案，防止出现编码错误的工作过程，其基本要求就是要保证商品编码的唯一性。

四、综合实验题

1. 商品的配送数量与库存量是如何控制的？

2. EIQ 分析平台的主要构成是什么？

3. 常见种类的商品配送是如何实施的？

4. 简述条码技术在未来物流中应用的推广意义。

5. 条码是如何进行物品的流转跟踪的？

6. 如果由于空间限制不得不混用货位的话，该怎样处理？

◇案例分析

案例背景

位于日本东京和平岛流通基地内的学研社以出版和销售杂志、书籍为主，兼营与教育相关的教学器材、教材、体育用品、文具、玩具等。随着销售量的急剧上升，学研社总公司为全日本的4000多家特约销售店服务，每天的物流量高达1万吨左右。

为适应迅速发展的业务需要，该公司曾几次改进仓储进出库作业方式。1964年公司决定将传统的仓库改建为仓储配送中心，引进托盘化作业、传送带包装拣货等，为现代装卸搬运、仓储保管打下了基础。1974年公司采用了自动化立体仓库技术，商品出入库作业全部实现自动化，并将计算机用于库存管理和编制出库作业路线图等。1985年以来，公司为提升服务，节省成本，开发了新一代仓储、配送信息网络系统。

学研社的书籍、教材类均属多品种、少批量，规格、形状、尺寸各异的商品。该类入库商品在4楼卸车码盘验收后暂时保管。其后打包成标准包装进入拣选作业线。零星出库商品用纸箱重力式货架移动，等待拣选。根据由联机打印出的运输用标签进行拣选。拣选商品中的标准包装贴上标签进入自动分拣系统。传送带全长430米，水平搬运，并从4楼向1楼的垂直搬运带出货，送往高速自动分拣系统。经激光扫描器扫描，自动阅读标签上的条形码，自动分拣到指定的分拣滑道。每天的处理能力约为300吨。

杂志类属少品种、大批量，规格、形状、尺寸基本统一的商品。该类入库商品在1楼收货、验货，热缩包装集装化后装载在托盘上，暂时储存在托盘重力式货架上保管。部分存放在2楼重力式货架的杂志，得到补货指令，自动通过垂直输送机运到1楼出库。根据出库的信息，商品自动地被拣选，计算机系统打印出配送用的标签，自动粘贴在纸箱上。在

1楼的出货站台，一旦汽车到达，出货商品由水平输送机等自动送到出货处装车。而零星商品在3楼拣货、配货后，由垂直输送机向1楼运送出货，一天的出货量300吨。

问题讨论：

1. 该公司的商品是如何分类分区储存的？

2. 若确保商品质量安全，在货位的选择时应注意哪些问题？

案例解析

1. 该公司的商品是依据如下方法进行分类分区储存的。

（1）按商品的种类和性质分区分类，即按商品的自然属性归类，并集中存放在适当场所。

（2）为确保商品安全，选择货位时应注意：

①怕潮、易霉、易锈的商品，应选择干燥或密封的货位；

②怕光、怕热、易溶的商品，应选择低温的货位；

③怕冻的商品，应选择不低于0℃的货位；

④易燃、易爆、有毒、腐蚀性、放射性等危险品，应存放在郊区仓库分类专储；

⑤性能互相抵触和有挥发性、串味的商品，不能同区储存；

⑥消防灭火方法不同的商品，要分开储存货区；

⑦同一货区的商品中，存放外包装含水量过高的商品会影响邻垛商品的安全；

⑧同一货区储存的商品中，要考虑有无虫害感染的可能。

2. 若确保商品质量安全，在货位的选择时应注意如下方面。

（1）使用可回收的塑料箱，其特点是环保无污染，轻便可多次使用，既耐用又经济，能实现搬运装卸的标准化。

（2）商品包装要适应商品特性；商品包装要适应装卸搬运条件；推行商品包装标准化。

第八章
库存品类与成本管理

教学目标

认识目标：掌握 ABC 分类法的原理；理解货品分类的意义；了解仓储作业成本构成；理解成本优化的意义。

能力目标：根据不同的存储需求，合理选择 ABC 分类方法的能力；学会按金额和物动量进行 ABC 货物分配；具备保证作业过程简捷、流畅的能力；熟练计算仓储作业流程；学会对仓储作业成本进行分析；掌握降低仓储成本的解决方案。

学习任务

结合存储需求的不同，运用掌握的 ABC 分类方法对模拟储存的商品进行有效管理，并且根据商品品类特点，按金额和物动量进行 ABC 货物分类，在模拟作业活动中，保证过程的简捷、流畅，树立流程整合和创新的思想；全程观察仓储作业环节，计算仓储作业成本；利用成本核算方式，对仓储作业成本进行详尽分析，制定出降低仓储成本的解决方案。

导入案例

卡莱公司的库存改进管理

库存成本一般占总成本的30%以上。据统计，美国卡莱轮胎制品有限公司（以下简称"卡莱公司"）产品生产的直接成本只占总成本的10%，而物流成本却占产品总成本的40%，其中库存成本则占物流成本的80%～90%，也就是说，库存成本占产品总成本的32%～36%，远远大于生产直接成本。……为更进一步降低公司库存、减少报废、节约生产成本，尽最大可能地利用流动资金，对现有库存的相关数据进行分析，卡莱公司将目光锁定在了市场部的库存……通过鱼骨图分析发现，以下问题是重点改善的方向。

1. 预测不准及信息沟通不畅。市场和生产之间缺乏信息沟通，因而供应和需求之间不可避免地会产生需求信息的扭曲和时间上的滞后，往往使得库存需求信息在从供应链的下游向上游的传递过程中被逐级放大，从而大大增加了整体库存量，延缓了反应速度。

2. 汇总表中缺乏 ABC 分类，不能清晰地体现各个规格的轻重缓急。

3. 流程不合理。市场部接单时，没有对订单进行评估就直接下给工厂生产，或者轻易承诺给客户的交期。这样导致一是频繁出现紧急订单；二是容易超出了产能的限制。

4. 市场部下单无规律，订单变更频繁，插单现象严重。

5. 库存在管理方面无跟踪、考核措施。通过以上原因分析，从以下方面进行改善。（1）建立标准的库存管理流程。在进行改善时，对整个生产流程进行了一些改动。市场部在对订单进行汇总时，增加评估环节，确保需求订单的可执行性。（2）要求市场部在进行客户订单汇总时将所有规格按照轻重缓急分为 A、B、C 三种类型。A 类规格，占库存品种比例5%～15%，占库存金额比例60%～80%，生产计划控制策略是安全库存加本月需求进行生产；B 类规格，占库存品种比例20%～30%，占库存金额比例20%～30%，生产计划控制策略是按照本月需求进行生产；C 类规格，占库存品种比例60%～80%，占库存金额比例5%～15%，生产计划控制策略是接到订单之后再安排生产。对 B 类和 C 类产品不设置安全库存。并且在剔除一些还没有"放产证"的规格后，生产部要求市场部于每月20日准时提供下个月的市场需求计划，并且准确性为80%。（3）对库存进行定期跟踪，将库存超过20天的规格汇总后发给市场部，及时对仓库中的积压库存进行清理，推动其尽快销售。根据制订的目标对库存进行控制，如果库存量超过了目标量（1.2万条），立即进行原因分析并制订改善措施方案。（4）对市场部关于未来订单预测准确度进行考核是改善的最后一个环节，它将推动市场部以后使用更为科学的预测方法进行订单预测，提高其准确度。

改善效果体现在以下几个方面。（1）降低了积压率，为企业释放出大量的现金。这次改善活动，最终将市场部的安全库存总量由10570件降低至5790件，下降了45%。（2）增加整个生产的柔性。合理制订原材料采购计划；按顾客要求进行生产改进，提高生产柔性；改善预期外的短期产品需求导致的额外成本，降低对安全库存的需求。（3）降低了库存天数，提高了准时交货率、库存周转率。衡量制造商的两个关键考核指标就是，客户满意度以及库存周转率，而这个库存周转率实际上就是库存控制的根本目的所在。库存周转率提高了，即由原来每月周转6次提升到每月周转12次，库存天数由12.5天降低至1.5天，这就意味着现金流的周转速度加快，为企业创造了更多的机会。通过降低库存量，并没有影响准时交货率，相反准时交货率由80%提升至99.2%。通过90天的改善跟踪发现，所有的改善除了预测准确率未达到设定目标之外，库存控制达到了预期的效果，企业综合营运能力得到了提升。这种管控方法逐步在卡莱公司推行，并且轮胎制造业及相关行业均可采取此方法降低其库存。

（资料来源：http://bschool.hexun.com/2013-03-13/152036961.html）

8.1 ABC 分类法概述

ABC 分类法又称帕累托分析法，也叫主次因素分析法，是项目管理中常用的一种方法。它是根据事物在技术或经济方面的主要特征，进行分类排队，分清重点和一般，从而有区别地确定管理方式的一种分析方法。由于它把被分析的对象分成 A、B、C 三类，所以又称为 ABC 分析法。

ABC 分类法（Activity Based Classification），全称应为 ABC 分类库存控制法，又称帕累托分析法或巴雷托分析法、柏拉图分析、主次因分析法、ABC 分析法、分类管理法、物资重点管理法、ABC 管理法、abc 管理法、巴雷特分析法，通常我们也称之为"80对20"规则。

ABC 分类法是由意大利经济学家维尔弗雷多·帕累托首创的。1879年，帕累托在研究个人收入的分布状态时，发现少数人的收入占全部人收入的大部分，而多数人的收入却只占一小部分，他将这一关系用图表示出来，就是著名的帕累托图，如图8-1所示。该分析方法的核心思想是在决定一个事物的众多因素中分清主次，识别出少数的但对事物起决定作用的关键因素和多数的但对事物影响较少的次要因素。后来，帕累托法被不断应用于管理的各个方面。

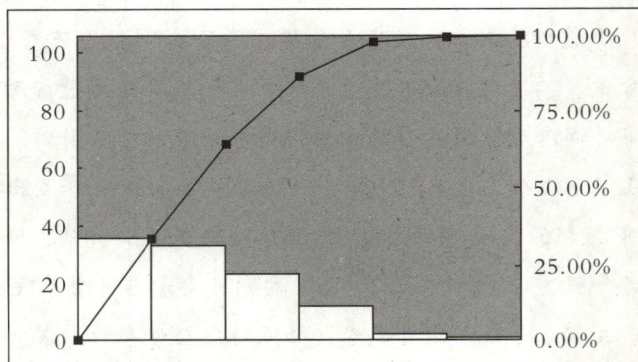

图8-1 标准帕累托图

1951年，管理学家戴克将其应用于库存管理，命名为 ABC 法。1951年至1956年，约瑟夫·朱兰将 ABC 法引入质量管理，用于质量问题的分析，被称为排列图法。1963年，彼得·德鲁克将这一方法推广应用在全部社会现象上，使 ABC 法成为企业提高效益普遍应用的管理方法。

8.1.1　ABC 分类法基本原理

ABC 分类规则通过对同一类问题或项目进行排序，来发现其中少数的但对事物起决定作用比关键因素和多数的但对事物影响较少的次要因素。帕累托通过长期的观察发现：美国 80% 的人只掌握了 20% 的财产，而另外 20% 的人却掌握了全国 80% 的财产，而且很多事情都符合该规律。于是他应用此规律到生产管理方面。他的主要观点是：通过合理分配时间和力量到 A 类——总数中的少数部分，你将会得到更好的结果。当然忽视 B 类和 C 类也是危险的，在帕累托规则中，它们得到与 A 类相对少得多的注意。

在 ABC 分类法的分析图中，有两个纵坐标，一个横坐标，几个长方形，一条曲线，左边纵坐标表示频数，右边纵坐标表示频率，以百分数表示。横坐标表示影响质量的各项因素，按影响大小从左向右排列，曲线表示各种影响因素大小的累计百分数。一般地，是将曲线的累计频率分为三级，与之相对应的因素分为三类：

A 类因素，发生累计频率为 0%～70%，是主要影响因素。

B 类因素，发生累计频率为 70%～90%，是次要影响因素。

C 类因素，发生累计频率为 90%～100%，是一般影响因素。

8.1.2　ABC 分类法应用

ABC 分类法是根据事物在技术、经济方面的主要特征，进行分类排列，从而实现区别对待、区别管理的一种方法，它是帕累托 80/20 法则衍生出来的一种法则。所不同的是，80/20 法则强调的是抓住关键，ABC 法则强调的是分清主次，并将管理对象划分为 A、B、C 三类。

1. ABC 法则与效率

面对纷繁杂乱的处理对象，如果分不清主次，鸡毛蒜皮一把抓，可想而知，其效率和效益是不可能高起来的。而分清主次，抓住主要的对象，却一定可以事半功倍。比如，在库存管理中，这一法则的运用就可以使工作效率和效益大大提高。

在一个大型公司中，库存存货的种类通常会很多，动辄就可能是十几万种甚至几十万种。不分主次一把抓的管理模式会使管理者疲于劳作，收效却甚微，而且可能出现混乱，进而造成重大损失。

第一，盘点清查非常困难，而且难以确保准确性。对于非重要的材料，比如低值易耗品，可能影响还不大，但对于重要材料，如产品关键部件，如果计数错误，就可能导致缺料，生产自然也就不可避免地受到影响，进而不能满足市场需求，丧失市场机会，失去客户。

第二，存量控制困难。重要材料的存量应该作为重点监控，确保不断料又不积压，非重要材料由于其重要性不高和资金占用量小，则可以按一定的估计量备货。如果实行一把抓式的管理，就可能将目光集中在大量非重要材料上，而疏忽了对重要材料的控制。

俗语"捡了芝麻，丢了西瓜"，说的就是不会应用 ABC 法则。在处理日常事务上，ABC 法则的效率和高回报也是显著的。面对众多的问题，如果进行 ABC 分类，先行处理主要问题，次要的和不重要的问题常常也会迎刃而解。

2. ABC 分类法具体操作

我们面临的处理对象一般可以分为两类，一类是可以量化的，一类是不能量化的。

对于不能量化的，通常只有凭经验判断。对于能够量化的，分类就要容易得多，而且更为科学。以库存管理为例说明如何进行分类。

第一步，计算每一种材料的金额。

第二步，按照金额由大到小排序并列成表格。

第三步，计算每一种材料金额占库存总金额的比率。

第四步，计算累计比率。

第五步，分类。累计比率在0%~60%的，为最重要的A类材料；累计比率在60%~85%的，为次重要的B类材料；累计比率在85%~100%的，为不重要的C类材料，如下表所示。

ABC 分析表

材料名称	料　号	年使用量	单　价	使用金额	占总金额比率	累计比率	分　类
A					25%	25%	
B					16%	41%	
C					8%	49%	A 类
D					6%	55%	
E					5%	60%	
F					2%	62%	
G					1.8%	63.8%	
H					1.5%		
I					1.4%		
J					1.3%		
K							B 类
L							
M							
N							
O						85%	
P							
Q							C 类
R						100%	
合计					100%		

通常情况下，使用 ABC 分析表进行上述步骤。从上表可以看出，A、B、C、D、E 为 A 类，F、G、H、I、J、K、L、M、N、O为B类，P、Q、R 为C类。

对于不同的对象，分类时采用的指标是不一样的。以上库存管理采用的是存货价值指标；对于客户管理，可以采用客户进货额或者毛利贡献额为指标；对于投资管理，可以采用投资回报额作为指标。ABC 分析工具经常被用于库存管理，实际上，它和80/20法则一样，是一个无处不在的管理工具，企业各项事务都可能用到它。

如西斯科（Sysco），作为北美最大的食品服务销售企业，在2012年公布的世界500强企业排名中位于第179位。ABC 法则更多地应用于仓储和物流管理中，在以批发业务为主的西斯科公司，就是科学地将 ABC 分析法应用于食品物流管理活动中，由此创造了巨大的经济效益。

8.1.3　ABC 分析法应用的基本程序

1. 开展分析

这是"区别主次"的过程，它包括以下步骤。

（1）收集数据。即确定构成某一管理问题的因素，收集相应的特征数据。以库存控制涉及的各种物资为例，如拟对库存物品的销售额进行分析，则应收集年销售量、物品单价等数据。

（2）计算整理。即对收集的数据进行加工，并按要求进行计算，包括计算特征数值、特征数值占总计特征数值的百分数，累计百分数；因素数目及其占总因素数目的百分数，累计百分数。

（3）根据一定分类标准，进行 ABC 分类，列出 ABC 分析表。各类因素的划分标准，并无严格规定。习惯上常把主要特征值的累计百分数达70% ~ 80% 的若干因素称为 A 类，累计百分数在10% ~ 20% 的若干因素称为 B 类，累计百分数在10% 左右的若干因素称为 C 类。

（4）绘制 ABC 分析图。以累计因素百分数为横坐标，累计主要特征值百分数为纵坐标，按 ABC 分析表所列示的对应关系，在坐标图上取点，并联结各点成曲线，即绘制成 ABC 分析图。除利用直角坐标绘制曲线图外，也可绘制成直方图。

2. 实施对策

这是"分类管理"的过程。根据 ABC 分类结果，权衡管理力量和经济效果，制定 ABC 分类管理标准表，对三类对象进行有区别的管理，具体步骤如下。

（1）收集数据。

按分析对象和分析内容，收集有关数据。例如，打算分析产品成本，则应收集产品成本因素、产品成本构成等方面的数据；打算分析针对某一系统开展的价值工程，则应收集系统中各局部功能、各局部成本等数据。

（2）处理数据。

对收集来的数据资料进行整理，按要求计算和汇总，编制 ABC 分析表。

ABC 分析表栏目构成如下：第一栏为栏物品名称；第二栏为栏品目数累计，即每一种物品皆为一个品目数，品目数累计实际就是序号；第三栏为品目数累计百分数，即累计品目数对总品目数的百分比；第四栏为物品单价；第五栏为平均库存；第六栏为第四栏单价乘以第五栏平均库存，为各种物品平均资金占用额；第七栏为平均资金占用额累计；第八栏为平均资金占用额累计百分数；第九栏为分类结果。

制表按下述步骤进行：将已算出的平均资金占用额，以排队方式，由高至低填入表中第六栏。以此栏为准，将相应物品名称填入第一栏、物品单价填入第四栏、平均库存填入第五栏、在第二栏中按1、2、3、4……编号，则为品目累计。此后，计算品目数累计百分数、填入第三栏；计算平均资金占用额累计，填入第七栏；计算平均资金占用额累计百分数，填入第八栏。

（3）确定分类。

按 ABC 分析表，观察第三栏累计品目百分数和第八栏平均资金占用额累计百分数，将累计品目百分数为5%～15%而平均资金占用额累计百分数为60%～80%的前几个物品，确定为 A 类；将累计品目百分数为20%～30%，而平均资金占用额累计百分数也为20%～30%的物品，确定为 B 类；其余为 C 类，C 类情况正和 A 类相反，其累计品目百分数为60%～80%，而平均资金占用额累计百分数仅为5%～15%。

（4）绘制 ABC 分析图。

以累计品目百分数为横坐标，以累计资金占用额百分数为纵坐标，按 ABC 分析表第三栏和第八栏所提供的数据，在坐标图上取点，并连接各点，则绘成 ABC 曲线。

由 ABC 分析曲线对应的数据，按 ABC 分析表确定 A、B、C 三个类别的方法，在图上标明 A、B、C 三类，则制成 ABC 分析图。

8.1.4　举例说明 ABC 分析法的应用

以库存管理为例来说明 ABC 法的具体应用。如果打算对库存商品进行年销售额分析，需进行如下步骤。

第一，收集各个品目商品的年销售量，商品单价等数据。

第二，对原始数据进行整理并按要求进行计算，如计算销售额、品目数、累计品目数、累计品目百分数、累计销售额、累计销售额百分数等。

第三，做 ABC 分类表。在总品目数不太多的情况下，可以用排队的方法将全部品目逐个列表。按销售额的大小，由高到低对所有品目顺序排列；将必要的原始数据和经过统计汇总的数据，如销售量、销售额、销售额百分数填入；计算累计品目数、累计品目百分数、累计销售额、累计销售额百分数；将累计销售额为60%～80%的前若干品目定为 A 类；将销售额为20%～30%的若干品目定为 B 类；将其余的品目定为 C 类。如果品目数很多，无法全部排列在表中或没有必要全部排列出来，可以采用分层的方法，即先按销售额进行分层，以减少品目栏内的项数，再根据分层的结果将关键的 A 类品目逐个列出来进行重点管理。

第四，以累计品目百分数为横坐标，累计销售额百分数为纵坐标，根据 ABC 分析表中的相关数据，绘制 ABC 分析图，如图8-2所示。

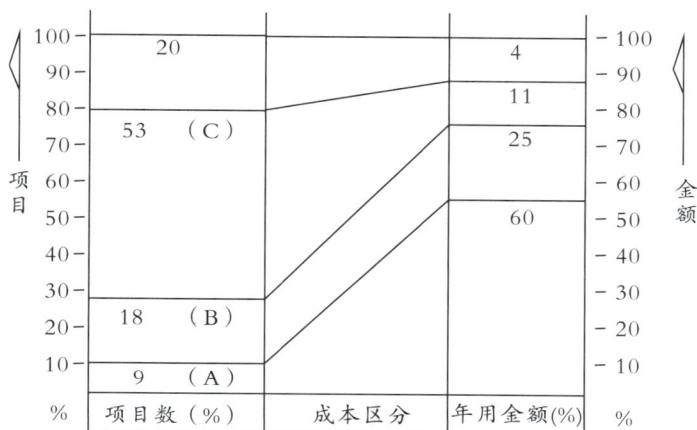

图8-2　ABC 分析图

第五，根据 ABC 分析的结果，对 ABC 三类商品采取不同的管理策略。

ABC 分类法还可以应用到质量管理、成本管理和营销管理等管理的各个方面。

在质量管理中，可以利用 ABC 分析法分析影响产品质量的主要因素，采取相应的对策。例如，列出影响产品质量的因素，包括外购件的质量、设备的状况、工艺设计、生产计划变更、工人的技术水平、工人对操作规程的执行情况等。以纵轴表示由于前几项因素造成的不合格产品占不合格产品总数的累计百分数，横轴按造成不合格产品数量的多少，从大到小顺序排列影响产品质量的各个因素。这样，就可以很容易地将影响产品质量的因素分为 A 类、B 类和 C 类。假设通过分析发现外购件的质量和设备的维修状况是造成产品质量问题的 A 类因素，就应该采取相应措施，对外购件的采购过程严格控制，并加强对设备的维修，解决好这两个问题，就可以把质量不合格产品的数量减少80%。

ABC 分析法还可以应用在营销管理中。例如，企业在对某一产品的顾客进行分析和管理时，可以根据用户的购买数量将用户分成 A 类用户、B 类用户和 C 类用户。由于 A 类用户数量较少，购买量却占公司产品销售量的80%，企业一般会为 A 类用户建立专门的档案，指派专门的销售人员负责对 A 类用户的销售业务，提供销售折扣，定期派人走访用户，采用直接销售的渠道方式。而对数量众多，但购买量很小，分布分散的 C 类用户则可以采取利用中间商，间接销售的渠道方式。

应当说明的是，应用 ABC 分析法，一般是将分析对象分成 A、B、C 三类。但人们也可以根据分析对象重要性分布的特性和对象的数量的大小分成两类、或三类以上。

8.2　仓储成本概述

仓储成本是指仓储企业在开展仓储业务活动中，各种要素投入的以货币计算的总和。仓储成本是物流成本的重要组成部分，对物流成本的高低有直接影响。大多数仓储成本不随存货水平变动而变动，而是随存储地点的多少而变。

8.2.1　仓储成本的构成

仓储成本包括仓库租金、仓库折旧、设备折旧、装卸费用、货物包装材料费用和管理费等。与库存成本不同，货物的仓储成本主要是指货物保管的各种支出，其中一部分为仓储设施和设备的投资；另一部分则为仓储保管作业中的活劳动或者物化劳动的消耗，主要包括工资和能源消耗等。现代仓储成本构成应当包括显性成本和隐性成本两个方面。

1. 显性成本

根据货物在保管过程中的支出，可以将仓储显性成本分成以下几类。

（1）保管费。

为存储货物所开支的货物养护、保管等费用，它包括：用于货物保管的货架、货柜的费用开支，仓库场地的房地产税等。

（2）仓库管理人员的工资和福利费。

仓库管理人员的工资一般包括固定工资、奖金和各种生活补贴。福利费可按标准提取，一般包括住房基金、医疗以及退休养老支出等。

（3）折旧费或租赁费。

仓储企业有的是以自己拥有所有权的仓库以及设备对外承接仓储业务，有的是以向社会承包租赁的仓库及设备对外承接业务。自营仓库的固定资产每年需要提取折旧费，对外承包租赁的固定资产每年需要支付租赁费。对仓库固定资产按折旧期分年提取，主要包括：库房、堆场等基础设施的折旧和机械设备的折旧等。

（4）修理费。

主要用于设备、设施和运输工具的定期大修理，每年可以按设备、设施和运输工具投资额的一定比率提取。

（5）装卸搬运费。

装卸搬运费是指货物入库、堆码和出库等环节发生的装卸搬运费用，包括搬运设备的运行费用和搬运工人的成本。

（6）管理费用。

管理费用指仓储企业或部门为管理仓储活动或开展仓储业务而发生的各种间接费用，主要包括仓库设备的保险费、办公费、人员培训费、差旅费、招待费、营销费、水电费等。

（7）仓储损失。

这是指保管过程中货物损坏而需要仓储企业赔付的费用。造成货物损失的原因一般包括仓库本身的保管条件，管理人员的人为因素，货物本身的物理、化学性能，搬运过程中的机械损坏等。实际应用中，应根据具体情况，按照企业的制度标准，分清责任合理计入成本。

2. 隐性成本

（1）资金占用成本。由于仓库以及附属设置建设需要大量的资金投入，如果仓储受季节性、需求间歇性影响过大，就会导致仓储空间闲置。企业因此而承担巨大的资金成本利息压力，导致隐性成本急剧上升。

（2）机会成本。企业将巨额资金投入到仓储建设和运作之中，量本利达不到利润胜出水平，企业就会丧失在其他领域获得利益的机会，由此产生机会成本。

（3）风险成本。库存商品会给企业带来市场需求波动的风险，导致产品过季或市场需求周期后置，引起商品市场价值的大幅度下跌，风险成本由此产生。

8.2.2　降低仓储成本的措施

仓储成本管理是仓储企业管理的基础，对提高整体管理水平，提高经济效益有重大影响，但是由于仓储成本与物流成本的其他构成要素，如运输成本、配送成本以及服务质量和水平之间存在二律背反的现象，因此，降低仓储成本要在保证物流总成本最低和不降低企业的总体服务质量和目标水平的前提下进行，常见的措施如下。

1. 采用"先进先出"方式，减少仓储物的保管风险

"先进先出"是储存管理的准则之一，它能保证每个被储物的储存期不致过长，减少仓储物的保管风险。有效的"先进先出"方式主要有如下几种。

（1）贯通式（重力式）货架系统运用。

利用货架的每层形成贯通的通道，从一端存入物品，另一端取出物品，物品在通道中自行按先后顺序排队，不会出现越位等现象。贯通式（重力式）货架系统能非常有效地保证先进先出。

（2）"双仓法"储存。

给每种被储物都准备两个仓位或货位，轮换进行存取，再配以必须在一个货位中出清后才可以补充的规定，则可以保证实现"先进先出"。

（3）计算机存取系统。

采用计算机管理，在存货时向计算机输入时间记录，编入一个简单的按时间顺序输出的程序，取货时计算机就能按时间给予指示，以保证"先进先出"。这种计算机存取系统还能将"先进先出"保证不做超长时间的储存和快进快出结合起来，即在保证一定先进先出的前提下，将周转快的物资随机存放在便于存储之处，以加快周转，减少劳动消耗。

2.提高储存密度，提高仓容利用率

这样做的主要目的是减少储存设施的投资，提高单位存储面积的利用率，以降低成本、减少土地占用。具体有下列三种方法。

（1）采取高垛的方法，增加储存的高度。

充分利用仓储空间，具体方法有采用高层货架仓库、集装箱等，都可比一般堆存方法大大增加储存高度。

（2）缩小库内通道宽度以增加储存有效面积。

具体方法有采用窄巷道式通道，配以轨道式装卸车辆，以减少车辆运行宽度要求，采用侧叉车、推拉式叉车，以减少叉车转弯所需的宽度。

（3）减少库内通道数量以增加有效储存面积。

具体方法有采用密集型货架，采用不依靠通道可进车的可卸式货架，采用各种贯通式货架，采用不依靠通道的桥式起重机装卸技术等。

3.采用有效的储存定位系统，提高仓储作业效率

储存定位的含义是被储存物位置的确定。如果定位系统有效，能大大节约寻找、存放、取出的时间，节约不少物化劳动及活劳动，而且能防止差错，便于清点及实行订货点管理等方式。储存定位系统可采取先进的计算机管理，也可采取一般人工管理。行之有效的方式主要有如下几种。

（1）"四号定位"方式。

"四号定位"是用一组四位数字来确定存取位置的固定货位方法，是我国手工管理中采用的科学方法。这四个号码是：库号、架号、层号、位号。这就使每一个货位都有一个组号，在物资入库时，按规划要求，对物资编号，记录在账卡上，提货时按四位数字的指示，很容易将货物拣选出来。这种定位方式可对仓库存货区事先做出规划，并能很快地存取货物，有利于提高速度，减少差错。

（2）电子计算机定位系统。

电子计算机定位系统是利用电子计算机储存容量大、检索迅速的优势，在入库时，将存放货位输入计算机。出库时向计算机发出指令，并按计算机的指示人工或自动寻址，找到存放货位，拣选取货的方式。一般采取自由货位方式，计算机指示入库货物存放在就近易于存取之处，或根据入库货物的存放时间和特点，指示合适的货位，取货时也可就近就便。这种方式可以充分利用每一个货位，而不需要专位待货，有利于提高仓库的储存能力。当吞吐量相同时，可比一般仓库减少建筑面积。

4.采用有效的监测清点方式，提高仓储作业的准确程度

对储存物资数量和质量进行监测，有利于掌握仓储的基本情况，也有利于科学控制库存。在实际工作中稍有差错，就会使账物不符，所以，必须及时且准确地掌握实际储存情况，经常与账卡核对，确保仓储物资的完好无损，这是人工管理或计算机管理必不可

少的。此外，经常监测也是掌握被存物资数量状况的重要工作。监测清点的有效方式主要有如下几种。

（1）"五五化"堆码。

"五五化"堆码是我国手工管理中采用的一种科学方法。储存物堆垛时，以"五"为基本计数单位，堆成总量为"五"的倍数的垛形，如梅花五、重叠五等。堆码后，有经验者可过目成数，大大加快了人工点数的速度，而且很少出现差错。

（2）光电识别系统。

在货位上设置光电识别装置，通过该装置对被存物的条形码或其他识别装置（如芯片等）扫描，并将准确数目自动显示出来。这种方式不需人工清点就能准确掌握库存的实有数量。

（3）电子计算机监控系统。

用电子计算机指示存取，可以避免人工存取容易出现差错的弊端，如果在储存物上采用条形码技术，使识别计数和计算机联结，每次存、取一件物品时，识别装置自动将条形码识别并将其输入计算机，计算机会自动做出存取记录。这样只需向计算机查询，就可了解所存物品的准确情况，因而无须再建立一套对仓储物实有数的监测系统，减少查货、清点工作。

5. 加速周转，提高单位仓容产出

储存现代化的重要课题是将静态储存变为动态储存，周转速度加快，会带来一系列好处：资金周转快，资本效益高，货损货差小、仓库吞吐能力增加、成本下降等。具体做法诸如采用单元集装存储，建立快速分拣系统，都有利于实现快进快出，大进大出。

6. 采取多种经营，盘活资产

仓储设施和设备的巨大投入，只有在充分利用的情况下才能获得收益，如果不能投入使用或者只是低效率使用，只会造成成本的加大。仓储企业应及时决策，采取出租、借用、出售等多种经营方式盘活这些资产，提高资产设备的利用率。

7. 加强劳动管理

工资是仓储成本的重要组成部分，劳动力的合理使用，是控制人员工资的基本原则。我国是具有劳动力优势的国家，工资较为低廉，较多使用劳动力是合理的选择。但是对劳动力进行有效管理，避免人浮于事，出工不出力或者效率低下也是成本管理的重要方面。

8. 降低经营管理成本

经营管理成本是企业经营活动和管理活动的费用和成本支出，包括管理费、业务费、交易成本等。加强该类成本管理，减少不必要支出，也能实现成本降低。当然，经营管理成本费用的支出时常不能产生直接的收益和回报，但也不能完全取消，加强管理是很有必要的。

8.2.3　仓储成本分析

仓储成本分析对于物流企业来说，意义重大。

（1）仓储成本分析为企业制订仓储经营管理计划提供依据。

仓储经营管理计划是仓储企业为适应经营环境变化，通过决策程序和方案选择，对仓储经营活动的内容、方法和步骤明确化、具体化的设想和安排。在制订经营管理计划时，必须考虑自身的经营能力，仓储成本是仓储经营能力的重要指标，通过对其进行分析，能帮助企业对不同经营方案进行比较，选择成本最低、收益最大的方案制订经营计划，开展经营。

（2）仓储成本分析为仓储产品定价提供依据。

仓储企业的根本目的依然是追求利润最大化。仓储企业在为社会提供仓储产品（服务）时，需要有明确的产品价格，即仓储费。从长远看，必须保证仓储费高于仓储成本，才能保证仓储企业的生存与发展。因此仓储成本是仓储费制定的主要依据。

（3）仓储成本分析有利于加速仓储企业的现代化建设。

仓储成本分析有利于推动仓储技术革新，充分挖掘仓库的潜力，为仓储设施设备改造提供依据。仓储企业要提高仓储能力和仓储效率必然要进行技术革新，改造设施和设备，但是设施设备的投入必须获得相应的产出回报，这必须在准确的成本核算和预测的基础上才能提供保证。

（4）仓储成本分析为仓储企业的劳动管理提供依据。

劳动力成本本身就是仓储成本的重要组成部分，但是劳动力成本与其他成本之间可能存在着替代关系，也可能有互补关系，因而确定劳动力使用量的决定性因素是收益，以能够获得总成本最低或者总收入增加为原则，确定劳动力的使用量。同时，成本因素也是劳动考核、岗位设置的依据和决定劳动报酬的参考依据。

总之，通过仓储成本分析，有利于提高仓储企业的经济效益，降低仓储生产经营中的各种浪费，同时也可以将企业的经济利益与职工的经济利益紧密地联系起来，提高企业经营者的自觉性，从而提高企业仓储经营管理水平和经济效益。

在我国，制造型企业在厂房初期设计时，往往关注的是如何安排生产区域，却忽略了物流环节的布局，导致生产区与仓储物流区分设于相隔较远的区域内。一味追求生产、管理的集中化，导致仓储布置与生产布置脱节，于是在生产过程中投入大量的资源用于物流环节，资源配置极不合理，如图8-3所示。

厂房布置时大多关注的是仓库的内部设置、物料按库位分布、ABC库存管理方法、FIFO原则、立体货架、流利货架、物料超市等，不可否认这些都是管理仓库的必要手段或工具，但是初期布置的先天不足，导致整个物流系统的运作显得繁复而累赘。于是越来越多的企业在厂房布置时，考虑使用另外一种布局方法，即将物料仓储区与生产区设置在同一个厂房内，并使物料仓储区包围着生产区域，以缩短仓储区与物料需求区域的距离。但是在实际运作过程中，管理者发现单纯采用这样的包围模式，存在物料流动路线交错复杂的现象，如图8-4所示。

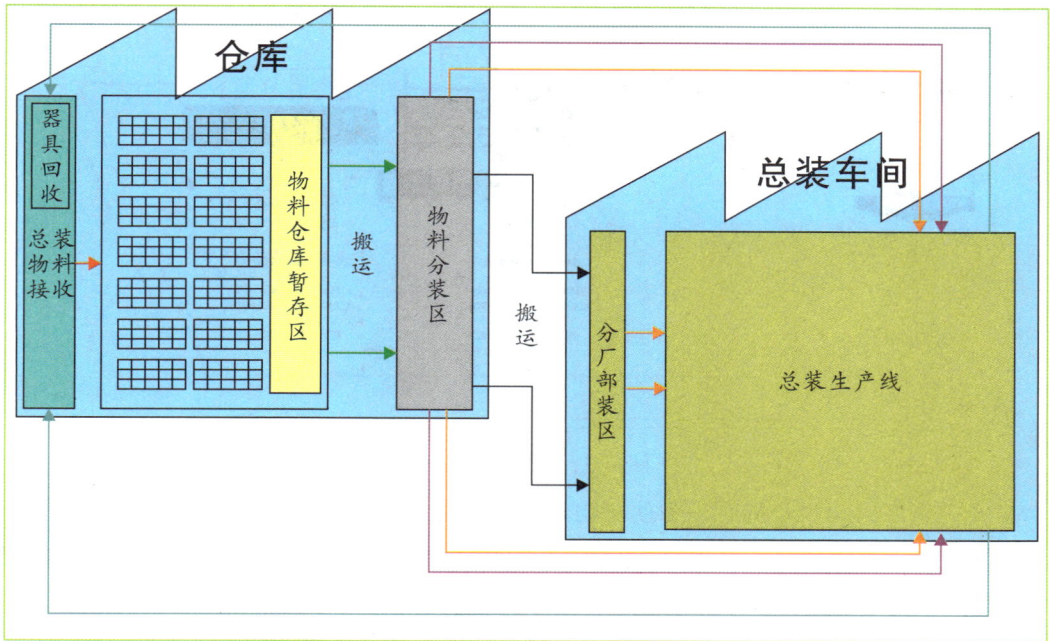

图8-3　多数工厂厂房布局模式

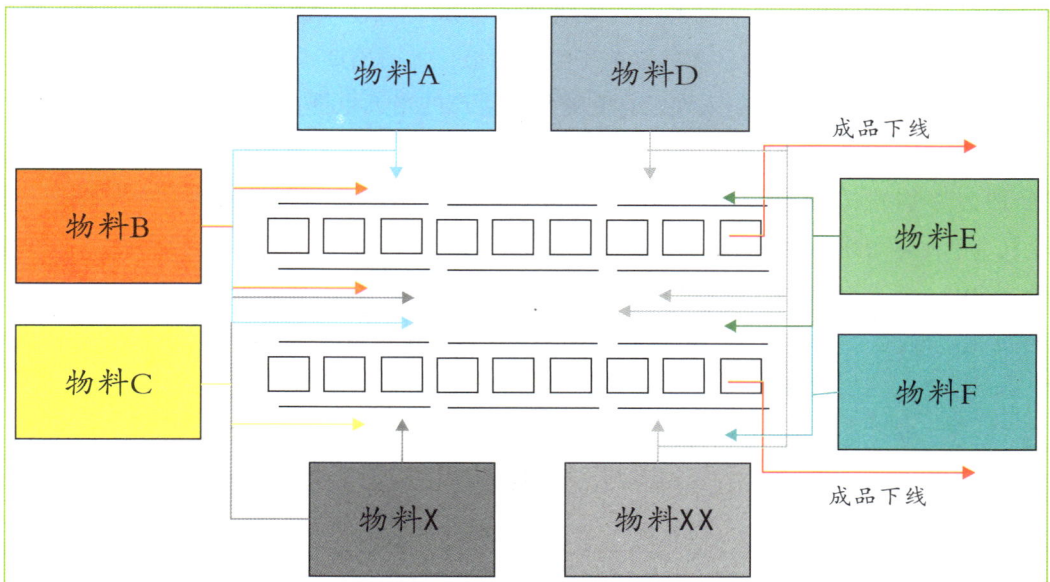

图8-4　物料流动路线

由图8-4可以看出，物料流动路线与成品下线的路线存在交集，物料内部的流动也存在相互干扰的作用，导致整体的物流线路混乱。通过长时间的探索，管理者发现了另一种物流模式，物料与成品流动呈单向流动的模式，再经过对该模式的不断改良，最终发展成为精益物流模式。

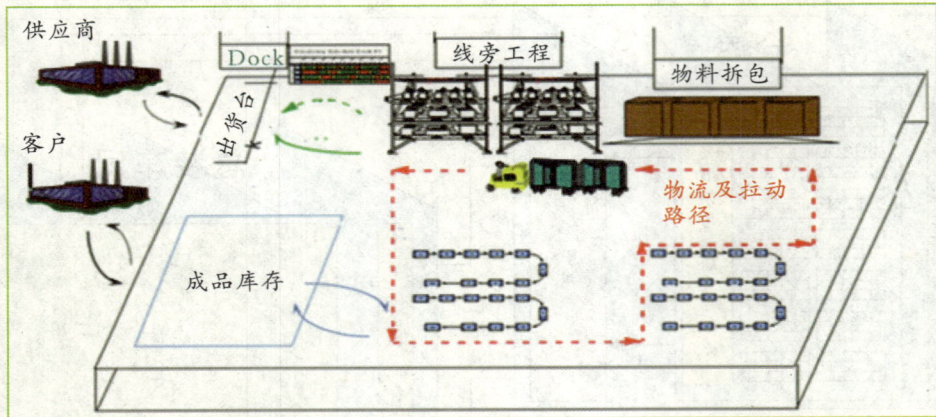

图8-5 精益物流模型

在安排仓库内物料布局时，为便于物料缺料检讨，及时准确地发现物料缺料状态，库位内部布局的方式为按照作业线体对仓库进行大区域划分，即将仓储区域按照线体进行分割，仓储区大小以物料最大接收量为基准，具体计算方法为：

$$仓储区面积 = \frac{物料最大接收量}{单元量 \times 单托单元数} \times 托盘面积 \times \frac{1}{托盘面积利用率}$$

其中：物料最大接收量 = 物料接收周期时间 × 日标准需求量

物料接收周期时间为物料来料提前于生产的最长提前周期（如物料的接收周期为4天，即为物料需在作业生产4天前入库，且此处作业生产的当天也算在4天内）。

例：某工厂某生产线生产某种产品时需要 A、B、C、D、E 此5种物料，物料的堆码标准分别为 A 物料10箱／托，B 物料8箱／托、C 物料12箱／托、D 物料10箱／托、E 物料10箱／托，单元量分别为 A 物料30件／箱，B 物料40件／箱，C 物料50件／箱，D 物料20件／箱，E 物料60件／箱，5种物料的接收周期时间均为3天，该生产线的标准产能为100台／时，每天标准生产时间为10小时（产量完成方能下班），5种物料均采用托盘暂存，且托盘规格均为1.0m × 1.2m，托盘面积利用率为0.75，则该产品需要仓储面积为：

$$A\ 物料仓储面积需求 = \frac{3天 \times 100台／时 \times 10小时／日}{30件／箱 \times 10箱／托} \times 1.2m^2 \times \frac{1}{0.75} = 16m^2$$

$$B\ 物料仓储面积需求 = \frac{3天 \times 100台／时 \times 10小时／日}{40件／箱 \times 8箱／托} \times 1.2m^2 \times \frac{1}{0.75} = 15m^2$$

$$C\ 物料仓储面积需求 = \frac{3天 \times 100台／时 \times 10小时／日}{50件／箱 \times 12箱／托} \times 1.2m^2 \times \frac{1}{0.75} = 8m^2$$

$$D\ 物料仓储面积需求 = \frac{3天 \times 100台／时 \times 10小时／日}{20件／箱 \times 10箱／托} \times 1.2m^2 \times \frac{1}{0.75} = 24m^2$$

$$E\text{ 物料仓储面积需求} = \frac{3\text{ 天} \times 100\text{ 台}/\text{时} \times 10\text{ 小时}/\text{日}}{60\text{ 件}/\text{箱} \times 10\text{ 箱}/\text{托}} \times 1.2m^2 \times \frac{1}{0.75} = 8m^2$$

则总共需要仓储面积约为71m²。

在物料实际摆放时需求的实际面积往往与按此方法得到的技术数值存在差异，主要是因为可能存在物料在摆放时超出托盘承载面，或生产现场有立柱、消防栓等障碍物，影响物料的摆放，于是就要求规划者需绘制模拟图模拟摆放，图8-6是某企业绘制的仓储面积需求模拟布局图中的部分截取。

在物流运作过程中，使库位内部物料流动方向尽量保证与生产流动方向一致，以减少物流过程中因路线的曲折交错导致的相互影响。由图8-6可以看出，物料入库主通道与物料配送通道是不同的，物料由库位中间的入库主通道进入暂存区，然后再由配送通道配送至需求工位（在该企业内部，其生产流向与配送物流流向相同，即绿色箭头指示方向，如图8-7所示）。

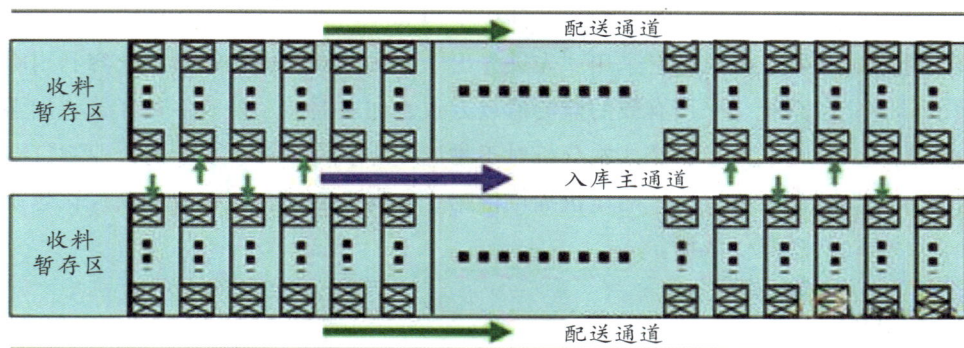

图8-6　某企业仓储面积模拟布局图

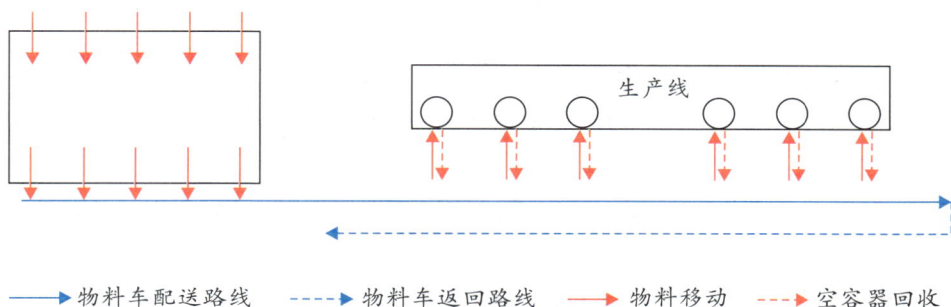

图8-7　物料流动路线图

如何保障物料从中间进从两边出？换言之，如何保障物料的FIFO？通常的做法是通过使用带轮托盘车或带轮台车，当然也可在库位内部设置滑轨，如流利货架即是利用重力的原理来实现物料的先进先出。

为便于物料的进出库作业，在实际操作过程中，管理者往往会把物料的暂存区人为分割成几块，通常的分割方法是以日产量作为分割量，还有的以单套订单量作为分割量，具体分割方法需视各自情况而定，但库位的深度最大通常不会超过10个托盘（1.0m×1.2m）的长度。

如何提升产能、提高效率、降低成本，是每个企业不断探索的问题，也是一个企业发展的根本，而大多数企业采用的方法是头痛医头的做法，即一味地在生产环节找问题，却忽略了生产辅助环节的作用及问题，特别是物流环节的影响。尽管越来越多的企业标榜物流导向、先物流后生成，但在实际的运作中，因为种种原因，导致物流成为生产型企业的鸡肋。希望本文能为致力于降低工厂成本，提升生产效率的规划者或管理者提供一点帮助。

小　结

ABC 分类法的核心思想是在决定一个事物的众多因素中分清主次，识别出少数的但对事物起决定作用的关键因素和多数的但对事物影响较少的次要因素。ABC 分类法应用的基本程序为开展分析、实施对策。现代仓储成本构成应当包括显性成本和隐性成本两个方面。降低仓储成本常见的措施有采用"先进先出"方式、提高储存密度和仓容利用率、采用有效的储存定位系统、采用有效的监测清点方式、加速周转、采取多种经营、加强劳动管理和降低经营管理成本。仓储成本分析对于物流企业来说，意义在于为企业制订仓储经营管理计划提供依据、为仓储产品定价提供依据、有利于加速仓储企业的现代化建设和为仓储企业的劳动管理提供依据。

◇复习题

一、选择题

1.（　　）是根据事物在技术或经济方面的主要特征，进行分类排队，分清重点和一般，从而有区别地确定管理方式的一种分析方法。

A. ABC 分类法　　　B. EIQ 分类法　　　C. CVA 分类法　　　D. 数据

2. 把一些相关性货物经过集合以后，区分成好几个品类群，再对每个品类群进行编码，这种方式称为（　　）。

A. 区段方式　　　B. 品类群类别方式　　C. 地址式　　　　D. 坐标式

3.（　　）是一种将库存按年度货币占用量分为三类，通过分析，找出主次，分类排队，并根据其不同情况分别加以管理的方法。

A. CVA 库存管理法　B. 关键因素分析法　C. ABC 库存管理法　D. 帕累托库存管理法

4. CVA 库存管理法中 A 类重点客户的存货具有（　　）。

A. 较低优先级　　　B. 中等优先级　　　C. 较高优先级　　　D. 最高优先级

5. 仓储业务管理是以（　　）为基础，准确、及时地为生产和销售等环节提供商品供给的储存活动。

　　A. 保管商品　　　　B. 订单传输　　　　C. 订单录入　　　　D. 订单履行

6. 仓库作业过程实际上包含了实物流过程和（　　）两个方面。

　　A. 信息流过程　　　B 作业流过程　　　C. 订单流过程　　　D. 数据流过程

7. WMS 表示（　　）。

　　A. 仓库管理系统　　B. 仓库信息系统　　C. 仓库控制系统　　D. 仓库联系网络

8. （　　）是指仓库在物品正式入库前，按照一定的程序和手续，对到库物品进行数量和外观质量的检查，以验证它是否符合订货合同规定的一项工作。

　　A. 核查　　　　　　B. 接管　　　　　　C. 校对　　　　　　D. 验收

9. 主要反映仓库保管和维护质量和水平的指标是（　　）。

　　A. 收发正确率　　　B. 业务赔偿费率　　C. 物品损耗率　　　D. 账实相符率

10. 主要反映仓库组织出库时的作业管理水平以及当期的交通运输状况的指标是（　　）。

　　A. 平均验收时间　　B. 库用物资消耗指标 C. 作业量系数　　　D. 发运天

参考答案：1. A　2. B　3. C　4. D　5. A　6. A　7. A　8. D　9. A　10. B

二、判断题

1. ABC 仓库库存管理法是"关键是少数次要是多数"的帕累托原理在仓储管理中的应用，它通常按年度货币占用量将库存分为 ABCD 几类，找出主次，分别管理。（　　）

2. CVA 库存管理法又称为关键因素分析法，比 ABC 库存管理法有更强的目的性。（　　）

3. 降低仓储成本要在保证物流总成本最低和不降低企业的总体服务质量和目标水平的前提下进行。（　　）

4. 对于有大批量需求的物品应实行配送，而对于小批量的物品应实行直送。（　　）

5. 货物的本期期末库存量等于本期需求量减去上期期末库存量。（　　）

参考答案：1. ×　2. √　3、√　4、×　5、×

三、简答题

1. ABC 分类法是如何使用的？

ABC 分类法是根据事物在技术、经济方面的主要特征，进行分类排列从而实现区别对待区别管理的一种方法。ABC 法则是帕累托80/20法则衍生出来的一种法则。所不同的是，80/20法则强调的是抓住关键，ABC 法则强调的是分清主次，并将管理对象划分为 A、B、C 三类。

2. ABC 分类法具体操作（可以量化的货品）的步骤是什么？

第一步，计算每一种材料的金额。第二步，按照金额由大到小排序并列成表格。第三步，计算每一种材料金额占库存总金额的比率。第四步，计算累计比率。第五步，分类。累计比率在0%～60%之间的，为最重要的 A 类材料；累计比率在60%～85%之间的，为次重要的 B 类材料；累计比率在85%～100%之间的，为不重要的 C 类材料。

3. 仓储成本的主要构成是什么？

仓储成本包括仓库租金、仓库折旧、设备折旧、装卸费用、货物包装材料费用和管理费等。

4. 什么是"五五化"堆码方法？

这是我国手工管理中采用的一种科学方法。储存物堆垛时，以"五"为基本计数单位，堆成总量为"五"的倍数的垛形，如梅花五、重叠五等。堆码后，有经验者可过目成数，大大加快了人工点数的速度，而且很少出现差错。

四、综合实验题

1. 企业物流管理中的电子计算机监控系统是如何设置的？

2. 物流企业如何降低经营管理成本？

3. 生产加工企业车间如何保障物料的 FIFO？

4. 贯通式（重力式）货架系统是如何具体运用的？

◇案例分析

案例背景

美的——供应链双向挤压

中国制造企业有90%的时间花费在物流上，物流仓储成本占据了总销售成本的30%～40%，供应链上物流的速度以及成本更是令中国企业苦恼的老大难问题。美的针对供应链的库存问题，利用信息化技术手段，一方面从原材料的库存管理做起，追求零库存标准；另一方面针对销售商，以建立合理库存为目标，从供应链的两端实施挤压，加速了资金、物资的周转，实现了供应链的整合成本优势。

零库存梦想

美的虽多年名列空调产业的"三甲"之位，但是不无一朝城门失守之忧。自2000年来，在降低市场费用、裁员、压低采购价格等方面，美的频繁变招，其路数始终围绕着成本与效率。在广东地区已经悄悄为终端经销商安装进销存软件，即实现"供应商管理库存"（以下简称 VMI）和"管理经销商库存"中的一个步骤。

对于美的来说，其较为稳定的供应商共有300多家，零配件（出口、内销产品）加起来一共有3万多种。从2002年中期起，利用信息系统，美的集团在全国范围内实现了产销信息的共享。有了信息平台做保障，美的原有的100多个仓库精简为8个区域仓，在8小时可以运到的地方，全靠配送。这样一来美的集团流通环节的成本降低了15%～20%。运输距离长（运货时间3～5天的）的外地供应商，一般都会在美的的仓库里租赁一个片区（仓库所有权归美的），并把其零配件放到片区里面储备。

在美的需要用到这些零配件的时候，它就会通知供应商，然后再进行资金划拨、取货等工作。这时，零配件的产权，才由供应商转移到美的的手上——而在此之前，所有的库存成本都由供应商承担。此外，美的在ERP（企业资源管理）基础上与供应商建立了直接的交货平台。供应商在自己的办公地点，通过互联网（WEB）的方式就可登录到美的的公司的页面上，看到美的的订单内容：品种、型号、数量和交货时间等，然后由供应商确认信息，这样一张采购订单就已经合法化了。

实施VMI后，供应商不需要像以前一样疲于应付美的的订单，而只需做一些适当的库存即可。供应商则不用备很多货，一般能满足3天的需求即可。美的零配件年库存周转率，在2002年上升到70～80次／年。其零配部件库存也由原来平均的5～7天存货水平，大幅降低为3天左右，而且这3天的库存也是由供应商管理并承担相应成本。

库存周转率提高后，一系列相关的财务"风向标"也随之"由阴转晴"，让美的"欣喜不已"：资金占用降低、资金利用率提高、资金风险下降、库存成本直线下降。

消解分销链存货

在业务链后端的供应体系进行优化的同时，美的也正在加紧对前端销售体系的管理进行渗透。在经销商管理环节上，美的利用销售管理系统可以统计经销商的销售信息（分公司、代理商、型号、数量、日期等），以前采取半年一次手工性的繁杂对账，现在则进行业务往来的实时对账和审核。

在前端销售环节，美的作为经销商的供应商，为经销商管理库存。这样的结果是，经销商不用备货了，"即使备也是五台十台这种概念"——不存在以后听淡季打款。经销商缺货，美的立刻就会自动送过去，而不需经销商提醒。经销商的库存"实际是美的的自己的库存"。这种存货管理上的前移，使美的可以有效地削减和精准地制订销售渠道上昂贵的存货，而不是任其堵塞在渠道中，让其占用经销商的大量资金。

美的以空调为核心对整条供应链资源进行整合，更多的优秀供应商被纳入美的的空调的供应体系，美的空调供应体系的整体素质有所提升。依照企业经营战略和重心的转变，为满足制造模式"柔性"和"速度"的要求，美的对供应资源布局进行了结构性调整，供应链布局得到优化。通过厂商的共同努力，整体供应链在"成本""品质""响应期"等方面的专业化能力得到了不同程度的发育，供应链能力得到提升。

目前，美的空调成品的年库存周转率大约是接近10次，而美的的短期目标是将成品空调的库存周转率提高1.5～2次。目前，美的空调成品的年库存周转率不仅远低于戴尔等电脑厂商，也低于年周转率大于10次的韩国厂商。库存周转率提高一次，可以直接为美的空调节省超过2000万元人民币的费用，因而保证在激烈的市场竞争下维持相当的利润。

问题讨论：

1. 结合案例分析仓储成本的构成有哪些？

2. 结合案例分析美的采取仓库零库存给生产带来了哪些好处？

3. 分析美的的成功之处。

案例解析

1. 仓储成本的构成有：（1）固定资产折旧和租赁费；（2）设备维修费；（3）工资和福利费；（4）仓储保管费；（5）管理费用、财务费用、营销费用；（6）保险费；（7）税费。

2. 仓库零库存，让供应商来管理自己的后备库存，减少了原材料管理这部分的资金和人力，使更多的资金和人力投入到生产中。这种库存管理方式精简了生产过程，通过拉动式的生产，减少了货物积压，降低了库存成本，加速了资金周转，使整个企业的生产力和资金都集中到生产上去。

3. 美的的成功之处在于它使用了"供应商管理库存"和"管理经销商库存"。前者使美的减少了库存方面的费用，增加资金周转率，让更多的资金和生产力投入到生产中。这种拉动式的生产也提高了生产效率。后者是存货管理上的前移，美的可以有效地削减和精准地制销售渠道上昂贵的存货，而不是任其堵塞在渠道中，让其占用经销商的大量资金。增加了资金周转率。而且这样周到的服务，方便了经销商，为经销商节约了库存资金，也使美的赢得了更多的客户。

第九章
库存行业管理情景模拟

教学目标

认识目标：熟悉家电物流中心的整体运营操作；熟悉超市配送中心的整体运营操作。

能力目标：熟练掌握家电物流中心仓储作业的操作；熟练掌握超市配送中心仓储作业的操作。

学习任务

熟悉家电物流中心的整体运营操作；熟悉超市配送中心的整体运营操作。

导入案例

苏宁合肥物流基地冲刺"最后一公里"

在电商大举布局物流基地的当下，王军笑了。早在6年多前，苏宁在合肥南岗划了块地，建造了8万平方米的物流基地。承载着一年60亿元的销售规模。"玩电商，比的就是速度。"建在合肥人家门口的巨无霸仓库，已先行一步，这场电商"龟兔赛跑"中，没给"乌龟们"逆袭留半点机会。电商进入"库房决胜"时代。

对零售而言，这是电商的时代，对电商而言，这是"库房决胜"的时代。6年前的苏宁，已经洞悉一切，在合肥选址建设库房。

位于高新区南岗科技园的合肥苏宁物流基地，是第三代现代化物流基地的代表，一期仓库复合面积达48000平方米，共有1万4千多个货位，大件商品存储能力30万台套，日作业能力近3.5万台套，二期待用仓库33000万平方米，2014年，承载着合肥大区60亿元的销售规模。

2015年5月8日，苏宁云商合肥地区管理中心总经理王军穿梭在高大的货架中，边走边介绍自动化仓库运行模式，整个高架库存储区内实行无人作业化管理，由巷道堆垛机系统根据WMS系统指令，自动完成库区内上架、下架等作业任务。

拣选区采用智能语音、RF手持终端、电子标签等先进高效的拣选系统，指导作业人员进行拣选作业，工作效率大幅提高，商品损害率降低，实现拣选效率化、准确化。

王军举例说，如果消费者在苏宁门店购买一台空调急需使用，下单后信息系统会直接反馈给仓库，通过"绿色通道"能单独拣选，然后配送，也就说只用坐出租车的时间，空调就送上门，也许顾客还没赶回家，空调就在门口等着了。

合肥苏宁冲刺"最后一公里"

作为集团共用的仓储资源，仓库带来的速度不仅体现在实体家电配送上，还包括苏宁易购电商平台所销售的食品、日用百货、图书等诸多种类。

苏宁易购吃货节、红孩子11周年生日趴……接踵而来的线上促销，如何冲刺最后一公里，把服务做到极致，看看合肥苏宁如何接招。

在苏宁合肥物流基地里，专门有一个小件配送区域，消费者在苏宁易购上购买的除家电外的自营商品都将经过这里打包、配送、拆包、拣选、合单、装箱、打印发票、打包贴条、复检流水线作业，每一个环节都有条不紊。

标准化流程最大的好处是，速度快，质量高。王军说，这里不会出现暴力分拣的情况，每件商品都要扫码录入，只有和订单完全一致，才能进入打包流程，极大降低了配送错误的概率。

区域物流基地大大分散缓解了中心总部的配送压力，提高物流速度。"在大促的时候，商品从南京总部运到合肥，在本地进行分装配送，有效解决了因总部人手不足导致发件延迟的问题。"更重要的是，在合肥物流基地的包裹能够当日送达，消费者也可以通过实体店自提。

苏宁物流要替别人送货

很多人会说，仓储是苏宁的"痛点"。苏宁线下是有很多实体店，但是，实体店的仓储只是那个店自身的仓储，而不是电子商务中的仓储。合肥苏宁第三代物流基地出现，恰恰将"痛点"反转，实体店＋现代仓储的模式，真正意义上发挥了"1+1>2"的效应。苏宁合肥线下门店和售后服务网点，作为自提点和服务点，是任何一家电商无法赶超的。

当唯品会嚷嚷着搞O2O，京东布局加速建物流基地时，单从区域来看，合肥苏宁已经拥有天然的优势。在电商"库房决胜"时代先赢一局。

最新的消息显示，苏宁第三方服务网站5月已低调上线，进驻企业和商户可通过官网自主执行下单、入库、出库配送等各项物流服务，目前有60家企业已经完成进驻。苏宁强大的物流体系真正成为一个开放平台。

从苏宁物流官网上看，其主营产品主要包括供应物流、仓储物流、揽件速递、跨境物流以及冷链等五项内容。目前进驻企业和商户选择最多的主要是供应物流和仓储物流两项业务。

苏宁易购的仓储、配送与第三方商户共享，同时在乡镇市场引入快递企业，将仓储物流与 LBS 技术结合，提升配送效率，并实现"最后一公里"全程覆盖。

这意味着，苏宁合肥这个巨无霸仓库，未来会出现家居服饰、生鲜水果等新品类。而它不单是苏宁的仓库，而是合肥人生活的大仓库。

（资料来源：http://www.chinawuliu.com.cn/zixun/201505/13/301279.shtml）

9.1　家电连锁零售企业仓储概述

目前我国家电连锁经营已经逐渐成为主导型商业模式，连锁经营总部的库存管理既有一般零售商业企业库存特点，也有其自身的特殊性。

连锁经营是指通过对若干零售企业实行集中采购、分散销售、规范化经营，从而实现规模经济效益的一种现代流通方式。实行统一采购、统一配送、统一标识、统一经营方针、统一服务规范和统一销售价格等是连锁经营的基本规范和内在要求。根据上述对连锁经营的定义可以看出，连锁企业的实质是五个统一，即统一采购、统一配送、统一核算、统一管理和统一标识。

家电连锁物流是指家电连锁企业从家电采购、进货、储存，直到销售给消费者的移动过程，体现为商品的集中采购、集中储存和统一配送，它是连锁经营的市场供应保障系统。高效的物流系统可以使连锁经营管理达到提高补货效率、降低库存成本、共享情报信息、增加商品价值的目的。

9.1.1　大型家电连锁企业物流配送特点

物流配送简称配送，配送属于物流范畴，是物流的诸多功能之一。配送，是指在经济合理区域范围内，根据用户要求，对物品进行拣选、加工、包装、分割、组配等作业，并按时送达指定地点的物流活动。大型家电连锁企业物流配送具有如下特点。

（1）时效性。必须快速及时地响应顾客的需求。按订单进行配送，接到订单后配送中心与店铺的商流、信息流协调运作，接单时间与连锁企业促销时间相一致，时间段上较为集中，这就要求家电连锁企业有很好的快速反应能力，保证信息畅通无阻，尽可能以最短的时间将家电产品送到顾客手上。

（2）方便性。家电配送作为一项增值服务，必须最大限度地满足客户要求，为顾客提供便捷的服务。空间地域上，物流分销体系细化和庞大的家电连锁经营已经细化出专业店、旗舰店、数码店、手机店、网上店等多种渠道，物流系统出货配送和售后服务网络覆盖范围大。正如科特勒所说的那样：今日的企业必须致力于以最便利的方式来满足顾客的需求，并尽力缩减顾客在服务的搜索、下订单和收取上所花费的时间和精力。

（3）沟通性。家电配送属于物流末端服务，直接与顾客接触，必须进行积极有效地沟通。比如确认顾客购买的产品、送货时间、送货地点等内容，对消费者需求的响应速度对企业自身及供应链的其他成员影响较大，形成家电连锁零售商主导的供应链。

（4）安全性。必须将货物完好无损地送达指定地点，防止产品在搬运、运输过程中损坏，避免给企业和消费者带来不必要的麻烦。

（5）经济性。做物流必须要分析成本，以合理的成本为顾客提供最满意的服务，家电配送也不例外，物流活动采取集中采购、集中储存和统一配送，以此降低经营成本。

（6）季节性。家电销售季节差异明显。例如，空调，其销售旺季在每年的4~7月，在高温季节的销售高峰时日出库量比淡季多十余倍，形成鲜明对比。家电产品的"假日经济"特点也很突出。以彩电为例，在"金九银十"（指9月、10月）和春节前后，彩电的销售量会猛增，随之而来的是消费者对快速物流配送的需求。

9.1.2　家电连锁企业物流配送基本模式

我国家电连锁企业目前物流配送的基本模式一般有三种类型：自营配送模式、共同配送模式、第三方配送模式。

1. 自营配送模式分析

这种配送模式是连锁企业根据自己的经营规模、各连锁店的商品配送量以及网点布局等多种条件与因素，选择适当的地点，自己出资建立一个或几个配送中心，并对配送中心进行经营管理，由配送中心完成对各连锁店的配送业务。在这种配送模式下，连锁企业对配送业务直接进行管理和运作，配送业务围绕着企业的销售而展开，能最大限度满足企业销售服务的要求，为本企业连锁店铺提供的配送服务更灵活、更方便、更能满足连锁企业的需要，因而其服务质量和服务水平较高。由于没有其他企业参与，也不担心在配送业务上受他人控制。但由于配送中心是企业自建自营，且要求高水平服务，连锁企业需要花费相当大的投资和精力去进行配送中心的建设和管理，尤其是连锁企业因经济实力和销售规模限制无法产生配送规模效益时，就会带来高额的配送成本，难以发挥连锁经营的优势。

这种物流战略追求一种"大而全，小而全"的物流模式，不符合现代物流理念。因为企业自营物流不利于发挥企业的核心竞争力，也不利于资源的优化配置。然而，对现阶段我国部分企业来讲，自营物流仍占据着主导地位。究其原因，有以下三点。

（1）供应链管理在我国企业的发展尚未完全成熟。虽然说实施供应链管理是我国连锁企业发展的必然趋势，但真正做到横向一体化，还需要一个过程。

（2）与家电连锁企业完美匹配的第三方物流企业较少。现代物流业的兴起，促使许多的运输、仓储企业开始纷纷向第三方物流转型，我国现阶段正式挂牌成立的物流公司也不在少数。但不可否认的是，第三方物流在我国的发展水平还比较低，发展还不够成熟，许多企业根本找不到适合自己的第三方物流企业。

（3）部分企业已将物流服务纳入了自己的核心业务。物流已成为这些企业重新定位企业核心竞争力的一个重点。

这种配送模式适用于一些经济实力雄厚，销售规模较大或自身拥有较好配送网络的大型企业，如美国的沃尔玛公司通过自建配送中心，自营配送业务。但对于规模较小、配送量有限的中小型企业来讲，则不适宜采用此种配送模式。

2. 共同配送模式分析

这种模式是连锁企业与其他企业合作，共同出资建立配送中心，满足对配送业务的需要，以实现整体合理化的协作型配送模式。在这里"其他企业"主要包括两类：一是其他业种的企业，如运输、仓储等物流企业；二是其他的连锁企业。

共同配送最早产生于日本，由于其显著的优越性，目前已成为发达国家中广泛采用、影响面较大的一种先进的配送模式。这种模式主要是一些规模不大或资金有限的中小型连锁企业，自己不具有建立配送中心的能力，但又不愿意失去对配送业务的控制和管理，便选择与其他企业共同建立和经营配送中心，实现共同配送。

3. 第三方配送模式分析

这种配送模式是指连锁企业不建立自己的配送中心，而是以签订合同的方式将各连锁店的集货、配货和送货等配送业务委托给专门从事此项业务的社会化物流公司或配送中心来承担。据统计，第三方物流占总物流服务份额的比例德国为23.33%，法国为26.9%，英国为34.4%，意大利为12.77%，西班牙为18%，欧共体国家平均为20%左右，美国和日本在30%以上，目前其需求仍呈增长趋势。

这里所指的专业性社会化物流公司或配送中心可能是独立的专业物流公司或配送中心，不隶属于任何一家连锁企业；也可能是某一连锁企业的配送中心。该配送中心除了承担本企业的配送业务之外，还有余力承揽企业外的配送业务，它既有连锁经营的背景，又有配送的经验，是行家里手。这些专门从事配送业务的公司的主要优点是网络设施及管理体系相当健全，在提供配送服务方面非常专业，配送能力很强。

第三方物流配送模式不要求企业自己建立配送中心，可以充分利用第三方物流企业的物流设备、设施和信息系统，不仅减少固定资产的投资，还使得自身的固定成本转化成可变成本，加速了资金周转，解放了仓储和运输方面的资金占用，减少物流配送管理相关费用。

连锁企业采取这种配送模式不仅能使连锁企业节省大量的投资和管理费用，无建库养车之虑，集中精力做好连锁店的卖场管理和营销，而且可以享受比较完善的配送业务。专业性、社会化的物流公司或配送中心精于物流配送业务，有齐全的专业化物流设施设备和成熟的配送管理经验，根据连锁企业提出的配送要求进行配送。同时由于专业物流公司或配送中心业务量大，能取得规模经济效益，根据业务发展的需要，不断采用先进的设施、设备和新技术、新方法，改进作业工艺等，因而能够不断降低配送成本。所以，此种配送模式应该是连锁企业的发展趋势。

9.2 国内外家电连锁物流配送模式现状及存在的问题

9.2.1 家电连锁物流配送模式的发展现状

1. 国外物流配送模式发展现状

目前配送中心、加工中心等物流中心遍布整个美国、日本和西欧，而且他们对物流配送研究也较多，已经形成比较成熟的理论体系，不论是硬件方面还是软件方面都具有相当高的水平。其中美国在物流配送机械方面水平较高；日本物流配送基础设施良好，物流配送社会化、组织化程度较高，注重物流配送实用技术和方法，物流配送成本控制较好。

（1）美国的零售物流配送。

美国是世界上最早发展物流业的国家之一。早在1922年美国已将各项物流理念及应用编入教科书中，并于1950年成立各种物流组织以研究各种物流管理方法、理论和技术，足见其物流发展历史之悠久。美国的物流市场错综复杂，又十分活跃，得益于它有一套完善的物流市场管理及法制管理体系。美国政府在物流高度发达的经济社会环境下，不断通过政府宏观政策的引导，确立以现代物流发展带动社会经济发展的战略目标，其近景和远景目标都十分明确。为了在流通领域产生效益，美国企业采取了以下措施：一是将老式的仓库改为配送中心；二是引进电脑管理网络，对装卸、搬运、保管实行标准化操作，提高作业效率；三是连锁店共同组建配送中心，促进连锁店效益的增长。美国连锁店的配送中心主要有批发型、零售型和仓储型三种类型：批发型配送中心主要靠计算机管理，业务部通过计算机获取会员店的订货信息，及时向生产厂家和储运部发出订货指示单；零售型配送中心以美国沃尔玛公司的配送中心最为典型，该类型配送中心一般为某零售商独资兴建，专为本公司的连锁店提供商品，确保各店稳定经营；仓储型配送中心以美国福来明公司的食品配送中心为典型，其主要任务是接受独立杂货商联盟的委托业务，负责为该联盟在该地区的若干家加盟店商品配送。

在美国最具代表性的零售型配送中心是沃尔玛公司的配送中心，由该公司独资建成，经营本企业的配送业务。沃尔玛公司是世界上最大的连锁经营企业，连锁店铺开设到世界各地，拥有4000多家，平均160家连锁店设一个配送中心，中心一般设在连锁店铺中央位置，呈辐射型配送，辐射半径为320千米左右，连锁店铺平均规模一般为1.2万平方米。配送中心经营商品40000多种，主要是食品和日用品，库存控制在4000万～7000万美元。年库存周转24次，在库时间超过180天为滞销商品。配送中心建筑一般为12万平方米，中心24小时运营。

（2）日本的物流配送。

日本在20世纪60年代从欧美等地引进物流相关的技术，发展至今已使日本成为各国刮目相看的商业大国。日本的人口密度大，虽然商业网点多、大小超市及其连锁店星罗棋布，购物十分方便，但是城市交通拥挤、堵车现象严重。为了及时送货上门，又要降低运费，商家把货物配送工作交给专业运输公司或物流中心承担。据统计，日本企业利用第三方物流的比重为80%。为适应这种要求，在配送管理系统、汽车装车系统、外包车管理系统等软件方面加强了研究。日本的第三方物流配送企业都十分重视研究探索物流配送的新技术、新方法，以不断提高物流服务质量，降低物流成本，增强在市场的核心竞争力。在日本物流企业中使用的可卸式货架、移动式商品条形码和计算机管理系统应用非常普遍，实现了商品入库、验收、分拣、出库等物流企业全过程的计算机管理和控制，既提高了效率，又加强了管理。

在日本，零售业是建立先进的商货物流系统的行业之一。便利店作为一种新的零售业姿态迅速成长，现已遍及日本，正影响着日本其他的零售商业形式。这种新的零售业态需要利用新的商业配送技术，以保证店内各种商品的供应顺畅。因此，日本的商业配送具有以下特点：第一，分销渠道发达。许多日本批发商过去常常把自己定位为某特定制造商的专门代理商，只允许经营一家制造商的产品。为了保证有效率地供应商品，日本许多商业配送公司不得不对旧有分销渠道进行合理化改造，更好地做到与上游或下游公司的分销一体化。第二，频繁、小批量进货。日本商业配送企业的很大一部分服务需求来自便利店，便利店依靠的是小批量的频繁进货，只有利用先进的配送系统才有可能发展连锁便利店，因为它使小批量的频繁进货得以实现。第三，商品配送体现出共同化、混合化的趋势。共同化、混合化的商品配送使原来按照不同生产厂、不同商品种类划分开来的分散的商品配送转变为将不同厂家的产品和不同种类的商品混合起来运送，从而发挥配送的批量效益，大大提高了运货车辆的装载率。第四，合作型商品配送。在日本，生产企业、零售企业与综合商社、综合商货物流公司之间基本上都存在一种长期的配送合作关系。并且，这种合作关系还随着日本工业生产的国际化延伸到国外。第五，政府规划在现代配送发展过程中具有重要意义。

（3）整体性的供应链模式将被重视。

传统的管理模式，习惯将组织区分为不同的部门，视每一个部门为一个成本中心来管理。但是这种管理模式将会引发组织内部的问题，将严重影响一个组织的生存。因此，未来的管理模式将视组织为一个生命体，在生命体当中有许多维持生命体永续活动的机制，如采购、生产、销售和产品配送，这些机制需要有效连接，来满足顾客的需求，新的管理模式将各项组织活动看成一连串相关的活动进行管理，通过整体性的管理，经理人可以精确安排每一项活动的进行，最后为组织谋取最大利益。同时，管理者以一种整体的观点管理公司，该组织可以更快地对外部环境变化做出反应，加快组织调整的速度。

（4）全球化的第三方物流业的兴起。

随着产业的全球化，生产地点与消费地点分离，两者间的距离越来越远，为了快速将产品送达顾客手中，物流的重要性开始增加。此时出现了一种可以整合上下游物流活动的企业形态，称为全球化第三方物流，这种类型的公司可以从生产端开始，整合全球相关的物流配送活动，进而将产品准时送达顾客指定的全球任何地点。据统计，第三方物流占物流服务份额的比例德国为23.33%，法国为26.9%，英国为34.4%，意大利为12.77%，西班牙为18%，欧共体国家为20%左右，美国和日本在30%以上，目前其需求仍呈增长趋势。因此，全球化第三方物流服务提供者的兴起将会对全球化经济的未来发展产生重大影响。

（5）建立快速复合运输系统日趋重要。

由于生产地点与销售地点的空间差异，许多产品通常需要经过漫长的运输和仓储过程才可以送到顾客手中，尤其是如果产品需要跨洲运输，流程更是漫长且复杂。因此，建立不同运输方式间有效且快速的衔接系统，也就是复合运输系统，将成为发展全球贸易与物流活动的重要措施。运输过程出现时间延迟的原因之一就是"转运"问题，它最常发生在跨国运输时。通常，为了缩短运转时间，标准化、无纸化与机械化是重要的系统要求。将有更多的物流企业利用这些完备的复合运输基础设施，建立其在全球的营运网络，以提供更快捷与高品质的物流服务。

2. 国内物流配送模式的发展现状

在我国，近些年来连锁经营业蓬勃发展、形势喜人，其中家电零售连锁经营的发展更是如火如荼，家电销售渠道已由百货商场、家电大卖场与专卖店三分天下的竞争格局，逐步向以市场为导向，大型零售商与制造商共同携手的大型家电连锁经营为主流的方向转变，大型家电连锁经营已成为专业连锁经营成功的代表。家电连锁企业成功的关键在很大程度上取决于它有完备的物流配送网络与强大的物流配送能力。

大型家电连锁企业基本上采用了集中配送的方式来实现大家电终端物流配送。具体说，在一定的范围内，家电连锁企业无论有多少销售点，其所有的实物库存均保存在配送中心，各销售点只有样机。销售实施时，各零售点完成交易操作与结算任务，同时将购买者信息和售出商品信息传递到配送中心，根据购买者所处地理信息和货物信息统一调度运力，安排送货车辆，将售出商品从配送中心运达购买者指定的收货地点，送货的同时完成搬运、检验、安装、调试等服务。

现代信息技术和现代物流技术的进步为我国的物流配送发展准备了充分的技术基础。目前现代化物流管理和配送技术中的一些先进信息技术和配送技术已在我国企业中得到越来越广泛的应用，如条形码技术、计算机支持的信息管理技术、EDI、MRP等。此外，政府对物流配送提供政策支持。为了大力促进流通体制改革和流通现代化的进程，为了促进连锁经营等组织形式的发展，国家有关部门对商品流通配送采取了积极鼓励和支持的政策。国家多次强调配送中心对发展连锁店的重要作用，尤其近年来，物流配送及配送中心的建设受到了高度重视。受到以上两个因素的影响，许多实行连锁经营的企业建立了自己的物流配送中心，为企业内部连锁网点提供物流服务。

9.2.2　大型家电连锁物流配送模式存在的问题

在企业逐渐扩张建立自己配送中心的同时却暴露出一些问题，如配送中心规模小，统一配送效率不高。我国许多连锁企业自建的配送中心由于缺乏资金和技术，配送中心的投入以应对眼前的连锁规模为前提，有的甚至为了达到所谓的"连锁"形式将以前的仓库改称为配送中心。所以这种现实条件下建立的配送中心规模小，配送能力比较差，限制了连锁企业统一配送效率。国外配送中心的配送效率一般为80%以上，而我国最好的在80%～90%，多数在60%～70%，少数企业的统一配送效率在50%以下，车辆实载率仅为60%，车辆使用率仅为50%，车辆的实动效率为25%，50%的人员、设施处于闲置状态，物流运营过程中的货损率在2%以上，配送及时率仅为86%，单据准确率为97%。我国配送中心面积与其服务的营业面积之比仅为1∶4，而美国沃尔玛的该项比例为1∶10。我国平均一个配送中心负责配送20个店铺，平均每辆车只承担了2～3个店铺的送货，而日本的连锁店一个配送中心负责配送70个店铺只需4～5辆车，香港百佳超市的一个配送中心负责100多个店铺。配送规模尚未形成规模优势，配送效率低，配送成本偏高。

从大型家电连锁企业来看，家电配送发展时间短，物流配送体系的建设只是近几年的事，处于粗放经营阶段。具体表现在如下几个方面。

（1）淡旺季运力筹备缺乏计划性与科学性。

由上述家电连锁企业的销售特点可以看出，销售量波动比较大。为保证货物的顺利配送，现各家电连锁企业都按旺季所需的运力进行筹备，而实际上真正的黄金周全年只有三个，就是"五一""十一"及春节，每个黄金周只有三天销售高峰，也就是说全年黄金周的销售高峰只有9天。为了这9天销售高峰货物的顺利配送，而超常量筹备车辆，其结果就是平时车辆利用率极其低下，配送效率极其低下。

（2）配送中心选址与配送中心建设不规范。

目前，大型家电连锁企业在配送中心选址时，只简单地考虑仓储租金，而很少结合配送成本与配送效率、服务质量来分析。从表面看，一次性固定的仓储租金投资少了，但实际上由于仓储的位置过于偏僻，交通状况较差，送货路程较长，家电销售终端渠道的急剧集中，导致家电行业末端物流通道的急剧集中，末端物流已成为家电连锁企业共同的瓶颈，如何正确选择家电连锁企业的物流配送模式对家电连锁经营企业的进一步发展至关重要。

家电连锁企业的配送中心建设极不规范，很多配送中心没有适量的固定车位和标准的装卸平台，随意停车，到处装卸，不利于提高出入库效率。在进出货高峰时，极易造成混乱，甚至整个装卸场地都会造成阻塞。货物进入配送中心后，要求对货物的验收入库、库内保管、备货、配送安排、送货等都是自动化、合理化、高效率的。但事实上目前家电连锁企业配送中心的装卸搬运操作基本上是人工完成，装卸工具仅限于简易的手推车、老虎车等。机械化、自动化程度低、信息化程度低。物流设施的技术和设备都比较陈旧，与国外以机电一体化、无纸化为特征的配送自动化、现代化相比，差距很大。从实现企业物流成本降低和效率提高的角度来看，企业物流管理信息化的趋势是建立客户导向的供应链全程管理体系、多功能的综合物流服务中心和综合运输配送网络以及对物流流通全程的监控体系。

（3）物流网点没有统一布局，分部建设没有体现规模经营。

目前，多数家电连锁企业在国内跑马圈地，是在追求商业网点资源，但这种"放卫星"式的扩张及业态模式的简单复制体现不出配送中心的规模优势，从而增加了物流成本，降低了企业的整体盈利能力，加大了企业的经营风险，未能实现有限资本的收益最大化。

从表面上看，大型家电连锁企业迅速扩张，到处布点，销售网络急剧增加，总的销售额也快速增长。但究其本质，快速增长的背后，缺少精耕细作，没有充分发挥连锁经营的规模经营优势，没有在实现销售额增长的同时，实现利润的快速同步增长。对大多数大型家电连锁企业而言，其各物流网点所覆盖的连锁店一般数目较少，规模较小，因而配送中心所能增加的收益不够补偿配送中心的建设费用，不能形成规模经营，成本压不下来，在价格上的优势也就体现不出来。

（4）基础投入不足、服务平台偏弱，延时送货、安装困难、重复维修等问题不断出现。

实证研究表明，"服务是影响顾客购买的关键因素"、"服务是降低经营成本的有效途径"。

（5）对物流工作重视不够，没有用供应链的思想整合物流系统。

各大家电连锁企业成立物流部门只是近几年的事，对物流工作重视的程度还很不够，只是把物流部作为一个辅助的部门，配合与支持采购、销售。在企业内部没有对物流、采购、售前、售中与售后进行流程重组与统筹安排，在企业外部没有对供应商、终端用户、物流资源进行有效地资源整合与成本改进，更没有从战略高度来考虑与规划物流。

从狭义上讲，没有系统地分析与改进物流的总成本。对家电连锁企业而言，物流的总成本包括：仓储租金、运营与管理成本、配送成本等，只是独立地去分析物流各环节成本，而没有从整体上改进与控制物流的总成本；从广义上说，没有主动地去整合家电行业的供应链，分析如何降低家电制造企业、家电连锁企业及第三方物流提供商各自成本，没有从供应链的角度系统地分析如何挖掘物流这个第三方利润源泉。

与此同时，家电连锁行业已进入微利时代，如何能在良好运作的前提下实现各自成本的最低化，从而取得竞争上的优势是家电连锁企业共同面临的问题。家电连锁经营要以扩大规模、强化规范、提高管理和完善系统为主要任务，在更深层次和更广范围内，实现突破性的发展。其中急需解决的问题就是建立高效率的物流配送中心和选择合乎自身特点的行之有效的物流配送模式。

9.3 苏宁物流配送模式

随着家电零售商的逐步壮大，很多店面开始进入各个城市的核心商圈，而现场店铺是最好的商业资源，如苏宁1999年开设的南京新街口店，店铺1平方米一天的租金可以达到3元钱，而在其他地方只要3角钱，在这样好的地方准备一个仓库显得尤为浪费。于是苏宁就改良了这个流程，率先推出了第一代的物流配送模式：卖场不设仓库，而是在另外一个地方设立仓库。货卖出时也不在现场试机，顾客开好票只需在家等着，不久配送车辆就会送货上门。以往配送车辆送货只为一个人送，而现在可以集中起来为好几个顾客送，以此降低成本。

苏宁推出这一模式不久，所有的家电连锁企业都照此运作，成为一个新的行业标准并一直延续。随着近年来家电连锁行业的高速发展，苏宁已经完成了一级城市布局并进入了部分二、三级城市，构成了全国性的连锁网络，并按照连锁最初规划在全国90多个城市搭建了物流配送网络，但这种分散式的、纯人工式的物流模式所产生的成本也越来越多地挤占着家电零售行业本已微薄的利润空间。

由此，苏宁在考察国外发达国家的物流模式后，借助日益发展的信息技术，又率先提出了蕴含信息化购物、科技化管理、数字化配送等内容的第二代家电物流模式。例如苏宁爱普莱斯科技工业园的建设，2006年2月5日，由苏宁电器集团旗下集信息技术、研发和家电制造为一体的工业公司——南京爱普莱斯高新科技有限公司投资建设，位于南京雨花台经济技术开发区的苏宁爱普莱斯科技工业园正式开工。该工业园占地面积约1030亩，项目总投资约15亿元。该园区一个主要功能就是作为苏宁电器在长三角地区的物流基地，为半径在100公里范围内的家电卖场提供物流服务。

第二代物流基地建成后给苏宁节约了大量的物流成本，以杭州基地为例，大约节省一半的物流成本。据悉，杭州基地占地50亩，其中纯仓储面积约10000平方米，总投资数达上千万元。在硬件上，多层立体机械库货架使相同仓储面积下库存数量相比传统库存方式提高一倍，自动作业机械的使用使装卸货效率提高三倍左右；软件上，标准化操作使坏机率削减90%，WMS库存管理系统的自动管理使进货和出货的差错率几乎为零，信息管理下的配送车辆反应能力和送货能力大大提高，而与此同时物流工作人员数量则将减少2/3以上，从而节约50%的物流成本并提高服务质量。

苏宁电器是中国3C（家电、电脑、通信）家电连锁零售企业的领先者，一直坚持"专业自营"的服务方针。以连锁店服务为基石，每进入一个地级以上城市，苏宁都配套建设了物流配送中心、售后服务中心和客户服务中心，为消费者提供方便快捷的零售配送服务，全面专业的电器安装维修保养服务，热情周到的咨询受理回访服务，全程专业化的阳光服务。当然，苏宁的物流配送同样坚持"自建物流体系"，尤其是近几年苏宁的连锁化征程，大规模的连锁店增加的边际成本，需要探索更好地提高效率并减少配送成本的措施。

9.3.1　苏宁的自建家电物流体系

苏宁长期以来一直坚持自建物流体系的配送模式，保证了物流配送的质量，提高了企业的服务水平。按照以往的经验，苏宁空调旺季全国日配送量超过20万台，加上其他的大件商品，最高日配送量可达近50万台。如此巨大的作业量，光靠3万名员工显然是不够的，为此，苏宁还建立了全国性的物流体系，自购车辆组成了有5000辆配送车的"快速反应部队"。这些配送车辆统一设计、统一形象，并配备了GPS全球定位系统，使消费者购买的每一台空调都能安全及时地送货上门。

"快速反应部队"的5000辆配送车行驶在中国很多城市的大街小巷，而它们出入的起点和终点，正是遍布在全国的100个"军事基地"——苏宁物流配送中心。苏宁在每个城市连锁发展的第一步并不是开店，而是首先建立这个城市的物流配送中心或物流配送点，以提供快速便捷的仓储配送服务。

目前，苏宁在全国拥有3个物流基地，93个配送中心，196个配送点，在全国形成了长途配送到市、短途配送到店、零售配送到户的三级体系一体化运作模式，苏宁在全国近百个城市建立的物流配送基地总仓储面积已经达到了80万平方米，仓储总量达到了400万台/套，单日最高零售配送量突破50万台/套，而随着杭州、北京、南京、成都等一系列第二代物流基地的建成投入使用，苏宁的"弹药库"无疑将更加充实。

2005年3月份，苏宁启动了5315服务工程，要在全国建设500个服务网点、30个大型呼叫中心和15个第二代大型物流基地，从而建成覆盖全国的服务网络平台，同时苏宁又通过了ISO9000质量体系认证，确保苏宁70000多名员工能够按照统一的服务规范为消费者提供服务，从而也为整个家电行业的服务标准树立了新的规范。按照目前的造价，建一个物流基地要耗资5000万元，建一个客服中心就要耗资500万元，建一个服务网点要50万元，"5315"全部建立起来，总耗资11.5亿元，这还只是硬件，加上各种软件投入，总耗资将近15亿元。2009年物流配送作业规模突破500万台，并每年以30%以上的速度快速增长，现有3000多家售后服务网点，服务范围可辐射到全国90%的区域，囊括部分乡镇市场，全面实现"有电器销售的地方就有苏宁服务网络配套建设"。另外，在运输配送环节，苏宁也并不是完全自己配送，比如在天津的配送业务就由天津邮政为其提供物流配送服务。

苏宁的自建物流系统大大提高了配送效率，同时也增加了物流成本，明显压缩了家电市场的利润。物流体系已经建成，就要做好与上游制造业、下游消费者和横向合作，衔接好供应链的各个环节物流配送过程，不断改进组织效率、系统管控、人才培养、文化凝聚等发展瓶颈，提高配送效率，从而降低成本。在三、四级城市开拓市场时需要联系当地实际情况，有些地方家电企业在当地占有重要地位，需要很好地发挥其市场优势，为其提供高效地物流配送。

9.3.2　苏宁物流配送模式的发展对策分析

1. 影响大型家电连锁企业物流配送模式选择的关键因素

大型家电连锁企业在选择物流配送模式时，应考虑如下关键因素。

（1）物流的总成本。大型家电连锁企业在选择物流配送模式时，必须核算各种物流系统的总成本，因为选择物流配送模式的目的就是为了降低成本，减少物流费用支出。由于物流配送系统运作存在着"效益背反"关系，即不同物流配送作业之间在成本目标、运作上存在冲突，因此，在研究物流配送模式时，不能独立考察物流配送各作业对总成本支出影响的最小化，而是应该从整体的角度，考虑各作业之间的相关关系，综合考察企业物流配送的总成本的支出情况，在整个物流配送活动过程中采取相应控制措施，以期用高水平绩效提供高质量物流配送业务。

（2）企业自身的规模和实力。企业应根据资金和管理资源的情况，分析是否有能力建立自己的物流配送系统。

（3）配送对企业的影响程度，也就是配送对企业的重要性程度。

（4）企业对物流配送的管理能力。由于家电产品配送的特殊性，对物流配送的要求较高，这就要求有很高的物流配送管理能力，比如对到货时间、产品损坏程度的控制。

（5）配送必须有利于物流合理化。是否有利于物流合理化可以从以下几个方面判断：①是否降低了物流费用；②是否减少了物流损失；③是否加快了物流速度；④是否发挥了各种物流方式的最优效果；⑤是否有效衔接了干线运输和末段运输；⑥是否不增加实际的物流中转次数；⑦是否采用了先进的技术手段。物流合理化的问题是配送要解决的重大问题，也是衡量配送本身是否合理的重要标志。

（6）产品的特性。家电产品具有单体体积大、种类多、型号杂等特点，所以对存储配送要求高、工作强度大。

（7）配送服务质量。配送服务质量是指在给定的成本范围以内的相关质量，指将恰当的商品在适当的时间送达适当的顾客手中。企业选择配送模式需考虑的影响因素还包括顾客需求、市场规模及区域分布、竞争者采取的模式及交通状况等。

2. 大型家电连锁企业选择物流配送模式的程序

家电连锁企业选择物流配送模式的过程是企业物流战略的问题，综合以上影响物流配送模式选择的因素，可将决策程序按照以下几个步骤进行开展。

（1）评估现有物流配送模式，对企业的物流配送成本进行一次彻底的审计，找出物流成本所在，是销售问题还是物流系统运作本身的问题；

（2）根据审计结果，发现企业物流配送能力和业务需求之间的差距，建立物流运作的绩效考核机制，确认改进的方向；

（3）根据企业的内部能力和外部环境，结合企业物流改进方向制定物流配送模式或模式组合；

（4）对拟订的物流配送模式进行评价；

（5）根据评价的结果选择适合企业的配送模式。

物流配送模式选择决策程序如图9-1所示。

```
┌────────┐      ┌──────────────────┐
│ 请货单 │──────│ 各连锁店上报要货计划 │
└────────┘      └──────────────────┘
                         │
                         ▼
┌────────┐      ┌──────────────┐      ┌────────┐
│ 请货单 │──────│ 配送中心调配处 │──────│ 备货处理 │
└────────┘      └──────────────┘      └────────┘
                         │
                         ▼
                ┌──────────────┐      ┌────────┐
                │ 配送中心库房   │──────│  出库   │
                └──────────────┘      └────────┘
                         │
                         ▼
                ┌──────────────┐      ┌────────┐
                │ 连锁店到货处理 │──────│  入库   │
                └──────────────┘      └────────┘
                         │
                         ▼
┌────────┐      ┌──────────────┐      ┌──────────┐
│配送退回 │──────│ 配送中心登录票据│──────│ 配送报损处理 │
│ 处理   │      └──────────────┘      └──────────┘
└────────┘              │
                         ▼
┌────────┐      ┌──────────────┐      ┌────────┐
│ 应收账款 │──────│   财务结算    │──────│ 配送结算 │
└────────┘      └──────────────┘      └────────┘
```

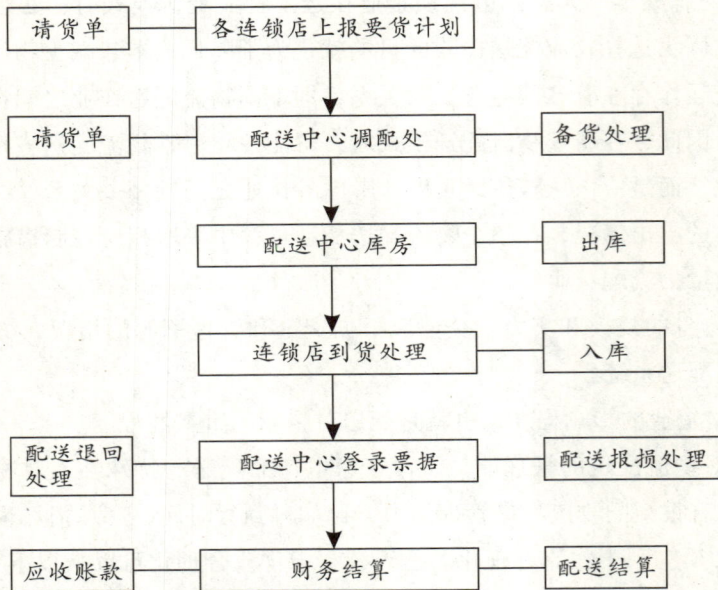

图9-1　物流配送模式选择决策程序

9.3.3　大型家电连锁企业物流配送模式选择方法分析

合理物流配送模式的选择对大型家电连锁企业的生存发展至关重要，物流配送模式选择决策模型有很多，选取其中三种加以研究，分别为：

在状态Ⅰ下，物流配送对企业的经营活动绩效比较重要，但企业自身的物流管理水平较低、处理配送的业务能力较弱，自身无法实现对客户需求快速响应的承诺。此时的基本策略是寻求配送伙伴来弥补自身配送能力的不足，共同建立配送中心或者采用第三方物流配送模式。

在状态Ⅱ下，顾客对物流配送有较高要求，物流配送成本在企业的经营成本中占较大比重；企业对物流配送有较强管理能力和业务处理能力，有能力快速响应客户需求，在客户分布区域相对集中的情况下，可选择采取自营物流配送模式，利用企业自身较强的配送能力迅速应对客户需求和市场环境的变化，缩短响应配送服务的时间、降低配送成本、提高配送绩效，如沃尔玛、大荣等。它们一般不选择外包配送业务，而是采用自建配送中心、自营配送业务的模式。

企业宜选用第三方配送模式，将企业的配送业务完全或部分委托给专业的第三方物流企业去完成，集中精力于核心业务，提高企业核心竞争能力。

在状态Ⅳ下，企业具有较强的配送能力，但物流配送的速度在企业战略中却不占据主要地位，客户对配送的时间和速度要求不是很高。此时，如果企业将自身物流资源仅用于处理自身业务，势必会造成资源浪费，因而既可以与其他企业组建物流配送联盟，向外扩展物流配送业务，以提高资金和设备的利用率；若企业在物流配送方面确实具有较大竞争优势时，也可适当调整业务方向，向社会化的方向发展，将配送部门独立出去，成为专业的第三方物流企业。

9.4　苏宁家电物流仓储配送模式价值分析

在苏宁，服务分为两个层面：一是为供应商服务，为其产品提供销售平台，并为其"半成品"提供后续服务，如空调的送货安装、等离子电视的送货安装调试；二是为消费者服务，其中包括在送货的同时为顾客提供的许多附加服务，大到为顾客提供家电消费咨询、家电使用常识、保养常识，小到顾客的房间适合选择什么样的彩电、什么样的空调。在这两个服务层面中，物流都占有相当的比重。物流对苏宁的利润贡献不容忽视。众所周知，像苏宁这样的大型家电连锁零售企业很大程度上以低价打败竞争对手，相应的销售利润率也被压低到不能再低，怎样保证有足够大的利润率？苏宁的做法就是从物流中获取利润，虽然初期需要投入大量的固定成本，但后期的物流成本相对第三方物流而言将会非常低，从而有了比较高的经营效率，这也是苏宁单店利润能力高于苏宁单店经营能力的最主要原因。物流在服务企业内部的同时，更是服务顾客的有力手段。如果苏宁将物流外包，对顾客的服务质量将不能保障，从而形成很大的风险。

9.4.1　苏宁配送能力分析

苏宁物流配送的能力强。首先，苏宁电器的经济实力雄厚，为实施自有物流奠定了良好的基础。其次，苏宁从建立之初就坚持走自有物流的道路，积累了大量的资产和经验。从20世纪90年代开始，苏宁一直在不懈努力完善自身的物流系统。目前苏宁的物流体系里包含3个面向全国的物流中心、60多个区域物流配送中心以及各城市零售配送中心，覆盖近30个省200个城市，日最高零售配送能力超过50万台。完全实现了电子化、信息化，进一步提升了物流系统的网络化，在国内商业零售领域首屈一指。由以上分析可以看出，选择自有物流是苏宁结合自身经济实力和企业发展战略的明智之举。

2005年，当苏宁完成了全国一、二级重点城市的网络布局后，开始了新的调整，重点做好后台物流配送，做好与上游制造业、下游消费者和横向合作，衔接好供应链的各个环节物流配送过程，不断改进组织效率、系统管控、人才培养、文化凝聚等发展瓶颈，提高配送的效率，从而降低成本。至于苏宁的自建物流体系同时也可以进一步改进，在三、四级城市开拓市场时需要联系当地实际情况，有些地方的地方家电企业在当地占有重要地位，需要很好地发挥其市场优势，为其提供高效地物流配送。

9.4.2　苏宁第三方物流价值分析

对于大型家电连锁企业来说，它们实际上把持着销售终端，发展到一定规模以后，往往能够成为家电行业供应链条中的核心企业。它们通过成立物流公司并将其发展成为家电行业专业化的第三方物流服务提供商，达到控制家电物流通道的目的，从而进一步巩固与加强其在家电行业中的"链主"地位。同时以完善的物流网络和专业化的管理团队为社会提供更高质量、更高水平、更低成本的物流服务，实行规模化经营、科学化管理和标准化服务。大型家电连锁企业组建第三方物流公司有诸多优势。

（1）大型家电连锁企业在长期的经营过程中与各大家电供应商建立了良好的合作关系，并且建立起一套较为完善的家电物流配送服务网络，有一套完善的配送服务体系。组建后的第三方物流公司在为本企业物流配送业务服务的同时可以开展对供应商和其他家电连锁企业的配送业务。

（2）大型家电连锁企业一般规模大、实力强，并且有自己的品牌优势。

（3）有开展配送业务的行业经验和管理经验。经过长期的摸索，大型家电连锁企业对家电物流配送的特点、要求有了一定认识，相比社会化的物流公司，更有家电行业的管理经验。

（4）随着规模经济的发展，地区间物资交流量的增加，会出现两个集约化趋势：一是货流的发生地和目的地的运量集约化；二是运输路径的集约化。这种由生产力布局而引起各大经济地域所形成的"点"和以各种运输方式将它们连起来的"线"存在流向相同的密集交通流量，就是大型家电连锁企业物流形成的条件和网络基础。

（5）大型家电连锁企业专注于销售网络的铺设与物流通道的打造，如何建立起面向广大农村的家电配送中心，扩大物流网络的覆盖面，拓宽销售渠道，将会成为大型家电连锁企业面临的主要命题。通过成立物流公司，可以快速建立起覆盖包括广大农村在内的销售网络，为提高顾客服务水平打下基础。

（6）国家政策的倾斜。国家对家电连锁与物流行业都有政策的大力扶持。

9.4.3　苏宁第三方物流公司运作的基本条件

据国外第三方物流企业的发展经验，其成功最重要的因素在于：整合物流过程以实现对客户的增值服务。物流中的运输服务和其他功能的综合程度决定着产品的增值幅度。因此，第三方物流企业要想实现优质、高效的物流服务并取得丰厚的利润，必须具备以下基本条件：

（1）物流信息的电子化。拥有现代化的信息管理网络，这是物流作业的中心环节。特别是现代物流对信息的电子化要求更高，无纸化作业已经成为一个趋势。拥有了现代化的信息管理网络，就提高了作业效率，增强了企业的竞争优势，比如电子商务与物流的结合。

（2）物流组织的网络化。提供运输服务是第三方物流企业必须具备的基本业务，第三方物流企业只有形成跨区域的运输网络，才能形成运输规模效应，同时，能充分利用各地的返程车辆，最大限度地降低运输成本。

（3）物流作业的规范化。通过规范化，以减少物流企业内部作业的混乱和降低运作成本。

（4）物流组织的智能化。在企业内部建立学习型组织，必须采取有效的激励机制和完善的人事培训制度，以促进企业员工积极学习新知识和新技能，以期最终提高第三方物流企业的竞争力。

（5）物流目标的系统化。第三方物流企业必须依据客户的营运目标来制订成本目标和服务目标。物流行业属于服务性行业，仍是一个企业、需要盈利，在为客户服务的同时，要核算企业在既定目标下的服务成本。

（6）物流业务的市场化。大型家电连锁企业组建后的第三方物流公司要参与市场化的竞争，虽然在组织结构上仍属于大型家电连锁企业，但在经营上必须完全独立。

9.4.4　苏宁组建第三方物流公司的步骤

（1）成立物流部门。在已经建立的自有的物流网络上，利用与整合社会物流资源，专注于本企业的物流业务，支持一线销售，提高企业形象。

（2）拓展第三方物流业务的尝试。利用已建立起来的物流网络和巨大的品牌效应，积极开展第三方物流业务的探索与尝试，积累运作经验。

（3）成立物流子公司，并发展成为第三方物流服务商。在积累了一定的第三方物流运作经验的基础上，将物流部门剥离出来，组建独立核算的经营实体。物流子公司在为本企业物流业务服务的同时，积极对外拓展业务，成为新的利润增长点。

9.4.5　苏宁第三方物流公司运作能力权衡

（1）加强配送能力。物流配送作为家电连锁企业运行的重要保障，是家电连锁企业核心竞争力的重要组成部分，其组建的物流体系旨在为本企业提供顾客满意的配送服务，增加同行无法企及的竞争优势。因此，企业只能在满足本企业内部物流需求的基础之上利用剩余能力开展第三方物流服务，造成对外物流服务的能力限制，影响企业盈利水平。

（2）市场限制。大型家电连锁企业组建的第三方物流公司，首先是为本企业服务的，构建的企业自营物流体系必定是为企业量身定做的，因此其软硬件条件可能最适合家电产品的物流业务，这就为其他家电连锁企业提供配送服务创造了条件。但是作为同行业企业，他们有可能不会将自己企业的物流业务交给竞争对手去经营。

（3）与母公司的关系。转型后的物流企业作为一个独立的企业，在承接母公司大部分物流业务的同时，如何明确与母公司的人事、财务、经营等各种关系；如何消除对母公司的依赖；如何核算内外部物流费用等都是需要企业处理的难题。

（4）加强物流信息化建设。在中国零售业全面对外开放的大形势下，与国际接轨，发展现代物流已成为大势所趋。在网络信息化技术高速发展的今天，电子商务的发展和世界经济一体化进程的加快，对家电连锁企业的物流提出了新的要求，企业物流能否快速、准确、低成本地进行，成为各个家电连锁企业能否占有更大的市场份额、赢得更多消费者的关键。现代化物流要求大型家电连锁企业将信息化与物流结合起来，利用先进的信息技术实行全方位管理，与电子商务紧密结合，实现现代物流的信息化、现代化、社会化以及货流、信息流和人才流的统一。我国物流信息化的发展还处于初级阶段，大型家电连锁企业物流系统的电子化、现代化、信息化程度还很低，严重制约了企业物流系统的高效运行。

小　结

大型家电连锁企业物流配送特点包括时效性、方便性、沟通性、安全性、经济性和季节性。我国家电连锁企业目前物流配送的基本模式一般有三种类型：自营配送模式、共同配送模式、第三方配送模式。大型家电连锁物流配送模式存在的问题具体表现在以下几个方面：淡旺季运力筹备缺乏计划性与科学性；配送中心选址与配送中心建设不规范；物流网点没有统一布局，分部建设没有体现规模经营；基础投入不足、服务平台偏弱，延时送货、安装困难、重复维修等问题不断出现；对物流工作重视不够，没有用供应链的思想整合物流系统。

苏宁提出并建立了蕴含信息化购物、科技化管理、数字化配送等内容在内的第二代家电物流模式。苏宁长期以来一直坚持自建物流体系的配送模式。大型家电连锁企业在选择物流配送模式时，应考虑的关键因素包括物流的总成本、企业自身的规模和实力、配送对企业的影响程度、企业对物流配送的管理能力、配送必须有利于物流合理化、产品的特性和配送服务质量。

◇复习题

一、选择题

1. 家电（　　　）是指家电连锁企业从家电采购、进货、储存，直到销售给消费者的移动过程，体现为商品的集中采购、集中储存和统一配送。

A. 连锁物流　　　B. 特许物流　　　C. 代销物流　　　D. 外包物流

2. 家电配送作为一项增值服务，必须最大限度地满足客户要求，为顾客提供便捷的服务，这体现出家电配送（　　　）特点。

A. 沟通性　　　B. 方便性　　　C. 时效性　　　D. 安全性

3.（　　　）是连锁企业对配送业务直接进行管理和运作，配送业务围绕着企业的销售而展开。

A. 虚拟配送模式　　B. 共同配送模式　　C. 自营配送模式　　D. 第三方配送模式

4. 在（　　　）最具代表性的零售型配送中心是沃尔玛公司的配送中心。

A. 美国　　　B. 德国　　　C. 英国　　　D. 法国

5．日本商业配送企业的很大一部分服务需求来自（　　　），依靠的是小批量的频繁进货。

A．大卖场　　　　　B．专卖店　　　　　C．便利店　　　　　D．精品店

6．大型家电连锁企业基本上采用了（　　　）的方式来实现大家电终端物流配送。

A．集中配送　　　　B．分散配送　　　　C．联合配送　　　　D．托管配送

7．在苏宁，为（　　　）服务，就是为其产品提供销售平台，并为其"半成品"提供后续服务，如空调的送货安装、等离子电视的送货安装调试。

A．消费者　　　　　B．厂家　　　　　C．中介　　　　　D．供应商

8．提供运输服务是第三方物流企业必须具备的基本业务，第三方物流企业只有形成跨区域的运输网络，才能形成运输规模效应。（　　　）是第三方物流建立的基本条件。

A．物流组织的网络化　　　　　　　　B．物流作业的规范化

C．物流目标的系统化　　　　　　　　D．物流信息的电子化

9．苏宁单店利润能力高于苏宁单店经营能力的最主要的原因是从（　　　）中获取利润。

A．物流　　　　　B．销售　　　　　C．渠道　　　　　D．管理

10．苏宁在每个城市连锁发展的第一步并不是开店，而是首先建立这个城市的（　　　）中心，以提供快速便捷的仓储配送服务。

A．电子商务　　　　B．货物储存　　　　C．物流配送　　　　D．商品加工

参考答案：1．A　2．B　3．C　4．A　5．C　6．A　7．D　8．A　9．A　10．C

二、判断题

1．家电连锁经营要以缩小规模、强化规范、提高管理和完善系统为主要任务。（　　　）

2．家电连锁企业成功的关键在很大程度上取决于它有完备的物流配送网络与强大的物流配送能力。　　　　　　　　　　　　　　　　　　　　　　　　（　　　）

3．在日本，生产企业、零售企业与综合商社、综合商货物流公司之间基本上都存在一种长期的配送合作关系。　　　　　　　　　　　　　　　　　　　　　　（　　　）

4．共同配送最早产生于中国，由于其显著的优越性，目前已成为发达国家中广泛采用、影响面较大的一种先进的配送模式。　　　　　　　　　　　　　　　　（　　　）

参考答案：1．×　2．√　3．√　4．×

三、简答题

1．日本的商业配送具有哪些特点？

分销渠道发达；整体性的供应链模式将被重视；全球化的第三方物流业的兴起；建立快速复合运输系统日趋重要。

2．如何采用集中配送的方式实现大家电终端物流配送？

在一定的范围内，家电连锁企业无论有多少销售点，其所有的实物库存均保存在配送

中心，各销售点只有样机。销售实施时，各零售点完成交易操作与结算任务，同时将购买者信息和售出商品信息传递到配送中心，根据购买者所处地理信息和货物信息统一调度运力，安排送货车辆，将售出商品从配送中心运送达到购买者指定的收货地点，送货的同时完成搬运、检验、安装、调试等服务。

3. 什么是苏宁第一代物流配送模式？

苏宁最先推出了第一代的物流配送模式：卖场不设备品库，而是在另外一个地方设立仓库。货卖出时也不在现场试机，顾客开好票只需在家等着，不久配送车辆就会送货上门。以往配送车辆送货只为一个人配送，而现在可以集中起来为多个顾客配送，以此降低成本。

4. 如何处理大型家电连锁企业各种物流系统总成本之间的关系？

在研究物流配送模式时，不能独立考察物流配送各作业对总成本支出影响的最小化，而是应该从整体的角度，考虑各作业之间的相关关系，综合考察企业物流配送的总成本的支出情况，在整个物流配送活动过程中采取相应控制措施，以期用高水平绩效提供高质量物流配送业务。

四、综合实验题

1. 家电连锁企业的配送中心建设极不规范的主要表现是什么？

2. 苏宁的自建家电物流体系是怎样运作的？

3. 大型家电连锁企业在配送中心选址主要注意的问题是什么？

4. 目前我国连锁零售企业物流网点布局有何问题？

5. 如何判断大型连锁企业配送物流合理化？

◇案例分析

案例背景

石化企业典型事故案例分析
——黄岛油库"8·12"特大火灾事故分析

事故概况

黄岛油库区始建于1973年，胜利油田开采出的原油经东（营）黄（岛）长管输线输送到黄岛油库后，由青岛港务局油码头装船运往各地。黄岛油库原油储存能力76万立方米，成品油储存能力约6万立方米，是我国三大海港输油专用码头之一。

1989年8月12日9时55分，石油天然气总公司管道局胜利输油公司黄岛油库老罐区，2.3万立方米原油储量的5号混凝土油罐爆炸起火，大火前后共燃烧104小时，烧掉原油4万多立方米，占地250亩的老罐区和生产区的设施全部烧毁……事故发生后，社会各界积极行动起来，全力投入抢险灭火的战斗中。

在国务院的统一组织下，全国各地紧急调运了153吨泡沫灭火液及干粉。北海舰队也派出消防救生船和水上飞机，直升飞机参与灭火，抢运伤员。

经过5天5夜浴血奋战，13日11时火势得到控制，14日19时大火扑灭，16日18时油区内的残火，地沟暗火全部熄灭，黄岛灭火取得了决定性的胜利。

在与火魔的搏斗中，消防人员团结战斗，勇往直前，经受住浓烟烈火的考验，涌现出许许多多可歌可泣的英雄事迹。他们用生命和鲜血保卫着国家财产和人民生命的安全，表现了大无畏的英雄主义精神和满腔的爱祖国、爱人民的热情。

事故原因及分析

黄岛油库特大火灾事故的直接原因是由于非金属油罐本身存在的缺陷，遭受对地雷击产生感应火花而引爆油气。

事故发生后，4号、5号两座半地下混凝土石壁油罐烧塌，1号、2号、3号拱顶金属油罐烧塌，给现场勘察，分析事故原因带来很大困难。在排除人为破坏，明火作业静电引爆等因素和实测避雷针接地良好的基础上。根据当时的气象情况和有关人员的证词（当时，青岛地区为雷雨天气），经过深入调查和科学论证，事故原因的焦点集中在雷击的形式上。混凝土油罐遭受雷击引爆的形式主要有六种：一是球雷雷击；二是直击避雷针感应电压产生火花；三是雷电直接燃爆油气；四是空中雷放电引起感应电压产生火花；五是绕击雷直击；六是罐区周围对地雷击感应电压产生火花。

经过对以上雷击形式的勘察取证，综合分析，5号油罐爆炸起火的原因，排除了前4种雷击形式；第5种雷击形成可能性极小，理由是：绕击雷绕击率在平地是0.4%，山地是1%，概率很小；绕击雷的特征是小雷绕击，避雷针越高绕击的可能性越大。当时青岛地区的雷电强度属中等强度，5号罐的避雷针高度为30米，属较低的，故绕击的可能性不大；经现场发掘和清查，罐体上未找到雷击痕迹。因此绕击雷也可以排除。

事故原因极有可能是由于该库区遭受对地雷击产生感应火花而引爆油气。根据是：

（1）8月12日9时55分左右，有6人从不同地点目击，5号油罐起火前，在该区域有对地雷击。

（2）中国科学院空间中心测得，当时该地区曾有过二三次落地雷，最大一次电流104安培。

（3）5号油罐的罐体结构及罐顶设施随着使用年限的延长，预制板裂缝和保护层脱落，使钢筋外露。罐顶部防感应雷屏蔽网连接处均用铁卡压固。油品取样孔采用九层铁丝网覆盖。5号罐体中钢筋及金属部件的电气连接不可靠的地方颇多，均有因感应电压而产生火花放电的可能性。

（4）根据电气原理，50～60米以外的天空或地面雷感应，可使电气设施100～200毫米的间隙放电。从5号油罐的金属间隙看，在周围几百米内有对地的雷击时，只要有几百伏的感应电压就可以产生火花放电。

（5）5号油罐自8月12日凌晨2时起到9时55分起火时，一直在进油，共输入1.5万立方米原油。与此同时，必然向罐顶周围排放同等体积的油气，使罐外顶部形成一层达到爆炸极限范围的油气层。此外，根据油气分层原理，罐内大部分空间的油气虽处于爆炸上限，但由于油气分布不均匀，通气孔及罐体裂缝处的油气浓度较低，仍处于爆炸极限范围。

问题讨论：

1. 结合案例分析出现这个事故的原因？

2. 谈谈仓库安全管理的重要性？

3. 结合案例谈谈仓库治安保卫管理措施？

案例解析

1. 此事故发生的原因是由于该库区遭受对地雷击产生感应火花而引爆油气，但同时也表明了油库对石油这种高危险性物品的保管措施不到位。天气变化是不可避免的，但作为仓库就应该有应对天气变化的保护措施。做好仓库安全管理才能够应对任何突发情况。

2. 仓库是商品重要的集散地，也是储藏和保管商品的场所，仓库是公司的固定资产，而其储存的商品是公司流动资产的重要组成部分，其价值和使用价值均很高。一旦发生火灾或爆炸等事故，不仅仓库的设备和设施可能被毁坏，同时存放在仓库中的所有商品也将受到损失，部分危险品可能会引起人员伤亡，而且由于仓库某些产品的特殊性，比如本案例中的油库储存的石油本身就是易燃易爆品，而管理不善使当油库遭遇天气变化就被引爆，造成巨大损失，因此仓库安全管理是很重要的。

3. 仓库治安保卫措施主要包括：（1）人员管理措施。①对单位内部人员的管理。②对单位外部人员的管理。（2）货物管理措施。①一般货物的安全管理。②特殊货物的安全管理。（3）仓库治安检查制度。一般大型仓库要求执行四级安全检查制度，而一般中小型仓库也应该执行三级检查。

附 录
3D 投影使用说明

3D 投影系统开启操作说明

1. 打开计算机和投影工控机。打开控制机柜，按下计算机和投影工控机的开机按钮。如图 1 所示。

图1　打开计算机和投影工控机

2. 打开投影机。用投影机的遥控器（图 2）近距离对准投影机，按绿色的开机按钮打开投影机，打开后在没有信号输入的形况下，投影屏幕上投出蓝色的背景光，表示开机正常。

图2　投影机遥控器

3. 打开桌面"BlendOneManger"的快捷方式图标，启动 3D 显示控制系统。如果找不到桌面快捷方式，也可从"启动"→"所有程序"→"BlendOneV2Passive"→"BlendOneMangerV2"打开 3D 显示控制系统，如图 3 所示。

图3 打开"BlendOneMangerV2"

4. 打开 3D 显示控制系统（BLENONEV2）的登录界面，单击"OK"按钮进入系统，如图 4 所示。

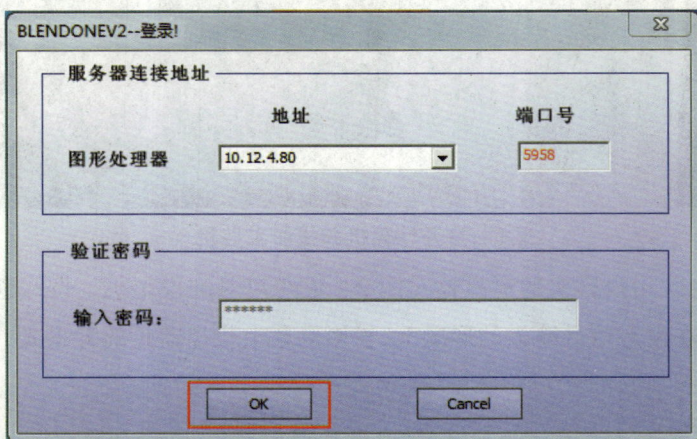

图4 3D 显示控制系统（BLENONEV2）登录界面

5. 在 3D 显示控制界面中，单击左侧功能菜单项的"显示模式"菜单，打开显示模式选择的窗口，如图 5 所示。

6. 在显示模式窗口中有"2D 采集"和"3D 采集"两个模式，如果要进行 3D 投影则用鼠标点住"3D 采集"图标 ，移动鼠标拖动到右边的绿色区域中后松开，则 3D 投影显示模式开启，如图 6 所示。如果想切换回正常 2D 的显示模式，则将"2D 采集"图标拖动到右边的绿色区域。

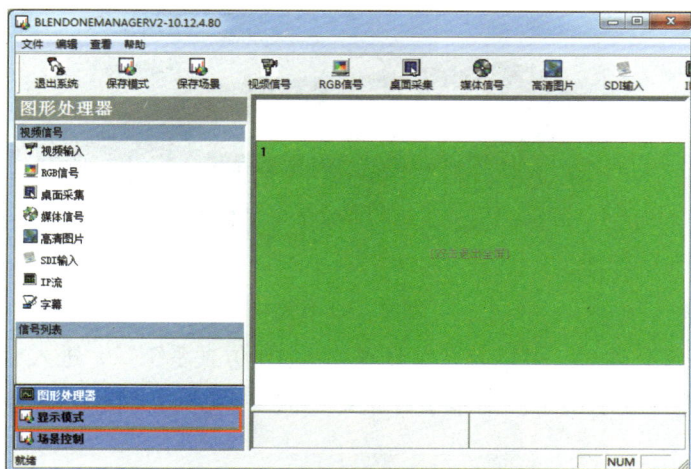

图5　显示模式选择窗口

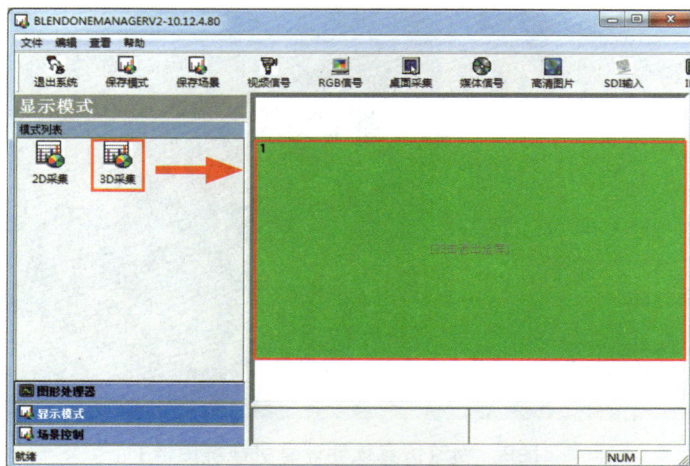

图6　打开"3D 采集"模式

7. 开启 3D 显示模式后（图7），在投影幕布上看到有重影的图像，不戴 3D 眼镜（图8）是无法正常观看的。

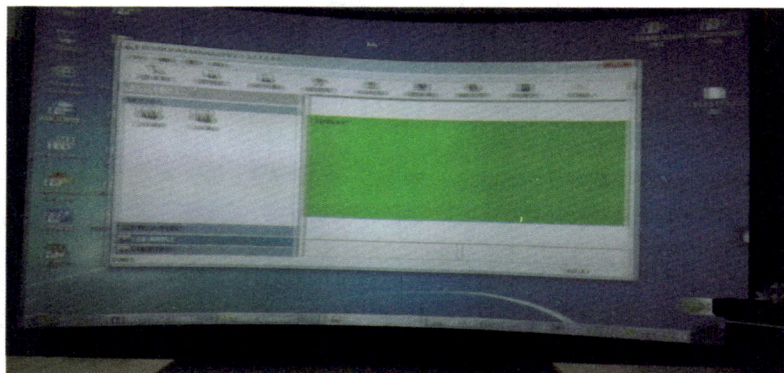

图7　3D 显示模式

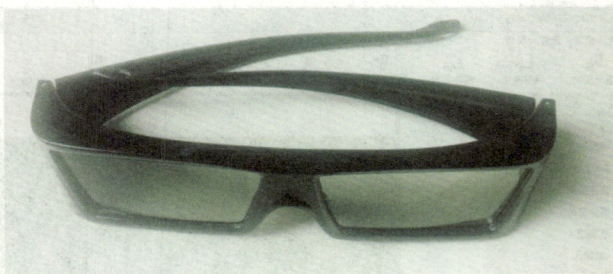

图8　3D眼镜

8. 3D投影正常启动后，可以打开"百蝶物流3D仿真系统"，进入后整个场景在投影屏幕上以3D的方式显示出来。屏幕中有重影，需要带上3D眼镜才能正常观看，如图9和图10所示。

图9　物流仿真软件计算机截屏图像

图10　物流仿真软件3D投影图像

2 3D 投影系统关闭操作说明

1. 关闭两台投影机。

2. 关闭服务器上的 3D 软件，并关闭计算机。

3. 按下工控机上的红色电源开关并停顿 3~5 秒，直到工控机关闭，如图 11 所示。

图11 工控机上的红色电源开关